Triathlontraining

Aus Gründen der besseren Lesbarkeit haben wir uns entschlossen, durchgängig die männliche (neutrale) Anredeform zu nutzen, die selbstverständlich die weibliche mit einschließt.

Das vorliegende Buch wurde sorgfältig erarbeitet. Dennoch erfolgen alle Angaben ohne Gewähr. Weder die Autoren noch der Verlag können für eventuelle Nachteile oder Schäden, die aus den im Buch vorgestellten Informationen resultieren, Haftung übernehmen.

Hermann Aschwer

TRIATHLONTRAINING

Meyer & Meyer Verlag

Papier aus nachweislich umweltverträglicher Forstwirtschaft.
Garantiert nicht aus abgeholzten Urwäldern!

Triathlontraining

Bibliografische Information der Deutschen Nationalbibliothek
Die Deutsche Nationalbibliothek verzeichnet diese Publikation in der
Deutschen Nationalbibliografie; detaillierte bibliografische Daten sind im Internet
über http://dnb.d-nb.de abrufbar.

Alle Rechte, insbesondere das Recht der Vervielfältigung und Verbreitung sowie das Recht der Übersetzung, vorbehalten. Kein Teil des Werkes darf in irgendeiner Form – durch Fotokopie, Mikrofilm oder ein anderes Verfahren – ohne schriftliche Genehmigung des Verlages reproduziert oder unter Verwendung elektronischer Systeme verarbeitet, gespeichert, vervielfältigt oder verbreitet werden.

© 1993 by Meyer & Meyer Verlag, Aachen
8., überarb. Auflage, 2008
9. Auflage 2010
Auckland, Beirut, Budapest, Cairo, Cape Town, Dubai, Graz, Indianapolis,
Maidenhead, Melbourne, Olten, Singapore, Tehran, Toronto
Member of the World
Sport Publishers' Association (WSPA)
Druck: B.O.S.S Druck und Medien GmbH
ISBN 978-3-89899-627-3
E-Mail: verlag@m-m-sports.com
www.dersportverlag.de

Inhalt

Vorbemerkung zur neunten Neuauflage 9

Vorwort 11

1 Erfolg – im Triathlon für jeden möglich 13

2 Triathlon, „der" Ausdauersport 17

3 Bin ich fit für den Triathlon? 27
    3.1   Der Gesundheits-Check-up 27
    3.2   Allgemeiner Fitnesstest – Ausdauertest nach Cooper 30

4 Triathlon, „die" Herausforderung 33

5 Mit der richtigen Strategie zum Erfolg 35
    5.1   Drei-Stufen-Strategie 35
    5.2   Der Strategietransfer 41

6 Trainingsformen 47
    6.1   Training nach Gefühl 47
    6.2   Training nach abgestufter Intensität 48
    6.3   Training nach Pulsmessung 52
    6.4   Die Leistungsdiagnostik als Basis für das Triathlontraining 54
            6.4.1   Die Messgrößen für die üblichen
                     Belastungsuntersuchungen 55
            6.4.2   Auswertung der Messdaten 61
            6.4.3   Schlüsse für die Trainingspraxis 65
            6.4.4   Tipps für die Leistungsdiagnostik 66
    6.5   Die Erholung 67
    6.6   Regeneration nach Training und Wettkampf 68

7 Trainingsaufzeichnungen 71

8 Der Ganzjahresplan 73
    8.1   Vorbereitungszeitraum 74
    8.2   Wettkampfzeitraum 77
    8.3   Übergangszeitraum 78

TRIATHLONTRAINING

9 Das Training des Triathleten 81
- 9.1 Typische Trainingsfehler 81
- 9.2 Partnerfreundlich trainieren 83
- 9.3 Mein individuelles Umfeld, mehr als „mein Trainingspartner" 84
- 9.4 Schwimmen 85
  - 9.4.1 Der Umstieg vom Brust- zum Kraulschwimmen 86
  - 9.4.2 Die Grundtechnik des Kraulens 89
  - 9.4.3 Das Schwimmtraining 93
  - 9.4.4 Trainingsvorschläge für Schwimmbad und Freigewässer 96
  - 9.4.5 Wie kann ich mich auf das offene Gewässer vorbereiten? 100
  - 9.4.6 Krampf im Wasser, was tun?..................... 102
- 9.5 Rad fahren 104
  - 9.5.1 Fettstoffwechseltraining 105
  - 9.5.2 Die Verpflegung beim Radfahren 106
  - 9.5.3 Aerodynamik 106
  - 9.5.4 Grundlagenausdauertraining auf dem Rad 107
  - 9.5.5 Blocktraining im Vorbereitungszeitraum........... 108
  - 9.5.6 Intervalltraining auf dem Rad 110
  - 9.5.7 Zusammenfassende Tipps zum Radfahren 112
  - 9.5.8 Radanekdote 114
- 9.6 Laufen 117
  - 9.6.1 Grundlagenausdauertraining 118
  - 9.6.2 Schnelligkeitsausdauer 119
  - 9.6.3 Intervalltraining............................... 120
  - 9.6.4 Halbmarathon- und Marathonläufe für wen?........ 122
  - 9.6.5 Welche Marathonzeit ist möglich?................ 124
  - 9.6.6 Marathon in 3:15 h 126
  - 9.6.7 Marathon in 2:59 h............................. 127
  - 9.6.8 Marathon in 2:48 h und 2:44 h.................. 128
  - 9.6.9 Zusammenfassende Tipps zum Lauftraining......... 129
- 9.7 Kraftausdauertraining 131
- 9.8 Wechseltraining..................................... 134
- 9.9 Allgemeine Trainingsgrundsätze....................... 136
- 9.10 Das leidige Thema: Übertraining...................... 138

10 Das Fünf-Stufen-Modell – vom Jedermann zum Ironman.. 141
- 10.1 Stufe eins: Jedermanndistanz 500 m/20 km/5 km 143
  - 10.1.1 Wie fange ich mit Triathlon an?.................. 143

	10.1.2	Der erfolgreiche Einstieg............................ 147
	10.1.3	Triathlontraining für Einsteiger 154
	10.1.4	Trainingsempfehlungen für Einsteiger............... 158
	10.1.5	Die erste Ausrüstung............................... 161
	10.1.6.	Mein erster Triathlon.............................. 163
10.2	Stufe zwei: Kurztriathlon (olympische Distanz) 1,5/40/10 km... 165	
	10.2.1	Kurztriathlontraining für Einsteiger.................. 167
	10.2.2	Training für Wettkampfsportler 170
	10.2.3	Training für Leistungssportler....................... 177
	10.2.4	Ein Wettkampftag bei einem Kurztriathlon............ 181
	10.2.5	Checkliste für den bevorstehenden Wettkampf 184
	10.2.6	Unmittelbare Vorbereitung und der Wettkampf....... 185
10.3	Stufe drei: Ironman 70.3 oder Mitteldistanz 1,9/90/21 km..... 187	
	10.3.1	Training für Einsteiger.............................. 188
	10.3.2	Training für Wettkampf- und Leistungssportler 193
10.4	Stufe vier: Ironmandistanz 3,8/180/42,195 km 198	
	10.4.1	Zielsetzung der Wettbewerbszeiten 200
	10.4.2	Finishen beim Ironman Die letzten sechs Monate vor dem Ironman 202
	10.4.3	Das 12- und 11-Stunden-Ziel beim Ironman Die letzten sechs Monate vor dem Ironman 206
	10.4.4	Das 9:55 h- und 8:50 h- Ziel Die letzten sechs Monate vor dem Ironman 216
10.5	Stufe fünf: Ironman Hawaii, der Olymp des Triathlons 229	
	10.5.1	Qualifiziert, was nun?.............................. 232
	10.5.2	Besonderheiten auf Hawaii 232

11 Mentales Training 237
11.1 Der Geist, ein wichtiger Faktor im Sport 237
11.2 Konkrete Einbindung 239
11.3 Hemmfaktor Angst 242
11.4 Positiv denken 243
11.5 Mentale Stärke gewinnen................................. 244

12 Der Laufschuh, wichtigster Teil der Ausrüstung 249

13 Ernährung 253
13.1 Die häufigsten Mangelerscheinungen bei Ausdauersportlern.... 254
13.2 Die Flüssigkeitsbilanz des Triathleten........................ 255
13.3 Welche Auswirkungen haben Wasserverluste?................ 257

	13.4 Leistungssteigerung durch die richtige Ernährung	260
	13.5 Die Ernährung in der Wettkampfphase	264
	13.6 Die Ernährung während des Wettbewerbs	265
	13.7 Die Ernährung in der Regeneration	268
14	**Stretching für Triathleten**	**271**
	14.1 Warum dehnen?	272
	14.2 Folgen einer mangelhaften Dehnung	272
	14.3 Wann sollte gedehnt werden?	273
	14.4 Wie sollte gedehnt werden?	273
	14.5 Dehnübungen für das Schwimmen	274
	14.6 Dehnübungen für das Radfahren und Laufen	277
15	**Trainingsalternativen und neue Trainingsreize**	**281**
16	**Triathlon bei Hitze**	**283**
17	**Triathlon bei Kälte**	**285**
18	**Was tun bei Krankheit und Verletzungen?**	**287**
	18.1 Verletzungen beim Laufen	288
	18.2 Verletzungen beim Radfahren	289
	18.3 Verletzungen beim Schwimmen	290
	18.4 Verbotene Möglichkeiten zur Leistungssteigerung	291
19	**Die wichtigsten Blutwerte für Ausdauersportler**	**293**
Anhang		**297**
1	Nützliche Anschriften	297
2	Umgang mit deiner Persönlichkeitsstruktur	298
3	Literatur	302
4	Bildnachweis	304

Vorbemerkung zur neunten Auflage

Liebe Leser, mit großer Freude möchte ich Ihnen die neunte Auflage meines Longsellers TRIATHLONTRAINING präsentieren.

Die Faszination unseres Sports hat in den letzten Jahren dafür gesorgt, dass nicht nur immer mehr Einsteiger den Weg zum Triathlon wählen, sondern auch immer mehr ambitionierte Athleten neue Herausforderungen im Triathlon suchen und auch finden. Dazu gehört sowohl die Jedermann-, die Kurz-, die Mittel- als auch die Ironmandistanz.

Für jeden Triathleten ist es ein großer Vorteil, wenn er seiner individuellen Herausforderung mit der richtigen Strategie (Kap. 5) begegnet. Sie wird uns leiten und zum Erfolg verhelfen.

Immer mehr Triathleten nutzen die Vorzüge der Leistungsdiagnostik, weil diese eine Beurteilung des aktuellen Leistungsstands aufzeigt und konkrete Trainingsherzfrequenzen angeben kann. An praxisnahen Beispielen wird diese Thematik in Kap. 6.4 aufgezeigt.

Weitere Aspekte unseres Sports habe ich in diesem Buch angesprochen, um allen Beteiligten, insbesondere uns Triathleten, aber auch den Betreuern und den Trainern, Hilfestellungen auf unserem individuellen sportlichen Weg zu geben.

Vereinzelt auftretende Dopingfälle, von denen jeder Einzelne einer zu viel ist, sollten uns nicht daran hindern, unseren faszinierenden Sport mit Freude und Spaß auszuführen. Ich freue mich jedenfalls auf eine – meine 26. – herzerfrischende, neue Saison und kann nur jeden Menschen dazu ermuntern, durch ein ausgewogenes Triathlontraining seine Lebensqualität zu steigern.

Versuchen wir alle gemeinsam, neben den vielen gesundheitlichen Vorzügen unseres Sports, den **Finishergedanken** wieder stärker herauszustellen.

Hermann Aschwer

Vorwort

Hermann umarmt mich, wir geben uns die Hand und schweigen. Jeder sieht die Tränen des anderen – es ist alles gesagt. Trotzdem bist du alleine – aber nicht einsam, reduziert auf dich selbst. Du siehst in zwei mitfühlende hawaiianische Frauengesichter und merkst gar nicht, dass sie dich immer noch stützen, ja fast tragen. Du wirst sanft unter die Palmen gelegt, fühlst dich gestreichelt, beinahe liebkost. Wunderschöne Kindheitserinnerungen werden wach. Überall liegen sie, die blumenbekränzten Hawaii-Finisher, zu fast hilflosen Kindern mutiert. Vor Sekunden bist du noch durch eine Röhre lärmender Menschenmassen geschwebt, jetzt ist um dich herum eine unwirkliche Ruhe, der Übergang ist fast gespenstisch.

Mehrfach haben Hermann und ich diese fast unwirkliche Szenerie auf Hawaii erlebt. Hawaii ist die höchste Stufe triathletischen Seins – wenn nur nicht die verdammten Qualifikationen wären. Nur die machen dich fertig und fressen dich auf. Ich habe aufgehört, Hermann will es immer wieder wissen ...
  Freunde sind wir geblieben.

Er ist einer der letzten Dinosaurier des Triathlons, von Anfang an dabei. Wer glaubt, Hermann könne nicht aufhören, der irrt. Er macht Schluss, wenn er alles gesagt hat und er hat noch viel zu sagen und zu schreiben.

Er macht nicht nur sein „Abenteuer Hawaii", sondern lässt auch andere daran teilhaben, gibt Hilfen, ist immer ansprechbar. Von der pragmatischen Überzeugung getragen, dass der „IRON" dich psychisch und physisch stark macht fürs ganze Leben. Sein Motto: „Einmal Iron, immer Iron", in jeder Situation deines Lebens.

Hermann ist weder Philosoph noch ein Fantast. Weil er Realist ist, gibt er dir fünf Jahre Zeit, vorausgesetzt, dass du den von ihm hier in diesem Buch beschriebenen Weg gehst. Dass dieser Weg nicht immer nur Spaß macht, sondern manchmal auch sehr wehtut – auch das sagt er dir offen ins Gesicht.

Vielleicht hast du auch mal das Glück, dass du mit einem hawaiianischen Lei bekränzt und mit der Medaille um den Hals von „einem Hermann" im Ziel umarmt wirst und empfindest nicht nur Freude und Stolz, sondern vielleicht – am Ende dieses langen Weges – auch ein bisschen Demut.

Prof. Georg Kroeger
Hawaii-Finisher 1987, 1988, 1989

1 Erfolg – im Triathlon für jeden möglich

Jeder Triathlet, ob Einsteiger oder ambitionierter Leistungssportler, hat die große Chance, seine sportliche Betätigung so anzulegen und auszuüben, dass er nachhaltig Erfolg damit erreichen wird. Dies gelingt uns im Triathlon immer dann, wenn wir mit sehr viel Spaß in gelockerter Atmosphäre unseren Ausdauersport ausüben. Erfolgsversessene scheitern oft, trotz ihrer hervorragenden Möglichkeiten, durch Übereifer, falsches Training, falsche Berater und eine fehlende mentale Einstellung.

Erfolgreich als Sportler ist derjenige, der freudbetont seinem Sport nachgeht, sich systematisch auf Wettbewerbe vorbereitet und diese als Finisher beendet. Seine sportliche Einstellung, nicht seine Ausrüstung, macht ihn auch zum Vorbild für andere Sportler und Nichtsportler. Die überaus zahlreichen physischen und psychischen Vorzüge des Triathlons kann nur derjenige voll ausschöpfen, der in diesem Sinne seinen Ausdauersport betreibt. Zum Glück hat beim Triathlon nicht nur derjenige Erfolg, der als Erster, Zweiter oder Dritter die Ziellinie erreicht, nein, jeder Finisher gehört zu den Erfolgreichen im Triathlon.

Ein erfolgreicher Athlet muss nicht gleichzeitig siegreich sein. Bei jedem Mannschaftsspiel beträgt die Wahrscheinlichkeit, **siegreich** zu sein, genau 50 %. Bei einem Triathlon mit 300 Teilnehmern beträgt die Siegchance nur 0,33 %, bei einem Teilnehmerfeld von gar 2.000 Athleten nur noch ganze 0,05 %.

Die Chance, **erfolgreich** zu sein, ist dagegen sehr viel größer. Diese hängt davon ab, ob ich aus eigener Muskelkraft schwimmend, Rad fahrend und laufend das Ziel erreiche, ob ich es schaffe, die drei Distanzen zu absolvieren. Ist das der Fall, so gehöre ich zu den Finishern und damit zu den erfolgreichen Triathleten. Zu dieser erfreulichen Tatsache passt sehr gut das Ergebnis einer finnischen Studie der Uni Helsinki, die regelmäßig trainierenden Athleten wie Radfahrern, Ruderern und Marathonläufern eine durchschnittlich um 5,5 Jahre höhere Lebenserwartung vorhersagt. Wir Triathleten fühlen uns in diesem Kreise sichtlich gut aufgehoben.

Der Erfolg im Triathlon ist also nicht von der erzielten Zeit oder der Platzierung abhängig, sondern vom Erreichen der Ziellinie und der richtigen Einstellung. Hierzu zählt, neben der bekannt fairen Haltung im Sport, die angemessene Einordnung des Sports in unser Leben. Wir sollten uns trotz großer und größter Begeisterung für den Triathlon bewusst sein, dass es noch wichtigere Dinge in unserem Leben gibt als Siege, Platzierungen, Wettbewerbe, Zeiten, Pulswerte, Lakatwerte, Schwimmen, Rad fahren und Laufen. Als gesunde Triathleten haben wir bekanntlich viele Wünsche, als kranke Athleten haben wir mit Sicherheit alle nur noch einen.

Um abschließend die Frage nach dem Erfolg zu beantworten, heißt das für mich ganz konkret: Ein Triathlet muss nicht unbedingt siegreich sein, um als erfolgreich zu gelten.

Oder anders formuliert:

*Um im Triathlon erfolgreich zu sein,
muss man nicht unbedingt auch siegreich sein!*

Nach wie vor stehe ich Ihnen, liebe Leser, für spezielle Fragen des Triathlons zur Verfügung und bin auch weiterhin für Anregungen und Kritiken sehr dankbar.

Ihr und euer Hermann

Meine Anschrift:

Dr. Hermann Aschwer
Ameke 40
48317 Drensteinfurt
E-Mail: haschwer@gmx.de
Homepage: www.HermannAschwer.de

2 Triathlon, „der" Ausdauersport

Der Begriff **Ausdauer** wird in der Sportwissenschaft sehr vielfältig definiert. Vereinfacht kann man **Ausdauer** als die Fähigkeit bezeichnen, über einen längeren Zeitraum eine bestimmte Belastung ohne einen wesentlichen Leistungsabfall bewältigen zu können. Für Untrainierte bedeutet dies eine Belastung von mindestens fünf Minuten unter der Beanspruchung von mindestens einem Sechstel bis einem Siebtel der Gesamtkörpermuskulatur.

Die drei klassischen Ausdauersportarten Schwimmen, Rad fahren und Laufen treffen beim Triathlon zusammen. Diese drei Ausdauersportarten eignen sich in besonderer Weise als Gesundheits- und Leistungssport. Der Gesundheitssport verfolgt die Zielsetzung, den Körper gesund zu machen und gesund zu erhalten. Der Leistungssport hat zum Inhalt, dem Körper eine Leistung oder gar Höchstleistung abzuverlangen.

Gesundheit wird von der Weltgesundheitsorganisation als ein Zustand körperlichen, geistigen und sozialen Wohlbefindens definiert.

Alle drei Sportarten, um die es beim Triathlon geht, können das soziale Wohlbefinden beeinflussen. Ganz sicher wird auch das geistige Wohlbefinden gefördert.

Der Triathlonsport bietet – wie kaum eine andere Sportart – eine Vielzahl von persönlichen Erfahrungsmöglichkeiten:

- Vielseitige Erlebnisqualitäten wie Alleinsein, Training in Gruppen, in verschiedenartigen Landschaften, unter wechselnden Witterungsbedingungen, in gelöster Trainingsstimmung, in angespannter Wettkampfatmosphäre, in unterschiedlicher Trainingsgeschwindigkeit, mit dem Gefühl der Stärke zu Beginn des Trainings und dem Gefühl des Ermüdens zum Trainingsschluss.

TRIATHLONTRAINING

- Unterschiedliche Leistungsanforderungen und damit das Erlebnis von Erfolgen und Niederlagen.
- Gemeinsames Training von Jugendlichen, Erwachsenen, Frauen, Männern, Menschen unterschiedlichen Alters und unterschiedlicher Herkunft.
- Das Kennenlernen der radtechnischen Erneuerungen.
- Eine Verbesserung der Schwimm- oder Radtechnik.
- Das bewusste Erleben von Fortschritten beim regelmäßigen Training.
- Das gemeinsame Erleben von Wettkämpfen, d. h. die vielseitigen Erfahrungen vor und während eines Wettkampfs, wie – sich auf einen Triathlon systematisch vorzubereiten, die Wettkampfanspannung zu erleben und zu ertragen, allein und innerhalb einer Mannschaft zu starten, Misserfolge, Niederlagen und gute Leistungen hinzunehmen, andere Leistungen anzuerkennen.

Sporttreiben zum Zweck körperlichen Wohlbefindens ist nur möglich, indem man seine Dauerleistungsfähigkeit steigert. Der Mensch ist kein Sprinter, sondern ein Dauerleister. Nach Dr. Ziegler (2004) tickt die innere Uhr zur Harmonisierung unserer mehr als 60 Billionen Körperzellen seit vielen tausend Jahren nach dem gleichen Funktionsprinzip. Dieses lautet: Regelmäßige Bewegung ist unerlässlich für unsere Gesundheit und das Überleben. Konkret bedeutet dies, täglich benötigen wir 10 km (gehend, laufend oder rennend) als essenziellen Belastungsreiz, um unseren Gesamtorganismus funktionell zu stimulieren und gesundheitlich bei Laune zu halten.

Alltagsstress ist nicht durch kurzfristige Maximalanstrengungen zu bewältigen, sondern nur durch lang andauernde Leistungsbereitschaft. Aus diesem Grund werden Ausdauersportarten bereits durch Krankenkassen gefördert. Vorbeugen ist halt besser und billiger als Heilen.

Dazu einige interessante Zahlen: In Deutschland wurden im Jahre 2000 218 Milliarden DM (ca. 109 Milliarden €) für Krankenkosten ausgegeben. 49 Milliarden € für Krankheiten, die keinen Schicksalsschlag darstellen, für Investitionen in Krankheitsvorsorge und -verhütung ganze 1,65 Milliarden €. Beeindruckende Zahlen. 45 % der gesamten Krankenkosten müssen demnach aufgebracht werden für Krankheiten, die als so genannte *Zivilisationskrankheiten* gelten. Was ist eigentlich zivilisiert daran, frage ich mich immer wieder.

Nicht erst seit heute wissen wir, dass der Mensch in Bewegung bleiben muss, das hält gesund und fit bis ins hohe Alter. Aus mehr Bewegung lässt sich folgern:

TRIATHLON, DER AUSDAUERSPORT

- Mehr Gesundheit.
- Mehr Lebensfreude.
- Mehr Wohlbefinden.
- Mehr Lebensqualität!

Die Bewegung beginnt nicht beim Ironman, sondern bereits bei so banalen Dingen wie dem Treppensteigen, Wandern, Einkaufen mit dem Rad, der Fahrt zur Arbeit – anstatt mit dem Auto mit dem Rad oder sogar per pedes.

Wir wissen heute auch, dass der Ausdauersport Stress abbaut, das Gewicht reguliert, Herz-Kreislauf-Erkrankungen vorbeugt, den Cholesterinspiegel senkt, den Blutdruck reguliert und vieles andere mehr. Um von den Vorzügen des Ausdauersports zu profitieren, reicht ein regelmäßiges Triathlontraining im gleichförmigen, ruhigen Trainingstempo. Wer aber nach dem ersten oder zweiten Triathlonjahr mehr will, also noch mehr gesundheitliche Vorzüge, noch weniger Körpergewicht, noch weniger Stress, noch schneller schwimmen, Rad fahren und laufen möchte, dem ist zu raten, systematischer und zielgerichteter zu trainieren.

Dann reichen lockere Spazierfahrten mit dem Rad, ein wenig baden im Sommer und ab und an ein paar Kilometer laufen nicht mehr aus. Aber, keine Sorge, mit einem konkreten und erstrebenswerten Ziel vor Augen, wie z. B. der Teilnahme an einem ganz bestimmten Triathlon, trainiert es sich leichter, macht es in der Gruppe noch mehr Spaß und die Faszination für den so variantenreichen Triathlonsport wächst. Ja, sie darf wachsen, nur nicht ins Uferlose. Dieses Anwachsen der sportlichen Motivation sollte nicht dazu führen, dass jetzt die gesamte Familie, die berufliche Tätigkeit, der Freundes- und Bekanntenkreis, das gesamte Umfeld in Mitleidenschaft gezogen wird, dass außer sportlichen Erfolgen nur noch ein Scherbenhaufen zurückbleibt.

Über gute oder hervorragende Leistungen kann ich mich nur dann mit meinem Umfeld freuen, wenn ich dieses nicht vorher selbst zerstört habe. Dann bleibt halt keiner mehr übrig, mit dem ich mich freuen und meine Genugtuung, meine Selbstbestätigung, meinen Altersklassensieg auskosten kann. In so einem Fall stellt der noch so tolle sportliche Erfolg beim Triathlon für mich keine menschliche Bereicherung dar, sondern er isoliert mich und macht mich menschlich ärmer.

Der Mensch, ein Dauerleister

Dass unser Leben eine enorme Dauerleistung für das Herz und den Kreislauf darstellt, verdeutlichen die folgenden imposanten Zahlen. Bei einem durchschnittlichen Erwachsenen schlägt das Herz mit einem Ruhepuls von 75 und bei einer 10-stündigen Tätigkeit mit einem Puls von 100 genau 75 x 60 x 14 h + 10 h x 60 x 100 = 63.000 + 60.000 = 123.000 x täglich. In einem Jahr also 123.000 x 365 = 44.895.000 x, also knapp 45 Millionen x.

Bei einem gut trainierten Triathleten mit einem Ruhepuls von 50, einer 10-stündigen Tätigkeit mit Puls 70 und einer einstündigen sportlichen Betätigung mit einem Puls 140 sind dies:

50 x 60 x 13 h + 140 x 60 x 1 h + 70 x 60 x 10 h = 39.000 + 8.400 + 42.000 = 89.400 x täglich. In einem Jahr also 89.400 x 365 = 32.631.000 x, also knapp 33 Millionen x.

Demnach schlägt das Herz eines im Schnitt täglich eine Stunde trainierenden Triathleten täglich 123.000 − 89.400 = 33.600 x weniger als das bei seinem nichttrainierten Nachbarn. In einem Jahr sind dies rund 45 Mill. − 33 Mill. = 12 Mill.

- **Folglich kann das Herz des Triathleten trotz sportlicher Belastung 12 Millionen mal weniger schlagen, als es bei dem untrainierten Nachbarn der Fall ist**.

Es ist unumstritten, dass gerade ein vernünftiges Triathlontraining die Ausdauer im hohen Maße schult, weil viele Muskelgruppen gleichzeitig über einen längeren Zeitraum an der Bewegung beteiligt sind.

Das „biologische Alter", der Zustand, in dem sich der Mensch gesundheitlich befindet, wird nicht bestimmt durch die Fähigkeit, große Lasten tragen zu können, nicht durch die Fähigkeit, im Sprint gut auszusehen, nicht durch die Fähigkeit, komplizierte Bewegungen an Turngeräten vollführen zu können und schon gar nicht durch eine künstlich herbeigeführte Gesichtsbräune. Die Qualität unserer Gesundheit wird vielmehr bestimmt durch eine gute Ausdauerleistungsfähigkeit. Der bekannte Kreislaufforscher und Sportmediziner Prof. Hollmann (1999) fasst seine wissenschaftlichen Erkenntnisse folgendermaßen zusammen: „Durch ein geeignetes körperliches Training gelingt es 20 Jahre lang, 40 Jahre alt zu bleiben." Dr. Ernst van Aaken (2000), der weltweit anerkannte „Laufpapst", propagierte: „Durch Ausdauertraining 20 Jahre jünger."

TRIATHLON, DER AUSDAUERSPORT

Untersuchungen haben ergeben, dass 65-70-jährige Langläufer das gleiche Sauerstoffaufnahmevermögen wie 20-30-jährige Sportstudenten aufwiesen. Da die Sauerstoffaufnahme ein Maß für das Leistungsvermögen ist, ergibt sich daraus die Feststellung, dass 65-jährige Ausdauersportler eine ähnlich hohe sportliche Leistung erbringen wie 30-jährige Untrainierte.

Ein paar kurze Anmerkungen zu den psychischen Aspekten im Triathlon. Kann man sich einen Triathleten vorstellen, der nur mit seinem Körper schwimmt, radelt und läuft und der seine Seele dabei zu Hause lässt?

Dies können wirklich nur Roboter. Bei einem Menschen, der aus Leib und Seele besteht, lässt sich beides nicht voneinander trennen. Triathlon aktiviert den gesamten Menschen. Bei jedem Training profitiert jede Körperzelle von der vermehrten Sauerstoffzufuhr.

Der Triathlet kann sich intensiver mit sich selbst und seiner Umwelt befassen. Nicht nur der Körper, sondern auch die Seele und der Geist kommen in Bewegung. Der Triathlet fühlt sich als „Einheit".

Körper und Geist befinden sich in Symbiose, im Gleichklang und wirken zusammen zum gegenseitigen Nutzen.

Nach kurzer Trainingszeit erwärmt sich der Körper, man fühlt sich wohler, ist aufmerksamer, spürt, wie sich Verspannungen lösen. Mit dem gleichmäßigen und tiefen Atmen kommen befreiende Gefühle. Ängste werden gemildert und verschwinden oft ganz. Die Grundstimmung verändert sich zur positiven Seite hin, damit wächst die Lebensfreude. Als jemand, der durch Felder, Wiesen und Wälder radelt, läuft oder im See schwimmt, fühlt man sich als Teil dieser Natur. Dies ist ein sehr erhabenes und tief greifendes Gefühl. Regelmäßiges Ausdauertraining formt und verändert den Menschen in seiner Gesamtheit. Beim Triathlon ist eben der Mensch in seiner Ganzheit gefordert: der Körper, der Geist und die Seele. Das Fühlen und Denken spielt eine ebenso bedeutende Rolle wie die rein körperliche Betätigung.

Jeder Athlet, vorausgesetzt, er trainiert regelmäßig, macht seine eigenen nachhaltigen körperlichen (physischen) und seelisch-geistigen (psychischen) Erfahrungen. Selbstverständlich gibt es bei Sportlern Unterschiede in der bewussten Wahrnehmung. Der eine registriert sehr viel, der andere weniger.

Neben den zuvor genannten physischen Vorteilen des Triathlons beeinflussen die drei Ausdauersportarten auch den psychischen Bereich in folgender Weise nachhaltig:

Mit der verbesserten körperlichen Leistungsfähigkeit steigen im gleichen Maße:

- das Selbstvertrauen,
- das Selbstwertgefühl,
- das Denken,
- die Lebensenergie und damit auch die Liebe und die Liebesfähigkeit,
- das Durchhaltevermögen,
- das Meistern von Schwierigkeiten.

Die Vorzüge des Triathlons lassen sich nur dann erleben, wenn regelmäßig und gut dosiert trainiert wird. Für alle Ausdauersportarten benötigt der Sportler ein wenig Geduld, um entspannt trainieren zu können.

Den Einfluss der Psyche beim Triathlon möchte ich Ihnen, liebe Leser, an einem kürzlich erlebten Beispiel aufzeigen, es war zudem mein 220. Triathlon.

My Alligator Day

In der Nähe unserer in Orlando, Florida, lebenden Tochter gab es genau während meines zweiwöchigen Floridaaufenthalts einen Triathlon. Nach Abschluss der Saison gar nicht so schlecht, dachte ich, da ich ja ein Rennrad drüben stehen habe. Tochter Carmen meldete mich bereits sechs Wochen vorher an. Diesmal nicht unter meinem Namen **H**ermann **A**schwer, sondern unter meinem Pseudonym **H**enry **A**sh. Hierunter sind in der englischen Ausgabe der Ironmanedition meine beiden deutschen Triathlon-Masterbücher erschienen.

Trotz größerer Vorfreude auf sonniges Wetter und angenehm warmes Wasser trübte sich meine Vorfreude ein, als ich mich daran erinnerte, dass in Orlando generell alle Seen u. a. auch von Alligatoren, einer Krokodilart, „bewohnt" werden. Wenn das Schwimmen auch nur eine Viertelmeile lang ist, gut 400 m, eventuell von Krokodilen begleitet zu werden, mir war nicht ganz wohl in meiner Haut. Ich zögerte nun und suchte nach Ausreden, wie ich meinen Startverzicht begründen konnte.

In der Ausschreibung war zu lesen, dass gleichzeitig ein Duathlon stattfindet. Das war's für mich. Als ich meine freudige Entdeckung meiner ansonsten sehr fürsorglichen Tochter mitteilte, entgegnete sie: „Papa, du bist doch Triathlet, oder?" „Du hast mir stets vom Schwimmen hier in dem sehr warmen Wasser gerade wegen der Alligatorengefahr abgeraten", entgegnete ich. Das soll aber im „Belle Island See" nicht so problematisch sein. Um mir keine Blöße zu geben, musste es jetzt wohl der Triathlon sein.

Es finden seit einigen Jahren zwei Triathlonwettbewerbe jährlich statt, da wird schon nichts passieren, die Schwimmstrecke ist ja nur mit einer Viertelmeile ausgeschrieben, also 400 m, tröstete ich mich selbst – und derzeit bin ich in einer guten Schwimmverfassung. All das beruhigte mich, ein gewisses „Aber" konnte ich aus meinem Kopf nicht verdrängen.

Bei der Einschreibung morgens um 7 Uhr erkundigte ich mich doch noch einmal nach der Alligatorgefahr. Der echt coole Organisator Gerry erzählte dann auf meine vorgebrachten Bedenken: Erstens sind Alligatoren in der Früh noch sehr schläfrig – daher der Start so früh am Morgen –, zweitens ist in den letzten Jahren noch nie etwas passiert und drittens solle man beim Auftauchen dieser Krokodile die Ruhe bewahren und diese nicht ärgern oder angreifen. Sie sind eigentlich ganz friedlich, vernahm ich mit leichter Gänsehaut. Das kann ja lustig werden.

TRIATHLON, DER AUSDAUERSPORT

Beruhigend war für mich, dass mit mir noch 150 weitere Triathleten am Start waren. Vor dem Schwimmen habe ich mich richtig warm gemacht. Eigentlich wie noch nie in meinen 219 Wettbewerben zuvor. Ich wählte bei der Startaufstellung für den zu durchschwimmenden Dreieckskurs den ungewohnten Innenbereich, weil ich damit etwas weiter entfernt vom Uferbereich war. Der Startschuss! Mit gemischten Gefühlen stürze ich mich in den dunkelgrünen, stark algenhaltigen, aber bestimmt 28° C warmen See. Volle Pulle schwimme ich, möglichst weit weg vom Ufer, bis zur ersten Boje. Ein verdammt mulmiges Gefühl. Das Wasser ist dunkelgrün, sodass ich nur einen Teil meines direkten Schwimmnachbarn ausmachen kann.

Ein Krokodil würde ich gar nicht als solches erkennen können, in dieser warmen Brühe. Ich schwimme „Topspeed", so schnell ich kann. Ansonsten eigentlich gar nicht meine Art. An der zweiten Boje geht es wieder in Richtung Strand. Ich ziehe weiter voll durch, um möglichst schnell wieder festen Boden unter meine Füße zu bekommen. Dabei ist das Wasser so herrlich warm. Gott sei Dank, wieder Land unter den Füßen. Geschafft, und das sogar deutlich unter acht Minuten. „So schnell schwimmst du doch sonst nicht", höre ich von meiner ein wenig besorgten Frau. „Das war heute ein schnelles Wasser", war meine kurze Antwort.

„Papa, du warst ja schnell unterwegs heute!" Ja, ja, my Alligator Day!

3 Bin ich fit für den Triathlon?

3.1 Der Gesundheits-Check-up

Jeder sportliche Neu- oder Wiedereinsteiger sollte sich vor Beginn seiner sportlichen Betätigung ärztlich untersuchen lassen. Wer seinem Körper besondere Leistungen abverlangt, der muss wissen, was er sich überhaupt zumuten darf. Muskeln und Organe des Menschen stellen ihre Leistungsfähigkeit auf den Alltagsbetrieb ein und der ist bei den meisten Menschen mit wenig körperlicher Arbeit verbunden. Wer mehr von seinem Körper verlangt, muss ihn allmählich daran gewöhnen. Gewalttouren führen über kurz oder lang unweigerlich zu Beschwerden und Verletzungen.

Die Gesundheit, der wichtigste Aspekt beim Sport

Höchste Priorität sollte bei allen sportlichen Betrachtungen die Aufrechterhaltung der Gesundheit haben. Die optimale sportliche Leistung im Triathlon ist der Gesundheit unbedingt unterzuordnen. Letztendlich geht es gleichzeitig auch darum, die gesundheitlichen Risiken zu minimieren. Demnach lässt sich die optimale sportliche Leistung zwischen der größtmöglichen Gesundheit und den kleinstmöglichen Risiken einordnen.

Größtmögliche Gesundheit	Optimale sportliche Leistung	Kleinstmögliche Risiken

TRIATHLONTRAINING

Um die kleinstmöglichen Risiken bei der sportlichen Betätigung einzugehen, sollte sich jeder ambitioniert Trainierende jährlich einer generellen Gesundheitsuntersuchung unterziehen. Weitere sind selbstverständlich bei gesundheitlichen Problemen vonnöten. Dies gilt insbesondere für Athleten, die neue Herausforderungen suchen, wie z. B. die erstmalige Teilnahme an Mittel- oder Ironmandistanzen.

Eine erfolgreiche Gesundheitsuntersuchung stellt das **Ticket** für ein individuell angepasstes Training aus. Leistungsorientierte Athleten sollten 1 x jährlich, im Vorbereitungszeitraum, wenn mit dem umfangreichen Training begonnen wird, eine Routineuntersuchung beim Arzt vornehmen.

Dazu gehören:

- Herzdiagnostik
- Ruhe- und Belastungs-EKG
- Lungendiagnostik
- Diagnose von Blut- und Urinstatus
- CRP-Wert (C-reaktives Akute-Phase-Protein)

Die Tatsache, dass eine ausdauersportliche Betätigung im Hinblick auf die Entstehung von Herz-Kreislauf-Erkrankungen eine vorbeugende Wirkung ausübt, bestätigt sich in vielen Untersuchungen. Damit sind insbesondere hoher Blutdruck, Herzinfarkt, Schlaganfall und Arteriosklerose gemeint. Der hierfür in unserem Blutzentrum verantwortliche Faktor CRP (C-reaktives Akute-Phase-Protein) heftet sich an die Krankheitserreger. Sportliche Betätigung senkt diesen Blutwert deutlich. Ein hoher CRP-Wert ist behandlungsbedürftig, da er auf eine deutliche Gefäßverkalkung hinweist. Prof. Uhlenbruck (2002) folgert daraus, dass wöchentlich 2.000-2.500 kcal durch Sport zu verbrennen sind, um deutliche gesundheitliche Folgen wahrnehmen zu können. Daher auch seine Empfehlung, das CRP zum Bestandteil eines allgemeinen Fitnesschecks zu machen. Vorausgesetzt, man hat keinen Infekt, denn dabei gibt es allerdings vorübergehend hohe Werte.

Im Mittelpunkt der Untersuchungen steht das Herz-Kreislauf-System, welches zeitweise enormen Belastungen unterliegt. Erkrankungen oder Schädigungen irgendwelcher Art können dann unerwartete Herzprobleme bis hin zum plötzlichen Herztod nach sich ziehen. Schreckensmeldungen aus der Presse sind uns allen hinlänglich bekannt. Untersuchungen unter maximaler Belastung haben gezeigt, dass das Risiko eines plötzlichen Herztodes bei einem schlechten Trainingszustand 56fach, dagegen bei einem besseren Trainingszustand nur fünffach ist. Im jüngeren Lebensalter liegen die Ursachen hierfür vor allem in angeborenen Herzerkrankungen, Herzmuskelschädigungen und in infektiösen Herzmuskelschädigungen.

So fit wie ein Kind kann jeder wieder werden.

Mit steigendem Alter liegt den Herzzwischenfällen zunehmend eine Herzkranzerkrankung zu Grunde. **Gefährdet** sind damit nach Prochnow und Welz (2000) am ehesten die älteren Sportler, die sich intensiven und hohen Trainingsbelastungen aussetzen. Ebenso diejenigen, die sowohl den Wiedereinstieg in das Training nach längeren Pausen suchen als auch Personen mit Risikofaktoren und Begleiterkrankungen.

Zum Glück müssen wir jedoch nicht in Panik verfallen. Denn bevor etwas passiert, treten einige Schutzmechanismen des Körpers in Kraft:

- Schwindel und kurzzeitige Ohnmachtsanfälle.
- Unerklärliche Leistungseinbußen.
- Atemnot.
- Herzrhythmusstörungen und Herzschmerzen.
- Infekte.
- Allgemeine Schwäche.
- Fieber.

Bei diesen gesundheitlichen Problemen gilt sofortiges Trainingsverbot und Inanspruchnahme ärztlicher Hilfe!

Wer die Signale des Körpers jedoch ignoriert und ohne Rücksicht auf Verluste seinem Trainingsplan hinterherhechelt, der muss sich nicht wundern, wenn größere Schäden ausgelöst werden. Dann liegt aber nicht in der sportlichen Betätigung die Ursache, sondern in der aus krankhaftem Ehrgeiz ignorierten oder auch unerkannten Erkrankung.

Liegen von der medizinischen Seite keine Probleme für eine ausdauersportliche Betätigung vor, so stellt sich sportlichen Einsteigern die Frage: **„Wie fit bin ich?"**

Zur Ermittlung der eigenen Fitness dient der Ausdauertest nach Cooper. Wenn Sie sich hierbei eine zumindest *mittlere Fitness* bestätigen können, ist der erste und wichtigste Schritt in Richtung Teilnahme an einem Triathlonwettbewerb getan.

3.2 Allgemeiner Fitnesstest – Ausdauertest nach Cooper

In der sportmedizinischen Praxis haben sich vor allem Untersuchungen auf dem Laufband und dem Fahrradergometer durchgesetzt. Von den verschiedenen Praxistests, die jeder ohne größere Schwierigkeiten selbst durchführen kann, hat sich der so genannte *Cooper-Test* bewährt.

Dieser, von dem amerikanischen Sportmediziner und Astronautentrainer Dr. med. Kenneth Cooper (1994) entwickelte Lauftest lässt sich am besten auf einer 400-m-Laufbahn durchführen, da die innerhalb von 12 Minuten Laufzeit zurückgelegte Wegstrecke ein Maß für die Fitness darstellt. Sollte ein Stadion mit einer entsprechenden Laufbahn nicht vorhanden sein, so lässt sich dieser Test auch auf einer Landstraße durchführen. Ein hinter dem Läufer herfahrender Pkw gibt per Hupe das Start- und Haltezeichen und liest die zurückgelegte Strecke per Tachometer ab.

Dieser Test, bei dem es darum geht, in 12 Minuten eine möglichst lange Laufstrecke (bzw. Laufgehstrecke) in der Ebene zurückzulegen, gibt das Maximum der momentanen Leistungsfähigkeit im Laufen an. Je größer die zurückgelegte Laufstrecke in Kilometern ist, umso besser ist Ihre Fitness. Auf Grund geringerer Muskelmasse sind die Kilometerumfänge bei den Frauen, bei gleicher Fitnesskategorie, etwas geringer als bei Männern.

Tab. 1: *Angaben der Laufgehkilometer in Abhängigkeit vom Alter*

Fitness-kategorie	Geschlecht	13-19 J.	20-29 J.	30-39 J.	40-49 J.	50-59 J.	60 + J.
I. Sehr schwach	Männer	< 2,08	< 1,95	< 1,89	< 1,82	< 1,65	< 1,35
	Frauen	< 1,60	< 1,45	< 1,50	< 1,41	< 1,34	< 1,25
II. Schwach	Männer	2,08-2,19	1,95-2,10	1,89-2,08	1,82-1,98	1,65-1,86	1,39-1,63
	Frauen	1,60-1,89	1,54-1,78	1,52-1,68	1,41-1,57	1,34-1,49	1,25-1,38
III. Mittel	Männer	2,21-2,50	2,11-2,38	2,10-2,32	2,00-2,22	1,87-2,08	1,65-1,92
	Frauen	1,90-2,06	1,79-1,95	1,70-1,89	1,58-1,78	1,50-1,68	1,39-1,57
IV. Gut	Männer	2,51-2,75	2,40-2,62	2,34-2,50	2,24-2,45	2,10-2,30	1,94-2,11
	Frauen	2,08-2,29	1,97-2,14	1,90-2,06	1,79-1,98	1,70-1,89	1,58-1,74
V. Ausgezeichnet	Männer	2,77-2,98	2,64-2,82	2,51-2,70	2,46-2,64	2,32-2,53	2,13-2,48
	Frauen	2,30-2,42	2,16-2,32	2,08-2,22	2,00-2,14	1,90-2,08	1,76-1,89
VI. Überragend	Männer	> 2,99	> 2,83	> 2,72	> 2,66	> 2,54	> 2,50
	Frauen	> 2,43	> 2,34	> 2,24	> 2,16	> 2,10	> 1,90

(Quelle Cooper, 1994; Dr. Coopers Gesundheitsprogramm. Bewegung, Ernährung, seelisches Gleichgewicht. Droemer)

Wenn Ihre Fitness unter die ersten drei, wenig befriedigenden Kategorien fällt, sollten Sie sich nicht entmutigen lassen, denn dieses Los teilen Sie mit ca. 80 % der zivilisierten Menschheit. Vielmehr sollte es Ansporn zu einem wohldurchdachten Aufbautraining sein.

Dieser 12-Minuten-Test ist nicht nur ein zuverlässiges Maß für die vorhandene Fitness, sondern er liefert gleichzeitig auch zuverlässige Aufschlüsse über die läuferischen Fortschritte. Die einfache Durchführung in der Praxis ermöglicht zudem eine regelmäßige Überprüfung der eigenen Leistungsfähigkeit.

4 Triathlon, „die" Herausforderung

Der Begriff **Triathlon** wird in unserer erlebnisarmen Welt verknüpft mit

- **fit sein,**
- **stark sein,**
- **ausdauernd sein,**
- **Schwimmen,**
- **Rad fahren,**
- **Laufen,**
- **Ironman,**
- **kämpfen können, nicht gegen andere Sportler, sondern gegen die Streckenlänge, gegen die klimatischen Unwägbarkeiten, gegen die eigenen Schwächen und**
- **seine Grenzen kennen lernen.**

Alles Dinge, die für viele Menschen über das hinausgehen, was der normalen Alltag zu bieten hat und damit zu einer besonderen Herausforderung werden.

Tatsächlich verhält es sich so, dass man beim Triathlon besser als bei jeder anderen Sportart seine Grenzen herausfinden kann. Das gilt nicht nur für die Ironmandistanz, sondern für sportliche Einsteiger kann es auch das Finishen bei einem Jedermanntriathlon oder bei einem olympischen Triathlon sein. Diesen Grenzbereich lernt man beim Triathlon nicht nur körperlich (physisch) kennen, sondern ebenso geistig-seelisch (psychisch). Die Bewältigung der Schwimm-, Rad- und Laufstrecke ist die eine Seite, die Willensstärke, auch bei Problemen und Schwierigkeiten, den Wettkampf nicht aufzugeben, ist die andere Seite. Beides muss im Training geübt werden, um es dann in Grenzsituationen umzusetzen. Dazu bedarf es nicht nur des körperlichen Trainings, auch die mentale Seite gehört dazu, wenn man erfolgreich sein will ...

Eben, der gesamte Mensch mit seiner Trias „Körper, Geist und Seele!

TRIATHLONTRAINING

Die drei völlig unterschiedlichen Ausdauerdisziplinen im Wasser, auf dem Rad und zu Fuß stellen ein Erlebnis besonderer Güte dar. Sich mit eigener Muskelkraft zuerst schwimmend, dann Rad fahrend und abschließend laufend fortzubewegen, bedeutet für mich selbst nach mehr als 250 Starts immer wieder ein reizvolles, ja abenteuerliches Ereignis. Niemand kann vor einem Start alle auftretenden Probleme und Schwierigkeiten abschätzen, man muss sie auf sich zukommen lassen und dann so gut wie möglich meistern.

Trotz aller Anstrengungen ist es ratsam, die Umwelt bewusst wahrzunehmen. Triathlon ist ein Naturerlebnis, welches geprägt wird durch den Aufenthalt im Wasser, durch die relativ hohe Geschwindigkeit beim Radfahren, durch das schnelle Wechselspiel zwischen Wäldern, Bergen, Wiesen, Dörfern und Feldern. Das, was auf dem Rad nur so vorbeifliegt, kann sich der Athlet während des Laufens in aller Ruhe anschauen und dabei manchmal gleichzeitig von seinen Schwierigkeiten ablenken. Das Verhalten der Zuschauer, das Treiben auf dem Wasser, die leichtfertige Bewegung der Tiere, die mit Liebe gepflegten Vorgärten, das immer wechselnde Schattenspiel im Wald, die frischen Farben der Natur usw. Wer mit offenen Augen und Ohren seine drei Disziplinen absolviert, erlebt eine intensivere Begegnung mit der Natur als derjenige, der ohne Unterbrechung an seine Endzeit denkt und dabei völlig vergisst, dass unser Sport mehr zu bieten hat als eine gute Zeit oder eine Platzierung.

Das kalkulierbare Abenteuer Triathlon ist etwas, das selbst die Reichen dieser Welt sich mit ihrem Portmonee nicht kaufen können. Das teuerste Rennrad, die besten Schuhe und der eigene Trainer stellen keine Garanten für einen erfolgreichen Triathlon dar. Jeder Athlet muss seine Leistung beim Triathlon aus eigener Kraft erbringen, eine gewaltige Herausforderung für viele Menschen.

Mit welcher Strategie gehe ich an die Bewältigung meiner Herausforderung heran, damit diese für **mich** zu einem Erfolg wird?

5 Mit der richtigen Strategie zum Erfolg

*„Haben Sie keine Angst,
einen großen Schritt zu machen.
Man kann einen Abgrund nicht in zwei kleinen
Sprüngen überqueren."*

David Lloyd George (1863-1945)

5.1 Drei-Stufen-Strategie

Die Verfolgung sportlicher Ziele im Ausdauerbereich erfordert ein zielorientiertes Vorgehen. Dies gilt vor allem dann, wenn es sich um neue, große Herausforderungen handelt. Mit einem konkreten Ziel vor Augen plant und trainiert es sich einfach besser. Die konkrete Planungsarbeit geht dabei von folgender Fragestellung aus:

*„Wie gehe ich vor,
damit ich mein angestrebtes Ziel erreiche?"*

Die Vorgehensweise, die Methode, wie vorzugehen ist, lässt sich zutreffend mit dem Begriff **Strategie** umschreiben. Die richtige Strategie ist mitentscheidend dafür, ob ich meine Herausforderung erreiche; ob ich finishe und damit erfolgreich bin.

Große Herausforderungen erfordern eine gut durchdachte Strategie. Je größer die Herausforderung ist, umso stärker muss auch die Motivation für deren Umsetzung sein. Hierbei ist eine starke intrinsische (innere) Motivation von großem Vorteil. Eine extrinsische (äußere) Motivation reicht oft allein nicht aus, um später auftretende größere Probleme und Schwierigkeiten zu meistern.

Nachfolgende strategische Überlegungen eignen sich nicht nur, um große Herausforderungen im Sport erfolgreich zu meistern, sondern lassen auch einen Transfer auf berufliche oder private Bereiche zu.

Wer etwas Außergewöhnliches zu leisten beabsichtigt, benötigt drei große strategische Schritte oder Stufen für einen erfolgreichen Abschluss, für sein Finish:

Erste Stufe: Traum, Vision, Herausforderung

Zweite Stufe: Realistische Zielplanung

Dritte Stufe: Umsetzung, Finish, erfolgreicher Abschluss

Abb. 1: *Drei-Stufen-Strategie*

DIE RICHTIGE STRATEGIE

Abb. 2: *Traum – Ziel – Finish*

Erste Stufe: Traum, Vision, Herausforderung

„Wenn du ein Schiff bauen willst, dann trommle nicht Männer zusammen, um Holz zu beschaffen, Aufgaben zu verteilen und die Arbeit einzuleiten, sondern lehre sie die Sehnsucht nach dem endlosen Meer."

Antoine de Saint-Exupéry (1900-1944)

Wer Großes leisten will, benötigt als Erstes eine Vision, einen Traum, eine riesige Herausforderung. Diese zu finden, zu entdecken, zu erträumen, zu erforschen, ist eine individuelle Eigenschaft und hängt von vielen äußeren Einflüssen ab. Was für mich persönlich eine Herausforderung bedeutet, muss für meinen Freund, meinen Bruder, meinen Nachbarn, meinen Kollegen keine Aufgabe darstellen.

Kreativität und vielseitige Einstellungen helfen bei der Suche nach

- etwas Besonderem,
- etwas Außergewöhnlichem,
- etwas Tollem,
- etwas Großartigem,
- etwas Magischem.

Es gibt sicherlich kein Rezept dafür, wie man diesbezüglich fündig wird. Fest steht jedoch, dass ruhiges Ausdauertraining neben einigen entspannten Urlaubstagen die besten Möglichkeiten bietet, um durch Fantasie und Brainstorming die zündende Idee für seine Träume zu entwickeln.

Bei dieser ersten Stufe geht es keineswegs um eine realistische Umsetzung der neuen Ideen, sondern nur um die kreative Suche nach etwas Neuem, etwas Spannendem, etwas Verrücktem, etwas Nichtalltäglichem, eben nach einer besonderen individuellen Herausforderung. Ohne eine entsprechende Vision werde ich nie etwas Außergewöhnliches leisten können.

Z. B. Bewältigung eines Jedermanntriathlons,
 eines olympischen Triathlons,
 einer Mitteldistanz oder Ironman 70.3 oder
 einer Ironmandistanz.

Im Alltagsleben bestehen berufliche Herausforderungen in Folgendem: eine bestimmte Prüfung bestehen, Meister, Ingenieur, Doktor werden. Im Privatleben können dies folgende Visionen sein: Familie gründen, Haus bauen, Auto kaufen, Urlaub in ... genießen.

Zweite Stufe: Realistische Zielplanung

Wer in Bezug auf neue Ideen fündig geworden ist und von seiner Vision nicht mehr lassen kann, wer total begeistert, einfach hingerissen ist und sich vollends mit ihr identifiziert, der muss im zweiten Schritt, auf der zweiten Stufe, eine realistische Zielplanung betreiben.

„Haben Sie keine Angst, einen großen Schritt zu machen. Man kann einen Abgrund nicht in zwei kleinen Sprüngen überqueren", könnte hier der Leitgedanke lauten. Allerdings lauert bei dieser grenzenlosen Einstellung eine große Gefahr, die Gefahr der Überschätzung. Trotz aller Euphorie für die neue Herausforderung spielt es eine große Rolle, die realen Gegebenheiten nicht aus dem Auge zu verlieren.

Nur der optimistische Realist besitzt große Chancen, sein angestrebtes Ziel zu erreichen. Hierzu bedarf es einer **Analyse der individuellen Bedingungen und Möglichkeiten**. Diese ist eine notwendige Voraussetzung, um später erfolgreich zu sein.

Große Herausforderungen realistisch zu planen, gelingt nur dann, wenn wir von den eigenen persönlichen Voraussetzungen ausgehen und nicht auf andere Menschen schielen, die bessere Rahmenbedingungen aufweisen. Unser eigenes individuelles Umfeld ist die Basis für die Erreichung großer Ziele. Dazu zählen nicht nur die positiven Merkmale, sondern auch die persönlichen Unzulänglichkeiten.

Für ein angesprochenes sportliches Ziel, z. B. den Ironman zu bewältigen, gilt es, folgende Faktoren angemessen zu berücksichtigen.

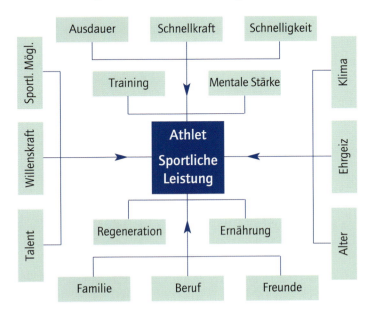

Abb. 3: *Das individuelle Umfeld des Athleten*

Für anders geartete Herausforderungen gestaltet sich das individuelle Umfeld entsprechend. Wichtig ist, dass alle Punkte des Umfeldes bei der realistischen Planung weit gehend mit berücksichtigt werden.

Wer bei der ersten Euphorie seiner Zukunftspläne, seiner Träume und Visionen sein eigenes Umfeld außer Acht lässt oder es gar zerstört, der wird sich trotz Erreichung seines Ziels nicht als erfolgreicher Mensch betrachten können. So wäre für mich das Erreichen der Finishline auf Hawaii kein Erfolg, wenn ich dabei meine Familie ruiniert hätte.

Erfolgreich ist nur derjenige, der mit **Nachhaltigkeit** seine Ziele verfolgt und nicht derjenige, der nur den momentanen, kurzfristigen Erfolg sucht.

Dritte Stufe: Umsetzung, Finish, erfolgreicher Abschluss

Die Umsetzung einer Strategie erfordert Beharrlichkeit, Selbstbewusstsein, Willensstärke und die Fähigkeit zur Problemlösung und Problemüberwindung. Hierzu ist mentale Stärke nicht nur erforderlich, sondern Voraussetzung. Hilfreich hierbei können die beiden Leitthesen sein:

> *„Für jedes Problem gibt es eine Lösung!*
> *Aus jeder Situation das Beste machen!"*

(aus: Mein Abenteuer Hawaii-Triathlon, Aschwer, 1986)

Ohne mentale Stärke ist die Gefahr einer Resignation bereits bei kleineren Probleme und Schwierigkeiten vorgezeichnet. Liegt jedoch eine positive mentale Einstellung vor, so lassen sich ungeahnte Probleme und Schwierigkeiten überwinden, große Hürden überspringen oder nie für möglich gehaltene Leistungen erbringen: Leistungen im Sport, im Beruf, in der Familie oder im privaten Bereich.

Eine leistungsbereite mentale Einstellung, also eine mentale Fitness, bedeutet, von der Richtigkeit seines Tuns, seines Ziels, seiner Herausforderung überzeugt zu sein. Dies hat zur Folge, dass die Willensstärke, die Zielstrebigkeit, die Bereitschaft zur Problemlösung gestärkt wird und somit der Gesamterfolg gewährleistet ist.

Die Macht dieser Strategie brachte für mich den erträumten, den realistisch geplanten und umgesetzten Erfolg beim Ironman auf Hawaii.

Ein Erfolg, der lange Zeit für mich unvorstellbar war.

Eben: **„vom Jedermann zum Ironman"**. Ein erfüllter und erfüllbarer Traum!

DIE RICHTIGE STRATEGIE

5.2 Der Strategietransfer

Die erfolgreiche Bewältigung meiner sportlichen Herausforderungen hat dazu geführt, meine persönlichen Grenzen zu verschieben, aufgetürmte Mauern niederzureißen, größeres Selbstvertrauen zu entfalten und mehr Selbstbewusstein zu entwickeln.

Mit der gleichen Strategie, mit der ich die sportlichen Ziele verfolgt habe, ist es mir auch gelungen, berufliche und private Herausforderungen erfolgreich zu bewältigen, wie z. B. Hausbau, Promotion, beruflicher Aufstieg: Maurer, Ingenieur, Studienrat, -direktor, Doktor, Autor.

Stets baut alles auf folgenden drei Stufen auf:

Traum ——— Ziel ——— Finish

Welche Vision, welchen Traum, welche Herausforderung bewegt Sie?

- Lautet die Vision, einen olympischen Triathlon zu finishen?
- Möchten Sie einen 10-km-Lauf finishen?
- Möchten Sie einen Mitteltriathlon über 2/90/21 km finishen?
- Möchten Sie ...

Erste Hilfestellung bei der Wahl kann Tabelle 2 (s. S. 43) liefern.

Strategieplanung

Meine Vision, mein Traum, meine Herausforderung lautet:

Gratulation, Sie haben Ihre Herausforderung gefunden.

Jetzt sollten Sie sich Gedanken über Ihr Umfeld machen. Tragen Sie dazu alle relevanten Fakten in die nachfolgende Abbildung ein und gehen Sie dann an die realistische Zielplanung (zweite Stufe) und an die Umsetzung, die Realisierung, das Finish (dritte Stufe) Ihres Traums heran.

Zu beachten sind z. B.: Familie, Beruf, Freunde, Zeit, Hobbys, Wohnort, Finanzen, persönliche Eigenschaften (Stärken und Schwächen) u. v. a. m.

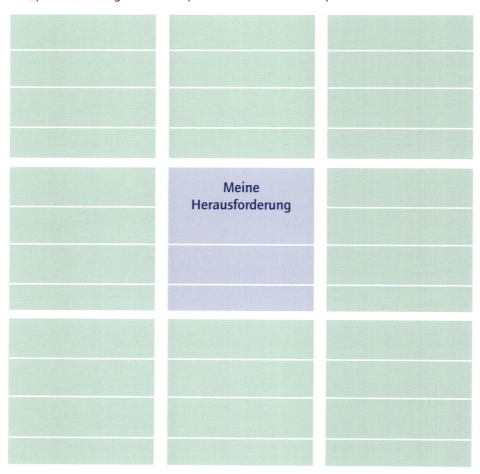

Abb. 4: *Mein individuelles Umfeld*

Versuchen Sie jetzt, nach dem „Drei-Stufen-Modell" zum Erfolg zu kommen. Viel Spaß und Erfolg dabei!

Um Ihnen eine Hilfestellung bei der Wahl der sportlichen Herausforderung zu geben, finden Sie einige wichtige Daten nachfolgend in Kurzform:

DIE RICHTIGE STRATEGIE

Tab. 2: *Wahl der sportlichen Herausforderung*

Sportliches Ziel Teilnahme an folgenden Wettbewerben:	Erforderliches Mindesttraining **pro Woche**	Erforderlicher **wöchentlicher Zeitaufwand** in Stunden (ca.-Angaben)
5-km-Lauf	2-3 x 30 min	1:30 h
10-km-Lauf	2-3 x 40-50 min	2:30-3 h
Halbmarathon, 21,1 km	3 x 40-120 min	4 h
Marathonlauf, 42,195 km	3-4 x 50-150 min	5 h
Jedermanntriathlon 500 m Schwimmen 20 km Rad fahren 5 km Laufen	Winter: 2 x L, evtl. 1 x S, Sommer: 1 x S, 1-2 x L, 1-2 x R	3-4 h
Kurztriathlon (olympischer) 1.500 m schwimmen 40 km Rad fahren 10 km Laufen	Winter: 1 x S, 2 x L Sommer: 2 x S, 2 x L, 2 x R	4-6 h
Mitteltriathlon 2 km Schwimmen 90 km Rad fahren 21,1 km Laufen	Winter: 1-2 x S, 2-3 x L, Frühjahr/Sommer: 2 x S, 2 x L, 2 x R	6-8 h
Ironmandistanz 3,86 km Schwimmen 180 km Rad fahren 42,195 km Laufen	Winter: 2 x S, 2-3 x L Frühjahr/Sommer: 2 x S, 2-3 x R, 2-3 x L	8-10 h

Anmerkender Vergleich:
Eine Woche hat 168 Stunden. Die Fernsehzeit eines Deutschen beträgt im Mittel wöchentlich rund 23 Stunden. Wer also den Fernsehkonsum wöchentlich reduziert oder gar halbiert, ist zeitlich in der Lage, für einen Marathonlauf oder gar für einen Ironman zu trainieren.

Kurzzeichen:
„S"= Schwimmen, „L"= Laufen, „R"= Rad fahren

Als **Minimalforderung** gilt für alle Ausdauersportarten in den letzten 2-3 Monaten vor dem Wettbewerb in etwa:

Wer an Wettbewerben teilnehmen möchte, sollte wöchentlich mindestens den Umfang trainieren, der im Wettbewerb ansteht.

Das bedeutet für die Teilnahme an einem 10-km-Lauf, also mindestens 10 km in der Woche trainieren. Z. B. 1 x 8 km, 1 x 4-6 km.

Für die Teilnahme an einem Jedermanntriathlon z. B.:
1 x 600 m S, 1 x 15 km R, 1 x 10 km R, 1 x 6 km L.

Für die Teilnahme an einem Kurztriathlon z. B.:
1 x 800 m S, 1 x 1.000 m S, 1 x 45 km R, 1 x 8 km L, 1 x 5 km L.

6 Trainingsformen

Unter **Trainingsformen** möchte ich die unterschiedlichen Formen des Trainings zusammenfassen. Hierzu gehören das Training nach Gefühl, nach abgestufter Intensität, nach Pulsmessung mithilfe der Leistungsdiagnostik. Weiterhin zählt die Erholung und die Regeneration nach Training und Wettkampf dazu.

Die verschiedenen Trainingsmethoden, wie **Dauermethode**, **Wiederholungs-** bzw. **Intervallmethode, Fahrtspiel** und **Wettkampfmethode**, werden in Kap. 9 ausführlich erläutert.

6.1 Training nach Gefühl

Wer sich im Training auf sein Wohlfühltempo einstellt, kann sicherlich zufrieden und glücklich werden damit. Für denjenigen, der sich als ambitionierter Athlet nur auf sein Gefühl verlässt, sei auf zwei Schwachpunkte hingewiesen.

Zum einen schöpft man durch monotones und zu langsames Training seine sportlichen Möglichkeiten nicht aus, zum Zweiten kann das Training viel zu intensiv ausgeführt werden.

Der erste Fall tritt relativ selten auf, obwohl ich persönlich häufig zum Bummeltraining neige.

Weitaus häufiger tritt der andere Fall auf; das Training wird über weite Strecken zu intensiv durchgeführt: Vornehmlich in der jüngeren Triathlongeneration versteht man unter einem Ausdauertraining ein „Powern" vom ersten bis zum letzten Kilometer. Das Ergebnis ihrer womöglich täglichen erschöpfenden Trainingseinheiten besteht in enttäuschenden Wettkämpfen. Dann heißt es lapidar: Im Training bin ich doch immer besser als mein Kumpel, warum nicht auch im Wettkampf? Die Einzelzeiten im heiß herbeigesehnten Triathlon sind dann keinesfalls besser als im normalen Training. Der Grund hierfür ist klar. Diese Athleten belasten ihren Körper sehr stark und gönnen ihm auch kaum Erholungsphasen.

Diese Fälle treten sehr häufig bei Alleintrainierenden auf, oder dann, wenn das Leistungsgefälle innerhalb einer regelmäßig trainierenden Gruppe nicht beachtet wird und sich alle nach dem stärksten Athleten ausrichten. Klar, die anderen wollen oder „müssen" sich beweisen. Zumindest im Training möchten sie genauso schnell sein wie ihr Topathlet.

Mit solch einer Einstellung wird man nicht lange Freude am Ausdauersport haben. Wo bleibt denn da der Spaß, wenn jeder Lauf, jede Radausfahrt zu einer Tempobolzerei ausartet?

Andere Alleintrainierende fühlen sich ständig unter Druck gesetzt und meinen, nur durch hartes, intensives Training werde ich schneller und packe den großen Konkurrenten beim nächsten Wettkampf. Die Folge sind dann regelmäßig auftretende Verletzungen und ein regelrechtes Ausbrennen des Körpers. Eine Untersuchung der Sporthochschule Köln aus dem Jahre 2003 unter 300 Läufern, von denen 171 zumeist langjährig und regelmäßig trainierten, hat gezeigt, dass 52 % mit Laktatwerten > 2 mmol/l unterwegs waren. Also viel zu schnell. Näheres dazu in Kap. 6.4.

Wir Triathleten müssen uns darüber im Klaren sein, dass selbst ein Jedermanntriathlon ein ausgewachsener Ausdauerwettkampf ist.

Erfolg versprechend zu trainieren und sich dabei nur auf sein Gefühl zu verlassen, ist also ein sehr riskantes Spiel, es sei denn, der Triathlet macht sich durch Pulsmessungen in regelmäßigen Abständen ein genaues Bild über sein Belastungsniveau im Training. Eine weitere Möglichkeit besteht darin, seine Trainingseinheiten mittels abgestufter Intensität zu absolvieren.

Beide Hilfsgrößen und eine ausreichende Menge Selbstkritik lassen ein ausgewogenes Training zu. Für Einsteiger dürfte dieses Unterfangen besonders schwierig sein. Es sei denn, diese noch unerfahrenen Athleten trainieren mit einem Trainingspartner, der sowohl die Erfahrung als auch das Fachwissen besitzt.

6.2   Training nach abgestufter Intensität

Triathleten, die keinen Pulsmesser zur Verfügung haben, können bei ihrer Trainingsgestaltung in abgestufter Form von ihrer jeweiligen Disziplinbestzeit ausgehen.

Die **jeweilige Bestleistung** in der entsprechenden Disziplin beträgt 100 %.

TRAININGSFORMEN

Das **Grundlagenausdauertraining** wird hier im Bereich 65-90 % der jeweiligen Bestzeit absolviert.

Beispiel: Wer über 10.000 m eine Bestzeit von 40:00 min aufweist und für sein Grundlagenausdauertraining eine Intensität von 70 % wählt, der absolviert sein Training mit einer Kilometerzeit von 5:12 min/km.
   Weitere Abstufungen sind Tab. 3 zu entnehmen.

Tab. 3: *Beispiele für abgestufte Trainingsintensitäten*

Laufen Bestzeit über Zeiten pro	10.000 m: 1.000 m:	35:00 3:30	40:00 4:00	45:00 4:30	Minuten
Intensitäten in %	100	3:30	4:00	4:30	
	95	3:40	4:12	4:43	
	90	3:51	4:24	4:57	
	85	4:01	4:36	5:10	
	80	4:12	4:48	5:24	
	75	4:22	5:00	5:37	
	70	4:33	5:12	5:51	
	65	4:43	5:24	6:04	

Schwimmen Schwimmbestzeiten über	1.000 m:	14:00	18:00	22:00	Minuten
Intensitäten in %	100	14:00	18:00	22:00	
	95	14:42	18:54	23:06	
	90	15:24	19:48	24:12	
	85	16:06	20:42	25:18	
	80	16:48	21:36	26:24	
	75	17:30	22:30	27:30	
	70	18:12	23:24	28:36	
	65	18:54	24:18	29:42	

Rad fahren Radbestzeiten über 40 km:		40	38	36	34 km/h
Intensitäten in %	100	40,0	38,0	36,0	34,0
	95	38,0	36,1	34,2	32,3
	90	36,0	34,2	32,4	30,6
	85	34,0	32,3	30,6	28,9
	80	32,0	30,4	28,8	27,2
	75	30,0	28,5	27,0	25,5
	70	28,0	26,6	25,2	23,8
	65	26,0	24,7	23,4	22,1

Grundlagenausdauertraining ist mit langen Trainingsstrecken gekoppelt. Nach Neumann, Pfützner und Hottenrott (2004) sind damit im Schwimmen mehr als 2.000 m, im Radfahren mehr als 80 km und beim Laufen mehr als 20 km gekoppelt. Überlange Einheiten werden dabei in der niedrigsten Intensitätsstufe (65-70 %) absolviert.

Intervalltraining erfolgt im Bereich 100 %. Z. B. 6 x 1.000 m Laufen, 10 x 100 m Schwimmen, 5 x 3 km Rad fahren.

Das Training des Fettstoffwechsels soll im Intensitätsbereich 65-70 % durchgeführt werden.

Welche Intensitäten sind im Wettbewerb möglich?

Diese sind selbstverständlich von den Streckenlängen und auch von den äußeren Bedingungen abhängig. In etwa kann man von folgenden Intensitätswerten ausgehen:
- Auf der **Kurzdistanz** sind dies: Beim Schwimmen ca. 95 %, beim Radfahren ca. 95 % und beim Laufen ca. 90 %.
- Auf der **Mitteldistanz (Ironman 70.3)** sind dies: Beim Schwimmen 90 %, beim Radfahren 90 % und beim Laufen 90 %.
- Auf der **Ironmandistanz** sind dies: Beim Schwimmen 90 %, beim Radfahren 90 % und beim Laufen 80 %.

Beim Training nach abgestufter Intensität sind natürlich auch die Trainingswochen zu sehen. Wer sich also nicht nur auf sein Gefühl verlassen möchte, aber

TRAININGSFORMEN

auch keinen Pulsmesser zur Verfügung hat, sollte eine Abstufung der Trainingswochen in Bezug auf die Trainingsintensität vornehmen. Diese hängt vom Trainingszeitraum ab.

Ich möchte, was die Intensität und den Trainingsumfang angeht, drei Kategorien von Trainingswochen bilden:

„**N**" = die „normale" Trainingswoche
„**H**" = die „harte" Trainingswoche
„**R**" = die „regenerative" Trainingswoche

Zu Beginn des Jahres, während des *Vorbereitungszeitraums,* wechseln **N**- und **R**-Wochen einander ab.

Beginnend mit **N:R** über **N:N:R** bis **N:N:N:R**.

Hierbei benötigt der Athlet natürlich auch ein wenig Fingerspitzengefühl, um sicherzustellen, dass die Gesamtbelastung aus Training, Beruf und privaten Verpflichtungen nicht zu hoch wird. Während des *Blocktrainings* treten dann auch erstmals **H**-Wochen auf. Dann aber im Verhältnis: **N:H:R** bzw. **H:H:R** bei einem zweiwöchigen Trainingsaufenthalt in südlichen Gebieten.

Für den *Wettkampfzeitraum* gilt: **N:H:R**

Nach Triathlonwettbewerben sollte es dann lauten:
- Nach einem Kurztriathlon: **R:N:H**
- Nach einem Mitteltriathlon: **R:R:N:H**
- Nach einem Ironman: **R:R:R:N:H**
- Nähere Einzelheiten gehen aus den Trainingsplänen hervor.

6.3 Training nach Pulsmessung

Mit einer regelmäßigen Pulskontrolle, also der Messung der Herzfrequenz lässt sich das Training eines Triathleten am einfachsten steuern. Das Training stellt an den Körper erhöhte Anforderungen. Der gesamte Organismus passt sich diesen veränderten Bedingungen an. Beobachten lässt sich diese Tatsache an Herz, Kreislauf, Blut, Lunge, Muskulatur und dem Stoffwechsel. Das Triathlontraining bringt aber nur dann eine Anpassung des Organismus, wenn eine bestimmte Reizschwelle erreicht wird. Eine zu hohe Belastung kann Verletzungen verursachen und auf die Dauer zum regelrechten physischen und psychischen Ausbrennen führen.

Wie stark soll man sich als Triathlet belasten, um den größtmöglichen Trainingseffekt zu erzielen? Als Messstab dient dabei die maximale Leistungsfähigkeit, diese ist ablesbar an der Herzfrequenz. Je mehr Schläge pro Minute, umso mehr Arbeit leistet der Herzmuskel. Als Vergleich: Die Durchschnittsbelastung eines Menschen beträgt ca. 30 % seiner maximalen Leistungsfähigkeit. Für eine Leistungserhöhung muss mit einer Intensität von 50-80 % trainiert werden.

Einflüsse auf die optimale Herzfrequenz haben das Alter, die Kondition, das Geschlecht, die Herzgröße und die gesamte Konstitution des Athleten.

Der Herzschlag kann wie folgt gemessen werden:

- Am Puls: Zwei oder drei Finger werden auf die Innenseite des Handgelenks unterhalb des Daumens gelegt. Z. B. wird 15 Sekunden lang der Pulsschlag gezählt und dieser Wert mit dem Faktor 4 multipliziert. Das Ergebnis liefert nun den Pulsschlag in einer Minute.
Beispiel: Bei einer Ruhepulsmessung werden in 15 Sekunden 12 Pulsschläge gezählt. Dies ergibt einen Ruhepuls von 12 x 4 = 48 Schläge pro Minute.
- Nach einem Trainingslauf werden in 15 Sekunden 35 Pulsschläge gezählt. Dies ergibt einen Belastungspuls von 35 x 4 = 140 Schläge pro Minute.
- Am Hals: Mittel- und Zeigefinger werden seitlich an den Hals gelegt, etwas unterhalb des Kiefers.
- Mit einem Pulsmessgerät: Die Messung mit einem so genannten *Pulscoach* liefert die genauesten Werte. Diese Methode ist wohl mittlerweile als Standard anzusehen, zumal die Pulsmessgeräte teilweise für unter € 50,- zu erhalten sind. Diese Geräte bieten die Möglichkeit, während des Trainings die Pulswerte jederzeit ablesen zu können. Darüber hinaus kann man die selbst vorgegebene minimale und maximale Herzfrequenz mittels Piepton anzeigen lassen. Noch kostspieligere Geräte lassen sich gar nach einer Trainingseinheit an einen Computer anschließen, um die Herzfrequenz grafisch anzuzeigen.

Ruhepuls

Der Ruhepuls eines Triathleten hängt sehr stark mit der Herzgröße zusammen. Bei einer Herzgröße von 500-600 cm^3 beträgt der Ruhepuls 75, bei 700-800 cm^3 62, bei 950-1.000 cm^3 nur noch 50 und bei 1.000-1.050 cm^3 gar 45 Schläge in einer Minute. Bei Ruhepulswerten unter 40 beträgt die Herzgröße mehr als 1.100 cm^3. Da Frauen ein kleineres Herz als Männer haben, liegt ihre Herzfrequenz in Ruhe und bei Belastung um 5-10 % höher.

Die Kontrolle des Ruhepulses sollte von jedem Triathleten besonders während der Haupttrainingsphase regelmäßig überprüft werden. Liegt dieser um 4-5 oder gar um 10 Schläge pro Minute höher als normal, so ist unbedingt nur ein regeneratives Training zu empfehlen. Anders sieht die Situation in Hawaii aus. Dort ist auf Grund der klimatischen Bedingungen mit einem erhöhten Ruhepuls zu rechnen.

Der optimale Trainingsreiz erfolgt unterhalb einer Grenzfrequenz, die u. a. vom Alter abhängt.

Abbildung 5 gibt Richtwerte dazu an.

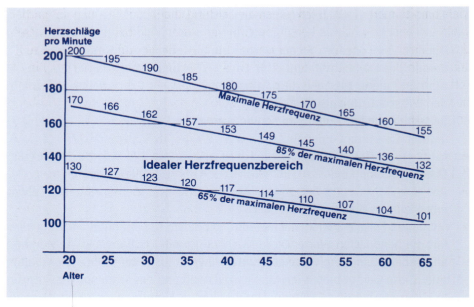

Abb. 5: *Die ideale Herzfrequenz (grobe Richtwerte)*

6.4 Die Leistungsdiagnostik als Basis für das Triathlontraining

Bei der Feststellung und Bewertung der momentanen Leistungsfähigkeit, die unter dem Begriff der **Leistungsdiagnostik** bekannt ist, gibt es einige Fakten zu beachten.

Generell sollte die Leistungsdiagnostik drei Aufgaben erfüllen:

1. Die Beurteilung des aktuellen Leistungsstands aufzeigen.
2. Die Ergebnisse in das Training einfließen lassen.
3. Abgabe von Prognosen über mögliche Wettkampfleistungen.

Bei Profisportlern, die von Erfolgsgagen und Werbeverträgen leben müssen, nimmt der Stellenwert der Leistungsdiagnostik sicherlich einen ganz anderen Stellenwert ein als bei den mehr oder weniger ambitionierten Triathleten. Die Profis unterziehen sich mehrfach im Jahr den umfangreichen Leistungstests. Das auch dies nicht immer gelingt, ist an manch enttäuschendem Wettkampfergebnis der Triathlonprofis abzulesen.

Viele ambitionierte Triathleten haben die Leistungsdiagnostik in einen der mittlerweile zahlreichen Institute bereits durchführen lassen. Hierbei muss man wissen, dass es mehrere Varianten bei der Leistungsdiagnostik gibt und von Institut zu Institut anders gearbeitet und ausgewertet wird. Der Grund hierfür ist in der wissenschaftlichen Vielfalt zu sehen. Es gibt halt bis heute kein einheitliches Verfahren, nach dem alle Institute arbeiten. Daher werde ich nachfolgend versuchen, anhand eines Beispiels die Problematik zu konkretisieren.

Auch für uns Triathleten ist die Lauf- oder Radgeschwindigkeit zwischen 2-4 mmol/l der entscheidende Bereich für das Grundlagentraining. Zwischen diesen Grenzen wird nämlich der Großteil des Trainings (80 % und mehr) absolviert. Der Mensch ist ein biologisches System und bei den anscheinend „festen Grenzen" gibt es zum Teil große individuelle Abweichungen.

Damit ich Sie gleich beruhigen kann: Ein erfahrener Leistungsdiagnostiker legt durch den Einsatz eines geeigneten Schwellenkonzepts die optimalen Trainingsbereiche fest.

6.4.1 Die Messgrößen für die üblichen Belastungsuntersuchungen

- Herzfrequenz
- Laktatwerte

Die Herzfrequenz (HF)

Bei der Herzfrequenz, die oft auch als Pulsfrequenz oder Pulswert bezeichnet wird, sind **Ruhepuls, Maximalpuls** und **Trainingspuls** zu unterscheiden.

Bei der Diskussion über Pulswerte müssen wir uns darüber im Klaren sein, dass diese so unterschiedlich sein können wie die Schuhgrößen der Athleten. Auch bei gleicher Leistung verschiedener Athleten sind deren Pulswerte unterschiedlich. Pulsfrequenzen hängen von verschiedenen Faktoren ab:

- Lebensalter (pro Lebensjahr verringert sich die max. HF um ca. einen Schlag).
- Genetische Veranlagung.
- Fitnesszustand.
- Geschlecht (Frauen haben um 8-10 Schläge höhere Werte als Männer bei gleicher Belastungsintensität).

Ruhepuls

Wird die Herzfrequenz im Zustand der körperlichen Ruhe gemessen, so spricht man vom **Ruhepuls**. Dieser Wert ist, abhängig vom Trainingszustand, recht konstant. Bei einem Übertraining oder auch bei einer sich ankündigenden Infektionskrankheit lässt sich ein Anstieg der Ruheherzfrequenz beobachten. Der Ruhepuls bei untrainierten Personen beträgt etwa 65-80. Bei gut trainierten Triathleten dagegen 40-60. Bei Hochleistungssportlern sind auch Werte unter 40 nicht ungewöhnlich.

Ein sehr niedriger Ruhepuls bedeutet nicht automatisch eine größere Leistungsfähigkeit. Um gute Vergleichswerte zu erhalten, sollte der Ruhepuls am besten frühmorgens im Liegen gemessen werden.

Die Messung des Ruhepulswerts ist in mehrfacher Hinsicht von großer Bedeutung:
- Ein langsam und gleichmäßig abnehmender Puls im Frühjahr gibt Aufschlüsse über den verbesserten Trainingszustand.
- Ein um 8-10 Schläge pro Minute erhöhter Wert weist auf gesundheitliche Störungen hin. Dies ist entweder ein Zeichen von Übertraining oder ein erstes Zeichen für einen gesundheitlichen Infekt, die Gefahr ist besonders groß während oder nach Trainingscamps.
- Bei erhöhtem Ruhepuls sollten Sie sofort Ihr Training reduzieren und nur noch regenerativ oder gar nicht trainieren.

Maximalpuls

Bei körperlicher Belastung steigt die Herzfrequenz an. Die Anzahl der Herzschläge pro Minute stellt ein Maß für die momentane körperliche Belastung dar. Der Maximalpuls, also unser höchster Pulswert, hängt vom Trainingszustand, Alter und Geschlecht ab. Als grober Richtwert wird für Männer häufig die Formel: 220 minus Lebensalter angegeben, für Frauen 226 minus Lebensalter.

Wie sollten wir unseren Maximalpuls messen?
Voraussetzung für die Eigenmessung des Maximalpulswerts ist ein einwandfreier Gesundheitszustand. Liegt dieser nicht eindeutig vor, so sollte diese Messung nur unter ärztlicher Aufsicht, z. B. bei einem Belastungs-EKG, durchgeführt werden.

Da die Maximalpulswerte auf Grund des unterschiedlich großen Muskelanteils beim Laufen, Radfahren und Schwimmen unterschiedlich ausfallen, ist diese Messung in der jeweiligen Disziplin vorzunehmen. Am einfachsten geschieht das mit den heute gängigen, wasserdichten Pulsmessgeräten.

Max. HF beim Laufen

15-20 Minuten einlaufen mit anschließendem 1.000-2.000 m Langsprint, dies sorgt für den maximalen Pulswert beim Laufen. Eine sehr genaue Methode besteht darin, für Wettkampfsportler den Maximalpuls bei einem 5.000- oder 10.000-m-Wettbewerb beim Zielsprint zu ermitteln.

Max. HF beim Radfahren

Nach einer halbstündigen Einrollphase, mit kurzen Sprinteinlagen, in der Ebene eine ca. 3-4 km lange Strecke mit maximaler Geschwindigkeit durchfahren. Wer einen längeren Anstieg zur Verfügung hat, wählt diesen aus, um ihn mit höchstem Einsatz zu bewältigen. Die zu durchfahrende Streckenlänge richtet sich nach der Steigung.

Der Maximalpuls beim Radfahren liegt in der Regel um 5-10 Schläge pro Minute niedriger als beim Laufen.

Max. HF beim Schwimmen

Nach einer 500 m Einschwimmphase führt ein 200-400 m Langsprint zu den höchsten Pulswerten im Wasser. Dieser Wert kann zwischen 10 und 20 Schlägen pro Minute niedriger liegen als beim Laufen.

Der Trainingspuls

Der für jeden Sport treibenden Menschen und natürlich für den ambitionierten Triathleten so wichtige Trainingspuls wird im weiteren Verlauf des Buches noch einen breiten Raum einnehmen. Wir Triathleten haben es mit drei unterschiedlichen Ausdauersportarten zu tun, die verlangen, dass sportartspezifische Aspekte beim Trainingspuls berücksichtigt werden müssen.

Die Pulsfrequenz beim Laufen ist generell die Höchste. Die organische Belastung beim Radfahren und Schwimmen ist geringer als beim Laufen, folglich sind auch die entsprechenden Pulswerte niedriger.

Als Merkregel gilt:

- Pulsfrequenz beim Laufen = 5-10 Schläge pro Minute höher als beim Radfahren.
- Pulsfrequenz beim Laufen = 10-15 Schläge pro Minute höher als beim Schwimmen.

Anders ausgedrückt:

- Radpuls =   Laufpuls minus 5-10 Schläge pro Minute.
- Schwimmpuls =   Laufpuls minus 10-15 Schläge pro Minute.

Die Laktatwerte

Bei hohen und sehr hohen (anaeroben) Belastungen bildet sich aus dem unzureichenden Abbau von Glukose im Muskel Milchsäure. Das Salz dieser Milchsäure wird als **Laktat** bezeichnet. Bei zu großer Anhäufung führt dies zur Übersäuerung, welche die sportliche Leistung stark beeinträchtigt.

Die im Blut befindliche Laktatkonzentration ist das Resultat aus Laktatbildung und -abbau. Wer diese Größe kennt, ist in der Lage, sein Training und seine Wettbewerbe exakter zu planen. Für Triathleten und andere Ausdauersportarten ist die Bildung des Laktats unerwünscht, da es die Muskelarbeit behindert und damit auch die sportliche Leistung beeinträchtigt. Jeder von uns kennt das Gefühl von „dicken Beinen", vom „Sauerwerden" bei einer intensiven Belastung. Die Laktatanhäufung führt zu einem Leistungseinbruch und zu einer völligen Erschöpfung der Muskulatur. Je besser ein Athlet trainiert ist, desto besser funktioniert die Sauerstoffversorgung der Muskulatur und der Abtransport von Laktat bei niedrigen und mittleren Belastungen.

Steady State

Ein Zustand des Gleichgewichts zwischen der Energiegewinnung und dem Energieverbrauch bezeichnet man als **Steady State**. Die Energiegewinnung erfolgt hierbei nur im aeroben Bereich. Der Laktatwert bleibt dabei konstant, also halten sich Laktatproduktion und -abbau die Waage. Dies ist etwa bis zu einer gemessenen Laktatkonzentration von bis zu 4 mmol/l möglich. Mitentscheidend hierbei ist auch der Trainingszustand.

Laktatwertmessung

Aerobe Belastung

Aerob bedeutet, dass die Muskulatur des Körpers ausreichend mit Sauerstoff versorgt wird.

Bei dieser körperlichen Belastung reicht der von der Lunge aufgenommene und über das Blut in die Muskeln abgegebene Sauerstoff aus, um aus Zucker (Kohlenhydraten) und Fetten die benötigte Muskelenergie bereitzustellen. Diese Stoffwechselprozesse, zwischen Fett- und aerobem Kohlenhydratstoffwechsel, verlaufen nicht strikt getrennt, sondern gleichzeitig nebeneinander. Dieser Belastungsbereich ist insbesondere für das Grundlagentraining wichtig.

Bei der aeroben Belastung, die mit niedrigen Laktatwerten (< 2 mmol/l) gekoppelt ist, überwiegt der Fettstoffwechsel. Da wir in unserem Körper große Fettdepots besitzen, ist bei niedrigen Laktatwerten eine lange Ausdauerbelastung möglich.

Anaerobe Belastung

Hierbei reicht der aufgenommene Sauerstoff nicht aus, um im Muskel die vorhandenen Kohlenhydrate und Fette bis in die Endprodukte aufzuspalten. Als Stoffwechselabfallprodukt fällt das die Muskelaktivität hemmende Laktat an. Jenseits der **anaerobe Schwelle** kommt es bei einer Belastungssteigerung zu einem sprunghaften Anstieg der Milchsäurekonzentration im Blut (Laktat).

Im Training oder Wettbewerb macht sich dieser Zustand durch „dicke Beine" bemerkbar.

Unterhalb dieser Schwelle steht der Muskulatur gerade noch ausreichend Sauerstoff zur Verfügung, sodass keine Milchsäure angehäuft wird.

In der Leistungsdiagnostik wird zum Teil noch immer die fixe 4 mmol/l Mader-Schwelle angewandt. Genauer sind die Ergebnisse bei der Verwendung von individuellen Schwellenwertmodellen.

Einige Institute arbeiten mit dem festen Wert von 4 mmol/l, andere arbeiten mit der so genannten „individuellen anaeroben Schwelle" (**IAS**). Ein Schwellenwertmodell berechnet aus der mathematischen Darstellung der Laktatverlaufskurve die Stoffwechselgrenzen und, resultierend daraus, die Trainingsbereiche.

Die IAS ergibt sich nach Neumann und Hottenrott (2005) aus dem Krümmungsverhalten der ansteigenden Laktatkonzentration. Die bestimmte Kurvenkrümmung kann zwischen einem Laktat von 2-4 mmol/l im Mittel liegen und wird durch Computerprogramme exakt berechnet.

Kurz zusammengefasst, wird mit folgenden Größen bei der Leistungsdiagnostik gearbeitet:

- **Aerobe Schwelle** = 2 mmol/l
- **Aerober Bereich** < 2 mmol/l
- *Anaerobe Schwelle* = 4 mmol/l (u. a. bei MED-Tronik)
- *Anaerober Bereich* > 4 mmol/l (u. a. bei MED-Tronik)
- **Aerob/anaerober Bereich** oder Steady State zwischen 2-4 mmol/l
- Die **individuelle aerob-anaerobe Schwelle (IAS)** wird exakt durch eine Leistungsdiagnostik bestimmt und kann ober- oder unterhalb der fixen Schwellen liegen.

Der Sportler sollte sich nicht durch eine scheinbar grenzenlose Schwellenmodellauswahl irritieren lassen. Um reproduzierbare und vor allem standardisierte Ergebnisse zu erhalten, ist die Kontinuität in der Anwendung wichtiger als das Konzept.

Das leistungsdiagnostische Institut der MED-Tronik (www.lactware.de) hat ein Verfahren entwickelt, mit dem die individuellen Trainingsbereiche und die dazugehörigen Herzfrequenzgrenzwerte mit höchster Genauigkeit berechnet werden können. Die DLKA (dynamische Laktat-Kinetik-Analyse) berechnet, abhängig vom eingestellten Schwellenwertmodell, die individuelle anaerobe Schwelle IAS. Die individuelle aerobe Schwelle wird im zweiten Schritt durch das erste signifikante Ansteigen des Laktatwerts ermittelt. Zwischen diesen beiden Grenzen werden die Trainingsbereiche nach fest eingestellten Regeln verteilt.

Aus der Laktatkinetik kann sogar mit hoher Genauigkeit eine Zielzeitprognose für bevorstehende Wettkämpfe durchgeführt werden. Es ist also durchaus möglich, schon im Vorfeld zu erkennen, ob die angestrebte Wettkampfzeit realistisch ist.

Bei Breitensportlern beträgt die Belastungs- bzw. Messzyklusdauer drei Minuten. Die Steigerung zwischen den einzelnen Belastungsstufen beläuft sich auf 2 km/h bzw. 50 Watt. Bei Leistungssportlern verändern sich diese Werte bis auf fünf Minuten bzw. 1 km/h oder 30 Watt.

6.4.2 Auswertung der Messdaten

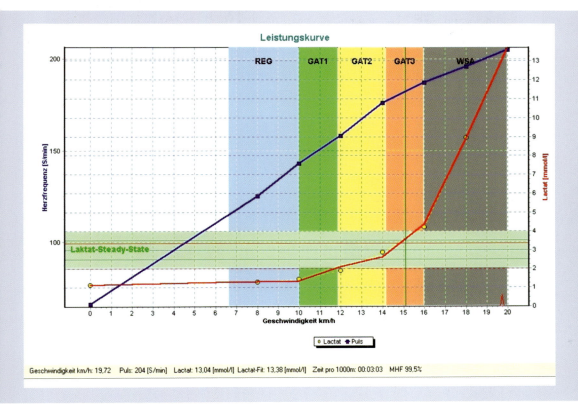

Abb. 6: *Leistungskurve 1*

Die Grafik zeigt die Leistungskurven eines gut ausdauertrainierten Breitensportlers. Typisch ist der in Abhängigkeit zur Belastung (Geschwindigkeit) relativ lineare Anstieg der Pulskurve. Die Laktatkurve zeigt den charakteristischen, „bauchigen" Verlauf. Auffallend ist der breite WSA-Bereich (wettkampfspezifische Ausdauerbereich), der auf ein großes Stehvermögen und eine überdurchschnittliche Laktatresistenz hinweist.

Eine Leistungsdiagnostiksoftware berechnet die individuellen Trainingsbereiche mit den dazugehörigen Ober- und Untergrenzen der Herzfrequenz sowie die individuelle anaerobe Schwelle (IAS). Die Trainingsbereiche sind dann nach der DLKA (dynamische Laktat-Kinetik-Analyse) korrekt berechnet worden.

Die Trainingsbereiche werden unter Berücksichtigung der Stoffwechselgrenzen berechnet.

Die Trainingsbereiche verteilen sich für obiges Beispiel wie folgt:

Tab. 4: *Festlegung der Trainingsbereiche nach der DLKA*

	HF	Trainingstempo 1.000 m	Beschreibung der Trainingsbereiche
REG	115-143	9:00 ... 6:00	Regenerations- und Kompensationstraining. Unterstützung der Regeneration.
GAT-1	143-157	6:00 ... 5:05	Entwicklung der Grundlagenausdauer, Erhöhung der aeroben Kapazität (lange Einheiten > 1:30 Std.).
GAT-2	157-177	5:05 ... 4:14	Entwicklung der Grundlagenausdauer. Erhöhung der aeroben Kapazität (mittlere Einheiten) < 1:30 Std.
GAT-3	177-187	4:14 ... 3:45	**Entwicklung der wettkampfspezifischen Ausdauerfähigkeit (Intervall- oder Wiederholungsmethode).**
WSA	187-205	3:45 ... 3:00	Entwicklung der maximalen wettkampfspezifischen Ausdauerfähigkeit (Intervall- oder Wiederholungsmethode).

TRAININGSFORMEN

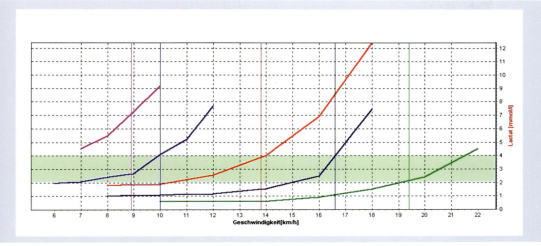

Abb. 7: *Leistungskurven verschiedener Sportler*

Die verschiedenen Laktatkurven zeigen den Trainingszustand mit den dazugehörigen individuellen anaeroben Schwellen (IAS) von verschiedenen leistungsstarken Sportlern. Die anaerobe Schwelle ist die höchstmögliche Belastungsintensität, welche noch ohne zunehmende Übersäuerung aufrechterhalten werden kann.

Die Geschwindigkeit an der individuellen anaeroben Schwelle (IAS) spiegelt das läuferische Leistungsvermögen des Sportlers wider.

Tab. 5: *Individuelle anaerobe Schwellen verschiedener Sportler*

Farbe	Trainingszustand	Individuelle anaerobe Schwelle IAS bei km/h	IAS min/km
Lila	Nicht ausdauertrainiert (Anfänger)	8,9	6:44
Blau	Gering ausdauertrainiert (Gesundheitssportler)	10,0	6:00
Rot	Mittel ausdauertrainiert (Beitensportler)	13,8	4:21
Dunkelblau	Hoch ausdauertrainiert (Leistungssportler)	16,7	3:36
Grün	Hochleistungssportler (Spitzensportler)	19,4	3:05

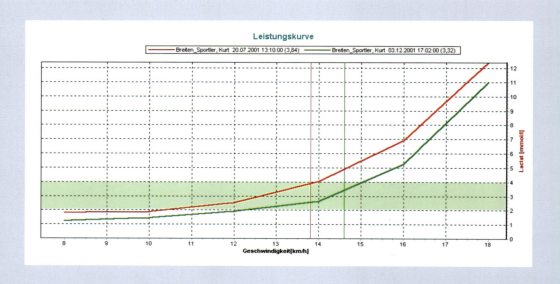

Abb. 8: *Leistungskurve 3*

Wie sich die Leistungsentwicklung eines Breitensportlers innerhalb von sechs Monaten verschieben kann, dokumentiert die Laktatkurve durch eine Rechtsverschiebung. Die Geschwindigkeit an der individuellen anaeroben Schwelle änderte sich von 13,8 km/h auf 14,6 km/h.

Da ein 10.000-m-Wettkampf knapp oberhalb der anaeroben Schwelle gelaufen wird, hat der Läufer seine Wettkampfzeit auf dieser Distanz theoretisch um 2:23 min verbessert.

6.4.3 Schlüsse für die Trainingspraxis

Entscheidend für Triathleten ist der gesamte Verlauf der Laktatkurve.

Durch ein ausgewogenes Training (in erster Linie Grundlagentraining und ein im Umfang dosiertes Training im anaeroben Bereich) verbessern sich die Grenzen der Lauf- und Radgeschwindigkeit.

Die Laktatkurve verschiebt sich nach rechts unten, es kommt zu einer Anpassung des Stoffwechsels und die leistungsbegrenzende Übersäuerung tritt erst bei höheren Belastungen auf. Somit steigert sich die gesamte Leistungsfähigkeit im Training und im Wettkampf.

Der aerobe Anteil am Triathlontraining sollte je nach Wettkampfdistanz unterschiedlich groß sein: für Kurztriathleten ca. 80 %, für Langtriathleten 85 %.

Tab. 6: *Verteilung der Trainingsintensitäten*

Kurztriathleten (Jedermanntriathlon und Kurzdistanz)	10 % regeneratives Training 80 % aerobes Training 10 % anaerobes Training
Langtriathleten (Mittel- und Ironmandistanz)	10 % regeneratives Training 85 % aerobes Training 5 % anaerobes Training

6.4.4 Tipps für die Leistungsdiagnostik

- Da sich die Pulswerte beim Laufen und Radfahren unterscheiden, sollten Einsteiger das Laufband wählen. Wer es ganz genau wissen möchte, muss halt sowohl eine Untersuchung auf dem Fahrradergometer als auch eine auf dem Laufband vornehmen. Vom Laufband lassen sich nach standardisierten Formeln auch Empfehlungen für das Radtraining aussprechen.
- Da nahezu jedes Institut anders arbeitet, wählen Sie ein erfahrenes Institut aus, mit dem Sie über mehrere Jahre zusammenarbeiten. Eine Vergleichbarkeit Ihrer Daten ist sonst kaum möglich.
- Legen Sie großen Wert auf ein abschließendes Gespräch, bei dem Ihnen die Trainingsgestaltung und Ihre möglichen Wettkampfziele erläutert werden.
- Trainieren Sie zwei Tage vor dem Leistungstest nur ganz locker oder gar nicht.
- Beachten Sie die Einflussfaktoren, wie Testgerät, Trainingsphase, Tageszeit, Motivation, Ernährung, Testdaten.
- Wettbewerbsergebnisse sind den Labortests in der leistungsdiagnostischen Aussagekraft überlegen.
- Nach wie vor wird für die Umsetzung der leistungsdiagnostischen Vorgaben ein kritischer und mündiger Triathlet erwartet.

TRAININGSFORMEN

6.5 Die Erholung

Mit der Erholung ist die Pause zwischen den Trainingsreizen gemeint. Die Pause zwischen zwei Trainingseinheiten spielt für den Triathleten eine enorm wichtige Rolle. In dieser Zeit soll sich der Körper vom letzten Training erholen. Ist diese Pause zu kurz, führt dies unweigerlich zum Übertraining. Zu lange Pausen verursachen eine Leistungsminderung. Beides ist für leistungsbezogene Athleten von Nachteil. Die Kunst des ausgewogenen Triathlontrainings liegt für jeden im Finden des richtigen Verhältnisses von Trainingsbelastung und Erholung. Harte und leichte Trainingstage sowie harte und leichte Trainingswochen müssen sich abwechseln. Beim Finden des richtigen Verhältnisses sind nicht nur die reinen Trainingseinheiten zu berücksichtigen, sondern auch Dinge wie berufliche, familiäre und sonstige private Belastungen, also das gesamte Umfeld eines Athleten.

Ein ausgewogenes Trainingsprogramm zusammenzustellen, ist von daher ein recht schwieriges Unterfangen, wenn man die individuellen Möglichkeiten des Einzelnen nicht genau kennt. Aus diesen Gründen sind auch die nachfolgenden Trainingsvorschläge von jedem Triathleten auf seine persönlichen Möglichkeiten hin zu überprüfen und an diese anzupassen.

Folgende Merkmale kennzeichnen ein ausgewogenes Trainingsprogramm:

- Der morgentliche Ruhepuls ist annähernd konstant.
- Die vorhandene Motivation zum Training.

6.6 Regeneration nach Training und Wettkampf

Die Regeneration oder schnelle Erholung spielt für einen Triathleten eine große Rolle. Wer sich schnell regeneriert, der ist frühzeitig in der Lage, sein normales Trainingspensum wieder aufzunehmen. Er trainiert effektiver und ist daher leistungsfähiger als andere, die bereits nach einem harten Training eine mehrtägige Erholungszeit brauchen.

Nach Beendigung der sportlichen Belastung müssen die verbrauchten Energiereserven so schnell wie möglich wieder aufgefüllt werden. Abgebautes Eiweiß muss wieder aufgefüllt werden. Schweißverluste stören den Wasser- und Elektrolythaushalt. Milchsäure und Harnstoff, die Stoffwechselabbauprodukte, sollten möglichst schnell wieder abgebaut werden.

Eine ausreichende Ruhezeit führt zur völligen Regeneration. Die natürliche Erholungszeit lässt sich durch geeignete Maßnahmen verkürzen. Bei der Flüssigkeitszufuhr nach dem Wettbewerb ist darauf zu achten, dass durch Schweißverluste nicht nur Wasser, sondern auch wichtige Mineralstoffe dem Körper wieder zugeführt werden. Ich mache seit Jahren beste Erfahrungen mit einem Gemisch aus Mineralwasser + Apfelsaft + Brottrunk.

Durch einen Triathlon oder ein intensives Training dicht an der anaeroben Schwelle von rund eineinhalb Stunden sind die Glykogenvorräte im Körper erschöpft. Eine anschließende Mischkost führt zur Wiederauffüllung der Glykogenspeicher in ungefähr drei Tagen, bei kohlenhydratreicher Ernährung (siehe Kap. 13) dauert die so wichtige Auffüllung nur noch einen Tag. Nach 2-3 Tagen sind die Speicher bei einer kohlenhydratreichen Kost sogar überfüllt, was man als „Superkompensation" bezeichnet.

Die ermüdeten und erschöpften Muskeln werden durch die Bildung von Milchsäure und Harnstoffen schlechter durchblutet. Leichte bis mittelschwere Aktivitäten nach der sportlichen Belastung fördern die Sauerstoffversorgung und damit die Durchblutung der ermüdeten Muskulatur.

Aus diesen Gründen wirkt eine aktive Regeneration wesentlich besser als eine passive. Sinnvoll ist daher, sich nach einem Triathlon ca. 10 Minuten locker auszutraben, 30 Minuten locker auszuradeln und abschließend einige leichte Dehnübungen durchzuführen. Wer die Möglichkeit hat, innerhalb der ersten drei Stunden

TRAININGSFORMEN

nach der intensiven Belastung, ein Entmüdungsbad von ca. 37° C 20 Minuten lang zu nehmen, eine Sauna oder einen Whirlpool aufzusuchen, sollte dies tun. Die physikalischen Reize sorgen für eine bessere Durchblutung der Muskulatur und damit für eine kürzere Regenerationszeit.

Nach einem Wettbewerb in den darauf folgenden Tagen nur Trainingseinheiten mit sehr geringer Intensität, also regeneratives Training, ausführen. Schwimmen und Radfahren erhalten gegenüber dem Laufen den Vorzug, da diese Sportarten den Körper weniger belasten. Schwimmen weist die kürzeste Regenerationszeit auf, da im Wettbewerb relativ kurze muskuläre Belastungen auftreten.

Wer seinem Körper keine Regeneration gönnt, zudem sein Training zu schnell steigert und viele Wettbewerbe bestreitet, den wird über kurz oder lang das Problem des Übertrainings verfolgen.

Die große Regeneration, die im Übergangszeitraum stattfindet, gehört ebenso zum Training des Triathleten. Wer auf diese Art der Regeneration meint verzichten zu müssen, der wird nicht lange Freude am Ausdauersport haben, er brennt schlicht und einfach gesagt aus. Umfangreiche Ausführungen dazu in meinem Buch *Triathlontraining ab 40*, Kap. 15.

7 Trainingsaufzeichnungen

Trainingsaufzeichnungen gehören für einen Triathleten zu den kleinen Hausaufgaben und sollten daher zur Routine werden. Sie sind als Hilfsmittel zum Erreichen optimaler Trainingsfortschritte sehr wichtig. Wer die Trainingseinheiten und früheren Wettbewerbsvorbereitungen aufgeschrieben hat, ist in der Lage, über Jahre hinweg sein Training zurückzuverfolgen. Er kann besser entscheiden, wie er richtig trainiert und kann seine Wettbewerbe mittel- und langfristig planen. Wenn man beispielsweise übermäßig müde ist, so lassen sich aus den Trainingsaufzeichnungen mögliche Gründe dafür ablesen und durch eine rechtzeitige Veränderung des Trainingspensums die negativen Folgen ausschalten.

Trainingsaufzeichnungen sollen helfen, einen Fehler nicht 2 x zu machen. Gleichzeitig vermitteln sie ein beruhigendes Gefühl wie angespartes Geld auf einem Sparbuch. Jeder Schwimm-, Rad- und Laufkilometer stellt ein Guthaben dar, das jährlich Zinsen in Form von verbesserten Triathlonergebnissen abwerfen kann.

Nicht nur der Trainingsumfang sollte bei den Eintragungen notiert werden, sondern auch die Intensität. Weiterhin sind hin und wieder Daten wie das Körpergewicht und die Pulsfrequenz von Interesse.
    Sowohl beim Puls als auch beim Gewicht sollte man von der gleichen Tageszeit ausgehen, z. B. Gewicht morgens nach der Morgentoilette, Ruhepuls vor dem Aufstehen.

Unter Bemerkungen sollte alles das aufgeschrieben werden, was wichtig ist und mal sein könnte, wie z. B. Wind, Regen, Steigungen, neue Schuhe, spätes Zubettgehen, Geburtstagsfeier, müde Beine, dicke Arme, keine Lust zum Training.

Sollte das wöchentliche Training (quantitativ oder qualitativ) plötzlich zu stark ansteigen, so wird dieser Umstand unmittelbar am Wochenende sichtbar.

TRIATHLONTRAINING

Tab. 7: *Trainingstagebuch (Vorlageblatt)*

Schwerpunkt: Datum: vom bis							Woche:			
Tag	Gew. kg (mo)	S Dist. m	Zeit	R Dist. km	Zeit	L Dist. km	Zeit	Sonstige sportliche Betätigung	Kommentar	Puls Ruhe Bel.	Gew. kg (ab)
Mo.											
Di.											
Mi.											
Do.											
Fr.											
Sa.											
So.											
Summe											

8   Der Ganzjahresplan

Wer als engagierter oder gar als ambitionierter Triathlet Wettkämpfe bestreitet und seine sportlichen Möglichkeiten ausloten möchte, der sollte das Training so gestalten, dass mit der zur Verfügung stehenden Trainingszeit eine möglichst optimale Leistungsfähigkeit erreicht wird. Dabei ist es im Prinzip völlig egal, ob Sie wöchentlich fünf, sieben, 10 oder auch 15 und eventuell sogar noch mehr Stunden mit dem Training verbringen.

Ein möglichst erfolgreiches Triathlonjahr wird unter Berücksichtigung dreier wichtiger Trainingsgrundsätze in verschiedene Zeiträume eingeteilt.
Die drei wichtigsten Trainingsgrundsätze lauten:

1. Ansteigende Trainingsbelastung
Triathlontraining, das durch Monotonie in der Intensität und im Umfang gekennzeichnet ist, ermöglicht dem Athleten keine wesentlichen Leistungssteigerungen. Dagegen verzeichnen Athleten, die das Jahr in Zeiträume mit unterschiedlichen Trainingsumfängen und -intensitäten unterteilen, wesentliche Leistungssteigerungen. Zahlreiche Funktionssysteme in unserem Körper reagieren eben auf Belastungen mit einer entsprechenden Anpassung. Hierbei handelt es sich um einen Schutzmechanismus des Körpers, um bei einer ähnlichen Belastung nicht wieder an seine Leistungsgrenze gebracht zu werden.

2. Von der allgemeinen zur speziellen Belastung
Die erste Aufgabe in einer beginnenden Triathlonsaison besteht darin, die Funktionssysteme des Athleten, wie das Herz-Kreislauf-System und die allgemeine Athletik, auf die bevorstehenden Belastungen vorzubereiten. Das muss nicht unbedingt durch Schwimmen, Radfahren oder Laufen geschehen, sondern kann auch in der Langlaufloipe, beim Eisschnelllaufen oder im Fitnessstudio stattfinden. Das bedeutet hinsichtlich der Kraftausdauer, zuerst die allgemeine Ausdauer und die Kraft separat zu trainieren, im Laufe der weiteren Vorbereitung dann die spezielle Kraftausdauer.

3. Wechsel von Belastung und Erholung
Oft wird verkannt, dass der eigentliche Leistungszuwachs, den wir durch Training erreichen wollen, nicht während der Belastungsphase erfolgt, sondern diesen erstrebenswerten Zustand erreicht man ausschließlich während der Erholungszeit. Dieser Sachverhalt wird als **Superkompensation** bezeichnet. Das bedeutet, dass eine Leistungssteigerung nicht während einer kräftezehrenden, 120 km langen Radfahrt erfolgt, sondern erst in der folgenden Erholungsphase. Wird dem Körper

TRIATHLONTRAINING

hingegen eine ausreichende Zeit der Erholung nicht gewährt, so erfolgt eben ein Leistungsabbau anstatt eines Aufbaus.

Diese Pausen müssen dem Körper gegönnt werden, wenn die Leistungen gesteigert werden sollen. Das gilt sowohl innerhalb einer Woche, innerhalb eines Monats und ganz besonders innerhalb eines Jahres.

Ein systematischer Jahresaufbau beinhaltet drei unterschiedlich lange Zeiträume:

- Vorbereitungszeitraum
- Wettkampfzeitraum
- Übergangszeitraum

Die einzelnen Zeiträume sind für unterschiedlich ambitionierte Triathleten auch unterschiedlich lang.

Einsteigern ist folgende zeitliche Aufteilung zu empfehlen:
Vorbereitungszeitraum: Februar-Mai   vier Monate
Wettbewerbszeitraum: Juni-September   vier Monate
Übergangszeitraum: Oktober-Januar   vier Monate

Wettkampfsportlern ist Folgendes zu empfehlen:
Vorbereitungszeitraum: Februar-Mai   vier Monate
Wettkampfzeitraum: Juni-Oktober   fünf Monate
Übergangszeitraum: November-Januar   drei Monate

Leistungssportlern ist Folgendes zu empfehlen:
Vorbereitungszeitraum: Januar-Mai   fünf Monate
Wettkampfzeitraum: Juni-Oktober   fünf Monate
Übergangszeitraum: November-Dez.   zwei Monate

8.1 Vorbereitungszeitraum

Der erste Abschnitt des Vorbereitungszeitraums dient der Ausbildung der Grundlagenausdauer. Diese bildet die Basis für das intensive Training im zweiten Abschnitt und im Wettkampfzeitraum. Bei geringer bis mittlerer Belastungsintensität den Umfang systematisch steigern. Trotz allem muss auf die angesprochene Erholung und Regeneration geachtet werden. Trainiert wird überwiegend nach der

Dauermethode. Auf Grund der Witterungsbedingungen wird überwiegend Laufen und Schwimmen trainiert. Skilanglauf und das Radfahren auf der Rolle verbessern ebenfalls die Grundlagenausdauer.

Die allgemeine Kondition kann in diesen Monaten ebenso durch Kraftausdauertraining verbessert werden.

Auf Grund der bei uns herrschenden Witterung empfiehlt es sich für ambitionierte Triathleten, das Winter-Frühjahrs-Training in so genannte *Blöcke* zu unterteilen. Dieses Blocktraining kann wie folgt aussehen: Januar Schwimmmonat, Februar Laufmonat, März Radmonat. Denkbar ist ebenso, alles um einen Monat zu verschieben oder den Lauf- und Schwimmmonat auszutauschen. Näheres dazu bei den Trainingsempfehlungen.

Eine Bemerkung vorweg noch zum Training in der schwächsten Disziplin. Diese ist bevorzugt zu trainieren, gerade im Vorbereitungszeitraum. Nur hat die Sache zumeist einen Haken: Diese Disziplin macht in der Regel am wenigsten Spaß. Dagegen gibt es ein einfaches Rezept:

Trainiere die schwächste Disziplin unbedingt in einer geeigneten Gruppe. Hier überwindet man die Anfangsschwierigkeiten leichter, weil die Motivation in der Gruppe größer ist und man selbst durch lockere Gespräche von der eigenen Unlust abgelenkt wird. Sobald man jedoch einen gewissen Standard in seiner schwächsten Disziplin erreicht hat, beginnt die Sache Spaß zu machen.

Die größte Aussicht auf den angesprochenen Erfolg ist dann gegeben, wenn man die schwächste Disziplin mindestens 3 x wöchentlich trainiert.

Der zweite Abschnitt des Vorbereitungszeitraums (6-8 Wochen) ist gekennzeichnet durch eine Reduzierung des Umfangs und eine Steigerung der Intensität. Intervalltraining, beim Laufen auch das Fahrtspiel oder vereinzelte Volksläufe kommen als neue Trainingsvarianten hinzu. Beim Radfahren darf man in der Gruppe auch schon mal die eine oder andere „Ortsschildwertung" ausfahren.

Kurztriathleten üben ebenfalls den Trikotwechsel. Kombinationstraining, vor allem der Wechsel Rad-Laufen, wird ab April mit ins Trainingsprogramm übernommen. Damit sollen die Übergänge im Wettbewerb besser verkraftet werden.

Mögliche Varianten beim Kombinationstraining Rad-Laufen:

- Kurze, flotte Radeinheit + langer, lockerer Lauf.
- Lange, lockere Radeinheit + kurzer, flotter Lauf.
- Kurze, flotte Radeinheit + kurzer, flotter Lauf.

TRIATHLONTRAINING

Wichtig im gesamten Vorbereitungszeitraum ist der Wechsel zwischen Wochen mit normaler, harter und regenerativer Belastung (s. Kap. 9).

Während des gesamten Vorbereitungszeitraums ist 1 x pro Woche ein Training mit überlanger Dauer, jedoch mit geringer Intensität, durchzuführen. Dies gilt nicht unbedingt für Triathloneinsteiger.

Infrage kommt ein langer Lauf oder eine Radeinheit über mehrere Stunden. Hier soll besonders die für Ausdauersportler so wichtige Fettverbrennung trainiert werden.

Z. B. Kurztriathlon: 20 km Laufen oder
                     80 km Rad fahren
     Mitteltriathlon: 25 km Laufen oder
                     100 km Rad fahren
     Ironman: 28-30 km Laufen oder
                     130-150 km Rad fahren

GANZJAHRESPLAN

8.2 Wettkampfzeitraum

Der Wettkampfzeitraum oder Wettbewerbszeitraum umfasst bei ambitionierten Triathleten 4-5 Monate im Jahr. Er beginnt Ende Mai mit den ersten Freibadtriathlon-Veranstaltungen und erstreckt sich bis in den September. Für die, die das große Ziel Hawaii angehen, bis in den Oktober. Kein Triathlet kann während dieser gesamten Zeit in Hochform sein. Demnach ist es ratsam, sich zwei oder maximal drei Triathlonhöhepunkte zu setzen.

Im ersten Abschnitt dieser Phase werden Aufbauwettbewerbe bestritten. Diese geben dem Athleten die Möglichkeit, neben der Form, dem Material auch noch verschiedene Taktiken und Ernährungsgewohnheiten auszuprobieren. Zwischen den ersten Testtriathlons wird teilweise noch intensiv trainiert, mit Ausnahme der letzten drei Tage. Harte Trainingseinheiten wechseln mit lockeren, harte Wochen mit normalen und lockeren oder regenerativen Wochen. Nach jedem Wettbewerb ist auf ausreichende Regeneration zu achten. Diese hängt natürlich ab von der Triathlonlänge, vom Trainingszustand und vom Wettbewerbsalter.

Athleten mit einem sehr guten Trainingszustand regenerieren schneller als andere. Jüngere Athleten regenerieren ebenfalls schneller als ältere Sportler. Mitentscheidend ist auch die Wettkampfintensität. Betrug diese anstatt der üblichen 100 % nur etwa 90 %, so ist die Erholungszeit deutlich kürzer.

Die Regeneration nach einem Kurztriathlon sollte für gut ausdauertrainierte Athleten etwa eine Woche dauern. Hiernach kann wieder normal trainiert werden, noch nicht hart. Das gilt jedoch keineswegs für Einsteiger. Bei einem Mitteltriathlon sind 2-3 Wochen Regeneration erforderlich. Bei einem Ironman gar 3-4 Wochen. In dieser Zeit sollte selbstverständlich an keinen ernsthaften weiteren Wettbewerben teilgenommen werden.

Obwohl ich diesen Sachverhalt kenne, habe ich persönlich in dieser Hinsicht auch schon „gesündigt", dann aber mit einer bewusst geringeren Intensität.

Die Anzahl der jährlichen Wettbewerbe richtet sich in erster Linie nach der Streckenlänge, aber ebenso nach Trainingszustand, Alter und Einstellung. Mit der Einstellung meine ich Folgendes. Es gibt eine Reihe von Triathleten, die bestreiten Wettbewerbe absolut locker und man merkt ihnen regelrecht die Freude am Triathlon an. Dazu gehört auch, einfach Freude daran zu haben, sich mit anderen im fairen Wettstreit zu messen, nicht zu bekämpfen. Andere Athleten sind dagegen sehr verbissen, glauben, dass der Triathlon das Wichtigste auf der Welt sei und setzen sich psychisch ungeheuer unter Druck. Sie verkennen völlig, dass unser Sport doch Spaß machen soll. Hier sollten wir uns wieder die Kinder zum Vorbild nehmen. Wenn in einer Schwimmstunde der Lehrer fragt: „Sollen wir ein kleines Wettschwimmen machen?", so schreien nahezu alle Kinder: „Jaaaaaaaaaaaaaa!"

Offensichtlich ist es ein menschliches Grundbedürfnis, ein Instinkt, sich mit anderen messen zu wollen. Machen wir es doch so wie die Kinder. Einfach mit viel Spaß bei der Sache sein!
Wer im Lauf der Saison seine Form gefunden und diese im Wettbewerb bestätigt hat, der sollte zwischen den weiteren Triathlonteilnahmen weit gehend locker trainieren. Der Trainingsumfang sinkt dabei.

8.3 Übergangszeitraum

Die wirklich ruhigen Monate für einen Triathleten beginnen unmittelbar nach dem letzten Saisonwettbewerb. Da dieser Triathlon zumeist auch den letzten Saisonhöhepunkt darstellt, ist jetzt die „Luft heraus". Jeder Triathlet freut sich auf die nächsten lockeren Trainingsmonate. In dieser Übergangszeit sollte keiner auf die Idee kommen, auch noch ernsthaft die beginnende Marathon- und Crosssaison im Laufen anzuhängen. Vielleicht geht solch ein Unterfangen ein oder zwei Jahre gut. Irgendwann holt sich jedoch der Körper seine Ruhephasen in Form von Verletzungen, oft langwierigen Verletzungen.
Der Triathlet braucht ganz einfach nach Abschluss einer kräftezehrenden Saison seine große Regeneration. Nun bleibt Zeit und Muße, sich um Hobbys zu kümmern, die im Lauf der Jahre aus zeitlichen Gründen zu kurz gekommen sind. Zu diesen Hobbys sollten vornehmlich die zwischenmenschlichen Beziehungen gehören, also verstärkter Kontakt zu Freunden, Bekannten und selbstverständlich zur eigenen Familie.

Der Übergangszeitraum ist bei unterschiedlich ambitionierten Triathleten verschieden lang.

Kurz, der Triathlet sollte sich während dieser Zeit sowohl physisch (körperlich) als auch psychisch erholen und dadurch neue Kräfte und Motivation für die nächste Saison sammeln. Der Faktor der Motivation wird sehr häufig unterschätzt. Wer nicht motiviert ist, kann nicht leistungsfähig sein. Die Motivation ist eine der Voraussetzungen, um erfolgreich Triathlon zu betreiben. Sie schafft die Bereitschaft für das systematische Training.

Trainiert wird in diesem Zeitraum spielerisch-locker und auch vom Umfang her minimal. Einige Kilogramm Winterspeck sind bei vielen Triathleten, so auch bei mir, das äußere (richtige) Zeichen für eine gute Regeneration. Selbstverständlich ist die umfangreiche Ernährung aus der Saisonvorbereitungszeit ebenfalls zu reduzieren, da auch der Bedarf an täglicher Energie stark zurückgeht. Nicht unterlassen sollte man eine kritische Nachbetrachtung der gesamten Saison. Fragen wie:

- War die Vorbereitung richtig?
- Waren die Saisonhöhepunkte richtig gesetzt?
- Entsprachen die Triathlonergebnisse meinen Möglichkeiten?
- War das Training vom Umfang und der Intensität her richtig gewählt?
- Ist mir die Dreiteilung von Beruf, Privatleben und Sport angemessen gelungen usw.? Fragen über Fragen, die selbstkritisch zu beantworten sind.

Nicht zu vergessen, die alles überragende Frage:

Standen Aufwand und Nutzen für mich persönlich im richtigen Verhältnis?

Um diese hoffentlich ehrlichen Antworten nicht zu vergessen, sollten diese schriftlich im Trainingsbuch festgehalten werden.

Ohne die täglichen Trainingsaufzeichnungen sind die genannten Fragen kaum ehrlich zu beantworten.

9 Das Training des Triathleten

9.1 Typische Trainingsfehler

Folgende typische Fehler machen sich häufig beim Triathlontraining breit und sorgen dafür, dass Triathleten nicht ihre gesteckten Ziele erreichen:

Keine Trainingsplanung
Wer sich sportlich verbessern will, benötigt realistische Ziele, auf die er hinplant. Den Ausgangspunkt einer Trainingsplanung bildet der derzeitige Leistungsstand. Das Führen eines Trainingstagebuchs lässt Fehler erkennen und ermöglicht frühzeitige Korrekturen.

Zu hohes Tempo
Triathleten, die ständig zu schnell trainieren, befinden sich fortwährend an ihrer Leistungsgrenze. Sie schwächen sich selbst und können sich im Wettbewerb nicht mehr steigern.

Zu hohe Umfänge
Zu hohe Umfänge gehen auf Kosten einer guten Leistung, zu geringe Umfänge ebenfalls. Daher muss jeder Athlet für sich herausfinden, welche Umfänge und welche Intensitäten er trainieren kann.

Zu viele Wettbewerbe
Wer meint, an jedem Wochenende einen Wettbewerb bestreiten zu müssen – in den Sommermonaten Triathlon, im Herbst Stadtläufe, im Winter Skilangläufe, im Frühjahr Crossläufe – der muss sich weder über Verletzungen, Erkrankungen, fehlende Motivation, Eintönigkeit, soziale Isolation u. a. negative Erscheinungen wundern. Er fördert all diese negativen Begleiterscheinungen und vermindert dadurch seine Lebensqualität beträchtlich.

TRIATHLONTRAINING

Verzicht auf ausreichende Regeneration
Nach jeder sportlichen Belastung muss eine Phase der Erholung folgen, ansonsten brennt der Körper aus und die Leistungsfähigkeit nimmt nicht zu, sondern ab. Einen absolut sportfreien Tag sollte sich auch der ambitionierteste Triathlet gönnen. Wer nicht seine sportliche Leistungsfähigkeit ausreizen möchte, bei dem dürfen es auch zwei oder drei freie Tage in der Woche sein. Nicht zu vernachlässigen ist die große Regeneration in den Herbst- und Wintermonaten.

Motivationsprobleme
Neue Zielsetzungen, die Teilnahme an besonderen Wettbewerben, Training in der Gemeinschaft, variable Trainingsintensität und -umfänge und auch Tage ohne Sport können die Motivation fördern und erneuern.

Kein Stretching
Mithilfe einer angemessenen Dehngymnastik, insbesondere nach der Trainingsbelastung, werden die Muskeln geschmeidiger und leistungsfähiger. Von den Läufern weiß man, dass nur ca. jeder Dritte sich regelmäßig und ausreichend dehnt. Stretching stärkt die Elastizität der Muskeln, verbessert die Beweglichkeit der Gelenke, womit man Muskelverkürzungen und späteren Überlastungen vorbeugt.

Falsche Einstellung
Wer verbissen seine sportlichen Ziele verfolgt, der wird nicht lange Ausdauersport betreiben. Der Spaß ist eines der wichtigsten Motive für den Sport. Rennen Sie niemals starren Trainingsplänen hinterher. Lieber mal eine Einheit ausfallen lassen, als ständig unter Druck zu stehen.

Falsche Ernährung
Wer ein Auto fährt, der weiß, dass er auch den entsprechenden, technisch hochwertigen Treibstoff tanken muss. Genauso ist es bei Triathleten. Wer viel von seinem Körper verlangt, der muss ihm auch die richtige Nahrung zuführen. Wer seinen Körper als Müllverbrennungsmaschine betrachtet, der wird mittel- und langfristig wenig leistungsfähig sein.

9.2 Partnerfreundlich trainieren

Für jeden berufstätigen Triathleten, davon gehe ich bei meinen Trainingsempfehlungen jeweils aus, hängt der Erfolg oder Misserfolg beim Triathlon davon ab, inwieweit es gelingt, das umfangreiche Training in den Alltag zu integrieren. Und zwar so, dass sich der zeitliche Aufwand vertreten lässt. Lange Anfahrtswege zum Training erschweren die Bedingungen enorm. Dagegen sollte jeder Athlet in seinem Umfeld eingehend überprüfen, ob er nicht eine oder mehrere der folgenden Möglichkeiten nutzen kann:

- Täglich mit dem Rad zum Dienst fahren. Mehr oder weniger lange Umwege ermöglichen die geplanten Trainingsfahrten.
- Vor Dienstantritt eine Schwimmhalle aufsuchen.
- In der Mittagspause schwimmen oder laufen.
- An einigen Tagen zum Dienst laufen.
- Bei Bekannten- oder Verwandtenbesuchen die Familie mit dem PKW fahren lassen und selbst den Weg mit dem Rad zurücklegen.
- Einen Weg zum Dienst mit öffentlichen Verkehrsmitteln oder Mitfahrgelegenheit nutzen, Rückweg laufen.
- Während langer Laufeinheiten sich von einem oder mehreren Familienmitgliedern per Rad begleiten lassen.

Partnerfreundliches Training mit der ganzen Familie

- Im Urlaub morgens früh von 7-9 Uhr das Radfahren trainieren, dann herrscht noch kein Verkehr, die Fettverbrennung lässt sich hervorragend trainieren, die Temperaturen sind angenehm und der ganze Tag steht zur freien Verfügung.
- Beim Schwimmen im See sich von einem Familienmitglied im Boot begleiten lassen.
- Gemeinsame Besuche im Freibad.

Es gibt also eine ganze Reihe von Möglichkeiten, sein Training so an- und einzuordnen, dass es z. B. für eine Familie wenig belastend ist. Allerdings muss man halt die eine oder andere Stunde früher als normal aufstehen.

Neben dieser geschickten Trainingsgestaltung halte ich das Einbeziehen der Familie, Freundin/Freund in den Sport für eine ganz entscheidende Angelegenheit. Wenn die Freundin, der Freund, die Lebensgefährtin oder die Familie den Sport nicht nur missmutig hinnimmt, sondern auch noch aktiv unterstützt, so kann das nur der sportlichen Entwicklung förderlich sein. Als Gegenleistung gemeinsam mit den Partnern die oft reizvollen Reisen, Kurzurlaube und langen Wochenenden antreten. Dabei muss es ja nicht ausschließlich um Triathlon gehen.

Mit ein wenig Fantasie lässt sich dieser partnerfreundliche Triathlonkatalog noch erweitern.

9.3 Mein individuelles Umfeld, mehr als „mein Trainingspartner"

Triathlontraining beginnt bereits bei der richtigen Planung. Hierzu muss jeder Athlet von seinen persönlichen Rahmenbedingungen, die ich mit **Umfeld** bezeichnen möchte, ausgehen. Nur unter Berücksichtigung Ihres individuellen Umfelds ist daher Ihr Training zu planen und durchzuführen. Da auch ich nicht Ihr individuelles Umfeld und die sich daraus ergebenden sportlichen Möglichkeiten kenne, ist es sehr schwierig, – ja fast unmöglich – für alle Triathleten Empfehlungen auszusprechen. Ich wage es trotzdem und muss Sie aber ganz dringend bitten, alle Vorschläge, Hinweise und Empfehlungen Ihren persönlichen Verhältnissen und Möglichkeiten anzupassen. Damit diese nicht in Vergessenheit geraten, werde ich auf Grund der enormen Wichtigkeit dieses Sachverhalts ganz bewusst diese Problematik im Laufe des Buches mehrfach ansprechen.

Eine Vielzahl von sportlichen und außersportlichen Faktoren hat Einfluss auf die sportliche Leistung eines Triathleten. Je mehr leistungsfördernde Bausteine bei Ihnen zusammentreffen, umso besser wird Ihre sportliche Leistung (siehe S. 39, Abb. 3).

DAS TRAINING

9.4 Schwimmen

- Kann man auch als Brustschwimmer Triathlon bestreiten?
- Ich schwimme schneller Brust als Kraul, lohnt sich eine Umstellung?
- Wie schwimme ich im Freigewässer?

Das sind nur einige der berechtigten Fragen zum Schwimmen für Triathleten.

Die erste Frage muss man eindeutig mit Ja beantworten, da der Schwimmstil beim Triathlon nicht vorgeschrieben ist. Das Brustschwimmen und das Kraulen sind die üblichen Schwimmstile, vereinzelt trifft man bei einer Ironmandistanz von 3,86 km auch Athleten, die sich zumindest zeitweise im Rückenstil fortbewegen.

Kurzfristig lohnt sich vielleicht eine Umstellung des Schwimmstils nicht, da dies kein Unterfangen von wenigen Tagen darstellt, langfristig bietet das Kraulen jedoch einige Vorzüge gegenüber dem Brustschwimmen. Dazu zählen:

- Kraulschwimmen ist schneller als das Brustschwimmen.
- Kraulschwimmen belastet die Beinmuskulatur weniger, diese wird durch das Radfahren und Laufen noch belastet.
- Kraulschwimmer benötigen weniger Platz beim Schwimmen. Dadurch sind auch weniger Körperkontakte in großen Triathlonstartfeldern unter den Athleten gegeben.

Der dritte Punkt, das Schwimmen im Freigewässer, wird gleich noch ausführlich zu behandeln sein, da das Schwimmen im Hallen- oder Freibad nicht unbedingt mit dem Schwimmen im Freigewässer zu vergleichen ist.

Das Schwimmen, die erste Disziplin beim Triathlon, empfinden einige Athleten als ungeliebte oder lästige Disziplin. Athleten mit großen Problemen beim Schwimmen wenden sich dann auch eher dem Duathlon zu, also dem Laufen, Radfahren und nochmaligen Laufen. Diesen Athleten ist, trotz der Abneigung gegenüber dem nassen Element, ein einmaliges Schwimmtraining in der Woche zu empfehlen, um die allgemeine Koordination der Muskulatur zu verbessern. Darüber hinaus ist das Schwimmen für diesen Personenkreis sicherlich als hervorragende Regenerationseinheit anzusehen.

Das Schwimmen ist die technisch aufwändigste Disziplin des Triathlons. Ein Schwimmer mit guter Technik verbraucht wesentlich weniger Energie als einer, der vorwiegend mit Kraft schwimmt. Das Techniktraining sollte, wenn eben möglich, unter Anleitung eines Schwimmtrainers, nach dem Aufwärmen in ausgeruhtem Zustand erfolgen. Steht kein Trainer zur Verfügung, so sollte aus den Reihen der Triathleten ein geeigneter Mann das Training von außen beobachten und erforderliche Korrekturen veranlassen.
    Da heute beim Triathlon fast ausschließlich das Kraulschwimmen betrieben wird, gehe ich im Folgenden näher auf die Grundtechnik des Kraulens ein.

Brustschwimmen

Triathloneinsteiger oder Athleten, die im Bruststil deutlich schneller sind als beim Kraulen, können selbstverständlich auch bei ihrem gewohnten Schwimmstil bleiben. Beispiele hierfür gibt es zahlreiche. Selbst beim Ironman auf Hawaii sieht man vereinzelte Brustschwimmer oder Schwimmer, die sich sowohl im Bruststil als auch im Kraulstil fortbewegen.
    Die zahlreichen Vorzüge des Kraulens habe ich bereits erwähnt. Daher kann ich nur raten, während der wettkampffreien Herbst- und Wintermonate einen Umstieg vom Brust- zum Kraulschwimmen zu versuchen.

9.4.1 Der Umstieg vom Brust- zum Kraulschwimmen

Lassen Sie sich dabei ein wenig von jemand begleiten, sei es im Wasser oder vom Rand aus. Ein ganz wichtiger Tipp dazu: Die meisten Umsteiger versuchen, bei ihren ersten Kraulversuchen gleichzeitig an fünf oder sechs Korrekturpunkte zu denken, die sie im Wasser beherzigen wollen. Das klappt nicht. Nehmen Sie sich für jedes Schwimmtraining nur zwei wichtige Punkte heraus und versuchen Sie, diese zu verbessern. Als Erstes muss jedoch an der Atemtechnik gearbeitet werden. Erst wenn diese einigermaßen klappt, kann ich mich mit dem Armzug, der Körperhaltung und dem Beinschlag beschäftigen.

Viel Spaß dabei. Wenn es mir gelungen ist, meinen Schwimmstil jenseits der 40 Jahre, also als Master, noch umzustellen, so seien Sie sich sicher, schaffen Sie das auch. Wie ich das während eines Sommerurlaubs am Faaker See geschafft habe, das können Sie ganz detailliert im *„Handbuch für Triathlon"* (2001) nachlesen und nachvollziehen. Viele Athleten haben mir geschrieben, dass sie damit ebenfalls Erfolg hatten.

Für Kraulein- und -umsteiger hier ein Schwimmprogramm, das auf einer 25-m-Bahn in etwa so ablaufen kann:

Ich gehe davon aus, dass Sie bereits das Brustschwimmen beherrschen und dass es Ihnen wenig ausmacht, beim Brustschwimmen die Ausatmungsphase in das Wasser zu verlegen. Ist das nicht der Fall, so trainieren Sie zuerst diese Unterwasserausatmung.

An Ausrüstungsgegenständen benötigen Sie eine Schwimmbrille, ein Schwimmbrett und einen Pullbuoy. Machen Sie sich bitte vorweg ein wenig mit der Kraultechnik vertraut und üben Sie den richtigen Armzug bereits täglich zu Hause vor dem Spiegel. Der Pullbuoy wird zwischen die Oberschenkel geklemmt. Er verbessert Ihre Lage im Wasser und ermöglicht Ihnen vorerst das Schwimmen ohne jeglichen Beinschlag. Sie dürfen in den ersten Wochen getrost den Beinschlag vergessen und sollten sich auf die Atmung und den Armzug (siehe Kap. 9.4.2) konzentrieren.

Versuchen Sie, bereits bei den ersten Kraulzügen die Handflächen unbedingt deutlich neben der Körperachse einzustechen. Bleiben Sie ganz locker und atmen Sie ruhig und kräftig durch Nase und Mund unter Wasser aus. Den Kopf drehen Sie nur zur Seite und atmen ein, wenn der Blick schräg nach hinten zeigt. Ansonsten können Sie sich an der schwarzen Bodenlinie orientieren.

Versuchen Sie, eine Bahn mit Pullbuoy zu kraulen und konzentrieren Sie sich nur auf die Atmung und den Armzug!
Sollte die Atmung nur über eine halbe Bahn funktionieren, kein Problem. Sie schwimmen den Rest in Ihrem gewohnten Bruststil weiter.

Jeweils am Ende einer Schwimmbahn rate ich Ihnen zu einer kurzen Pause (30 Sekunden) und führen Sie dann ohne Pullbuoy folgende Übung zum Kennenlernen des richtigen Beinschlags aus. Ich möchte diese Übung als *Beinschlagübung* bezeichnen.

TRIATHLONTRAINING

Beinschlagübung
Halten Sie sich mit dem rechten Arm am Beckenrand fest, mit der linken ganzen Handfläche stützen Sie sich ca. 50 cm unterhalb der Wasseroberfläche an der Wandfläche ab. Bringen Sie jetzt Ihren ganzen Körper gestreckt in die Waagerechte und bewegen Sie ein wenig Ihre lang ausgestreckten Beine – aus der Hüfte he-raus – nur auf und ab. Dadurch gewöhnen Sie sich an den Kraulbeinschlag und stellen Ihren Brustbeinschlag, hoffentlich, möglichst schnell ab. Eine Minute darf diese Übung schon in Anspruch nehmen. Führen Sie diese Übung nach jeder Pause aus.

Nach einer kurzen Verschnaufpause versuchen Sie abermals, mit Pullbuoy, eine Bahn zu kraulen. Mit Geduld und Ruhe verbessern Sie sich von Trainingsabend zu Trainingsabend.

Schaffen Sie ohne größere Schwierigkeiten 10 x eine ganze Bahn, so sollten Sie folgendes Schwimmprogramm angehen.

Tab. 8: *Schwimmprogramm für Kraulanfänger*

Kraulen (25-m-Bahnen)	Brustschwimmen (Bahnen)	Wiederholungen (Serien)	Serienpause in Sekunden
2	1	5	60
3	1	4	60
4	1	3	60
5	1	3	50
6	1	2	50
7	1	3	40
8	1	2	40
9	1	1	–
10 (250 m)	1	1	–
10	1	1 x mit Pullbuoy 1 x ohne Pullbuoy	60

Wer 250 m am Stück kraulen kann, der schafft auch ganz schnell 500 m. Wer dies gepackt hat, der darf sicher sein, dass er auch die magische Grenze von 1.000 m erreichen wird.

Abschließend ein paar Tipps, die Ihnen behilflich sein können:

- Lassen Sie sich von einem Schwimmmeister oder von einem erfahrenen Triathleten korrigieren.
- Versuchen Sie, jeweils nur 1-2 Unzulänglichkeiten im Training zu verbessern. Wer gleichzeitig an drei und mehr unterschiedlichen Korrekturen arbeitet, scheitert.
- Zwei Trainingstage pro Woche sind besser als nur einer.
- Versuchen Sie, den Pullbuoy nur bei jeder zweiten Serie einzusetzen.
- Wer das obige Programm erfüllt hat, darf sich in das normale Schwimmtraining der Triathleten einklinken.

9.4.2 Die Grundtechnik des Kraulens

Die Grundtechnik lässt sich in fünf Punkten kurz zusammenfassen:

1. Atmung:
- Der Kopf wird nur in der Körperlängsachse gedreht.
- Zum Einatmen den Kopf auf die Atemseite drehen, wenn der Armzug beendet ist und der Gegenarm eingetaucht ist.
- Den Kopf, so weit wie nötig, zur Seite nach hinten drehen, um Luft einatmen zu können. Das entstehende Wellental ermöglicht die Atmung.
- Ausgeatmet wird kräftig durch Mund und Nase.

2. Körperlage:
- Der Körper liegt möglichst waagerecht, möglichst gestreckt und möglichst hoch im Wasser.
- Das Gesäß leicht anspannen, d. h. zusammenziehen.
- Den Bauch einziehen.
- Das Gesicht befindet sich bis zur Stirn im Wasser.

3. Überwasserphase:
- Der Ellbogen ist immer höher als die Hand.
- Die Hand etwas oberhalb der Wasseroberfläche nach vorne führen, sie ist dabei leicht nach außen gedreht.
- Die Vorwärtsbewegung muss leicht und locker erfolgen. Sie stellt für die Muskulatur eine kurze Entspannungsphase dar.
- Die Handfläche ist weiter nach außen gedreht als der Ellbogen.

4. Unterwasserphase:
- Der Armzug beginnt langsam und wird immer schneller.
- Bei Beginn des Zugs ist der Arm außerhalb der Körperlängsachse gestreckt. Prinzip *Kastenlage*, d. h., ich stelle mir vor, in einem engen Kasten zu schwimmen. Die Hand sticht dabei im Bereich der gedachten Außenwand ins Wasser ein.
- Als Erstes tauchen die Fingerspitzen ein, anschließend Hand, Unter- und Oberarm.
- Den Ellbogen auch beim Eintauchen der Hand hochhalten.
- Jetzt beginnt das Wasserfassen.
- Den Ellbogen beugen, er bleibt stehen und darf auf keinen Fall nach hinten gezogen werden.
- Die ganze Bewegung wird von der Hand geführt.
- Die Zugphase geht in die Druckphase über.
- Am Ende des Armzugs drückt die Hand auf Hüfthöhe – wenn möglich – verstärkt nach hinten.

5. Beinarbeit:
- Der Kraulbeinschlag dient beim Triathlon nur zur Stabilisierung, nicht als Vortriebsmittel, da die Beine geschont werden sollen.
- Der Beinschlag beginnt in der Hüfte.
- Die Fußgelenke bleiben locker.
- Die Füße leicht einwärts drehen.

Während des eigenen Schwimmtrainings ist immer wieder die Selbstbeobachtung von Wichtigkeit. Allerdings können außen stehende Trainer oder erfahrene Schwimmer die eigenen Schwimmfehler besser beurteilen.

Die häufigsten Fehler beim Kraulen

- Ungünstige Wasserlage, da fehlende Körperspannung oder mangelnde Beinarbeit vorliegt. (Hilfreich hierbei ist das Zusammenkneifen der Pobacken.)
- Der Arm sticht in der Körperachse oder darüber hinaus ins Wasser ein.
- Der Armzug ist nicht lang und kräftig genug.
- Der Ellbogen wird nicht hoch genug geführt.
- Der Ellbogen wird beim Armzug nach hinten weggezogen, anstatt ihn für eine Weile stehen zu lassen, bis die Zugphase abgeschlossen ist und die Druckphase beginnt.
- Zu hohe Kopfhaltung. Den Kopf nur zur Seite drehen! Im Freigewässer nur nach jedem fünften Zug kurz nach vorne schauen.
- Seitliches Abknicken der Hüften auf Grund fehlender Körperspannung.

Schwimmfolge beim Kraulen - Wechselatmung

Abb. 9 a-e: *Schwimmfolge beim Kraulen – Wechselatmung*

Wie ist eine Technikkontrolle möglich?
Wer keinen Schwimmtrainer zur Verfügung hat, dem bleiben folgende Möglichkeiten, seine Schwimmtechnik kontrollieren zu lassen:
- Während bewusst ruhiger Schwimmphasen (eventuell mit Pullbuoy) den eigenen Armzug im Wasser beobachten.
- Zählen Sie die Atemzüge pro Schwimmbahn und versuchen Sie, diese durch bewusst lange und kräftige Armzüge sowie eine gute Wasserlage zu verringern.
- Wechselweise stellt sich einer aus der Trainingsgruppe für einige Zeit an den Beckenrand und kontrolliert und korrigiert seine Mitschwimmer.
- Unter Sportkollegen sollten Sie die Möglichkeit nutzen, bei Unterwasserbeobachtungen mögliche Fehler dem anderen mitzuteilen.
- Weiterhin bleibt den Triathleten die Möglichkeit, sehr gute Schwimmer beim Training zu beobachten, sich diese eventuell perfekte Kraultechnik einzuprägen, um sie später im eigenen Training zu visualisieren. Das heißt; den perfekten – so weit es ihn überhaupt gibt – Schwimmstil vor dem inneren Auge ablaufen zu lassen, um ihn dann auf die eigenen Bewegungen zu übertragen.

- Eine weitere Methode besteht im Üben der Bewegungsabläufe vor dem Spiegel. Erfahrungen von Trainern haben gezeigt, dass Schwimmer vor dem Spiegel die gleichen Fehler machen wie im Wasser. Hier, vor dem Spiegel, kann auch Techniktraining betrieben werden.
- Letztlich gibt es in unserer hoch technisierten Welt auch noch die Videokamera. Nachdem einige Bahnen per Video von einem Außenstehenden aufgenommen worden sind, gilt es, sich diese Aufnahmen noch in derselben Trainingseinheit auf einem Bildschirm anzuschauen. Auf diese Weise können wir uns selbst kritisieren, und, was besonders wichtig ist, sofort verbessern. Fehler sollten unmittelbar nach Erkennen ausgemerzt werden, ansonsten schleifen sie sich immer tiefer ein.

Wer richtig schwimmt, kommt vor allem mit guten Pulswerten aus dem Wasser und kann in den darauf folgenden Disziplinen seine Chancen voll ausspielen.

Dass Schwimmen so eine langsame Fortbewegungsart ist, liegt wohl daran, dass wir während einer 1.500 m langen Strecke rund 62 Tonnen Wasser und auf einer Ironmanstrecke rund 161 Tonnen Wasser verdrängen müssen.

Ganz entscheidend für eine gute Schwimmzeit ist die Wasserlage. Je flacher wir im Wasser liegen, umso geringer ist der Frontalwiderstand beim Schwimmen. Tiefes Absinken des Unterkörpers durch eine zu hohe Kopfhaltung und ein seitliches Abknicken der Hüften vergrößert den Frontalwiderstand und verringert damit die Geschwindigkeit im Wasser.

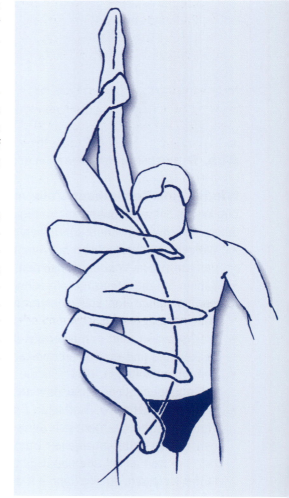

Abb. 10: *Die richtige Armbewegung, von unten betrachtet*

9.4.3 Das Schwimmtraining

Vorteile eines Schwimmtrainings

Die Vorzüge eines umfangreichen Schwimmtrainings lauten folgendermaßen:
- Die Verletzungsgefahr durch Überlastung der Gelenke, Bänder und Sehnen ist deutlich geringer als beim Radfahren und vor allem beim Laufen.
- Eine kurzzeitige anaerobe Belastung im Wasser verschiebt die aerob-/anaerobe Schwelle weiter in den oberen Pulsbereich und ermöglicht dem Körper auf dem Rad oder beim Laufen eine höhere Leistungsfähigkeit.
- Neben der Möglichkeit, die Technik zu verbessern und schnellere Schwimmzeiten zu erzielen, führt umfangreiches Schwimmtraining dazu, jede Schwimmstrecke im Triathlon als Leichtigkeit anzusehen und dann mit Volldampf auf die Rad- und Laufstrecke zu gehen.
- Beim Schwimmen ist also nicht nur die Frage wichtig: „Wann komme ich aus dem Wasser?", sondern auch: „Wie komme ich aus dem Wasser?"

Nicht verkennen dürfen wir – bei all den guten Tipps und Ratschlägen –, dass es für viele Athleten sehr zeitaufwändig ist, ein geeignetes Schwimmbad aufzusuchen. Wer eine ganze Stunde Fahrtzeit in Kauf nehmen muss, um ein Schwimmbad vorzufinden, der wird in der Regel weniger häufig das Bad aufsuchen als jemand, der in unmittelbarer Nähe eines Bades wohnt. Auf Grund ungünstiger Arbeits- und Öffnungszeiten ist oft nur ein Schwimmtraining in überfüllten Bädern möglich. Bei Athleten, die solch ungünstige Bedingungen vorfinden, ist es verständlich, wenn diese sagen:

„Ich trainiere im Schwimmen nur das Notwendigste und konzentriere mich mehr auf das Lauf- und Radtraining."

Folgende Möglichkeiten sollten wir nutzen:
- Trainingsgruppen im Schwimm- oder Triathlonverein.
- Die frühen Morgenstunden: Viele Bäder haben bereits ab 6 Uhr geöffnet, zudem wird zu dieser Zeit in der Regel sehr diszipliniert geschwommen.
- Abendstunden ab 19 Uhr.
- Im Sommer bieten sich vielfach Seen an. Aus Sicherheitsgründen stets zu zweit oder dritt schwimmen. Anfänger, die sich im Freigewässer unsicher fühlen oder gar Angst haben, sollten im Freibad ihr Training absolvieren. Um die Ängste im Freiwasser abzubauen, eignet sich häufiges Schwimmen im Nichtschwimmerbereich oder ruhiges „Baden" in Begleitung eines Schlauchboots bzw. einer Luftmatratze.

Aufbau des Schwimmtrainings

Das Schwimmtraining ist wie das Lauf- und Radtraining nach folgendem Prinzip aufzubauen:

Zuerst die Basis trainieren, dann die Intensität!

Das bedeutet, dass sich jeder Athlet im Vorbereitungszeitraum ein Fundament schafft, auf das er später aufbaut. Das geschieht zunächst in der Form, dass Sie auf Stoppuhren, auf Intervalle und ermüdende Trainingseinheiten verzichten und stattdessen moderate Distanzen schwimmen, auf stilistische Arbeit Wert legen, für reichlich Abwechslung sorgen und eine Menge Spaß dabei haben.

Der Beginn ist durch Grundlagenausdauertraining geprägt. 6-8 Wochen sollte diese Phase andauern, bevor kurze Intervalle ins Trainingsprogramm aufgenommen werden.

Das Einüben des Dreierzugs ist ebenfalls in der wettbewerbsfreien Zeit ratsam. Hierbei wird nach jedem dritten Atemzug, also abwechselnd nach rechts und nach links, geatmet. Die Voraussetzung dafür bildet ein sehr kräftiges und gleichmäßiges Ausatmen unter Wasser während der Tauchphase. Der Dreierzug bringt Vorteile in der besseren Orientierung und eine günstigere Wasserlage. Beim Erlernen sollte ohne Uhr und ohne jeglichen Druck geschwommen werden, allerdings schon zügig, um nicht in der Hüfte abzuknicken oder sich hängen zu lassen.

Denken Sie daran: Das Autofahren erlernen wir auch nicht bei Tempo 160!

Generell gilt Folgendes für die ganze Saison:
- Die Effektivität des Armzugs kann durch einfaches Zählen der Schwimmzüge pro Bahn kontrolliert werden.
- Nie gegen das Wasser arbeiten, sondern mit ihm.
- Möglichst Schwimmpartner suchen, die gleich schnell sind.
- Zur Kontrolle der eigenen Technik auch mal einige Bahnen im Vierer- und Fünferzug zurücklegen. Diese Atemübungen sind wichtig und erleichtern den Dreierzug.
- Kontrolle des eigenen Armzugs unter Wasser.
- Ob bei Sprints oder lockerem Dauerschwimmen, stets auf optimale Technik achten.
- Schwimmpaddels geben im Training ein gutes Gefühl für eine saubere Zug- und Druckphase.
- Beim Schwimmen versuchen, stets locker zu bleiben. Auch mal bewusst lockere Bahnen ziehen. Oft sind diese gar nicht so langsam.

DAS TRAINING

- Stets abwechslungsreich trainieren, d. h. innerhalb einer Woche nie 2 x die gleichen Intervalle schwimmen.
- Niemals in einen einheitlichen Trott verfallen. Wer immer die gleichen Streckenlängen mit derselben Geschwindigkeit absolviert, wird nie schneller.
- Nach dem Einschwimmen regelmäßig spezielle Armzugübungen ins Programm einbauen, wie das Schwimmen mit der Faust, mit gespreizten Fingern, mit hohem Ellbogen, einarmiges Kraulen rechts, dann links.
- Ein- und Ausschwimmen mit Lagenwechsel.
- Mindestens jede zweite Woche eine lange Ausdauereinheit einlegen, z. B. 1.000 m, 1.500 m, für Könner auch 2 x 1.000 m oder gar 3 x 1.000 m. Entweder wie im Triathlon mit möglichst gleichmäßigem Tempo oder jeweils die erste Hälfte einer Bahn verstärkt kraftvoll, die zweite Hälfte dagegen ruhiger und länger ziehen. Ein Fahrtspiel im Wasser über Frequenzänderungen.
- Schwimmen, wenn eben möglich, in der Gruppe trainieren. Stetes Alleinschwimmen kann mittel- und langfristig demotivieren.
- Das Freiwasserschwimmen nutzen für ruhiges Ausdauerschwimmen, nie alleine draußen schwimmen. Intervalle durch Zählen der Armzüge, z. B. 25 Züge flott, 25 Züge locker.
- Neoprenanzüge nur bei kühler Wassertemperatur und ein paar Mal vor Wettbewerben im Training tragen. Ständiges Trainieren im Neoprenanzug verschlechtert die Schwimmzeiten beim Triathlon, da die Trainingseffektivität nicht hoch genug ist.

9.4.4 Trainingsvorschläge für Bad und Freigewässer

Schwimmtraining kann und sollte sehr variabel gestaltet werden, da ein stures Bahnenschwimmen wenig motivierend ist und zudem kaum zu einer Verbesserung der Schwimmzeiten führt. Aus diesem Grund werden nachfolgend einige Schwimmprogramme aufgeführt, die sich jederzeit sehr leicht verändern lassen. Der Kreativität sind hier kaum Grenzen gesetzt.

Die Pulswerte beim Schwimmen liegen durchschnittlich um 10-15 Schläge in der Minute niedriger als beim Laufen. Generell gilt es, jedes Trainingsprogramm entsprechend einzuleiten. Das Trainingsprogramm kann dabei aus den nachfolgend aufgeführten Intervallen oder aus einem Dauerschwimmen bestehen:

Jedes Schwimmtraining sollte in fünf Schritten erfolgen:

- Dehnübungen (leichtes Stretching)
- Einschwimmen
- **Schwimmprogramm, inklusive Technikübungen**
- Ausschwimmen
- Stretching

Das Einschwimmen von 200-400 m erfolgt spielerisch in verschiedenen Lagen.

Das Ausschwimmen über 200-300 m erfolgt in beliebiger Lage und beendet jedes Schwimmtraining.

Nachfolgend werden einige Schwimmprogramme aufgeführt, aus denen Sie Ihr individuelles Programm selbst zusammenstellen können. Des Weiteren lassen sich alle Programme leicht ab-, umwandeln, erweitern und verkürzen. Für das Basistraining eigenen sich eher die längeren Intervalle und möglichst viele Lagenwechsel, in der Vorwettkampf- und in der Wettkampfzeit dagegen eher die kürzeren Intervalle.

Tab. 9: *Schwimmprogramme (Trainingsvorschläge)*

Nr.	Schwimmprogramme	Gesamtstrecke in m
1	• Einschwimmen, 400 m beliebig, Lagenwechsel • 4 x 500 m Kraul, Vierer-, Dreier-, Zweierzüge • Lockeres Tempo, saubere Technik • Dazwischen je 100 m ruhig, andere Lage • Ausschwimmen, 200 m Brust	2.900 m
2	• Einschwimmen, 200 m ruhig Brust, 200 m beliebig • 100 m Kraul abschlagen • 200 m Kraul, Dreier,- Viererzug • 300 m, 100 m nur rechter Armzug, 100 m nur linker Armzug, 100 m normal • 400 m, 50 m nur Beine + 150 m ganze Lage, alles 2 x • 300 m, Steigerungen kurz vor und nach der Wende • 200 m, Kraul, Dreierzug • 100 m, Sprint • 4 x 50 m, 25 m locker, 25 m zügig, Pause eine Minute • Ausschwimmen, 200 m beliebig	2.400 m
3	• Einschwimmen, 200 m beliebig • 2 x 1.000 m Kraul, locker, bewusstes Atmen, • Ausschwimmen, 400 m	2.600 m
4	• Einschwimmen, 400 m beliebig • 10 x 200 m Kraul, Pause 45 s • 100 m ruhig – mit geballter Faust • 5 x 100 m Kraul, sehr ruhig beginnen, jeden 100ter etwas schneller • Ausschwimmen, 200 m Brust	3.200 m
5	• Einschwimmen, 200 m Brust • 6 x 200 m Kraul und Brust im Wechsel, Pause 45 s • Brust ruhig, Kraul zügig • 200 m ruhig • 3 x 150 m Kraul, dabei je 50 m Fünfer-, Vierer-, Dreierzug • 50 m ruhig • 800 m Kraul, besonders auf gute Technik achten! • Ausschwimmen, 200 m Brust	3.100 m

TRIATHLONTRAINING

Nr.	Schwimmprogramme	Gesamtstrecke in m
6	• Einschwimmen, 400 m beliebig • 800 m Kraul, Dreierzug • 400 m Kraul, 100 m nur rechter Arm, 100 m nur linker Arm, 100 m Abschlag, 100 m normal • 200 m, Kraul Beine, Brust Arme • 100 m, nur Kraul Arme • 8 x 50 m Kraul Beine, Brust Arme, Pause 40 s • Ausschwimmen, 400 m ruhig	2.700 m
7	• Einschwimmen, 200 m Brust, 200 m Kraul, 200 m Rücken-Altdeutsch • 10 x 100 m Kraul, Pause 30 s • 500 m Kraul mit Steigerungen • Ausschwimmen, 500 m, alle Lagen	2.600 m
8	• Einschwimmen, 400 m locker mit Technikübungen, u. a. Faust, hoher Ellbogen • 10 x 150 m Kraul im 1.000-m-Wettbewerbstempo • Ausschwimmen, 200 m Rücken-Altdeutsch	1.900 m
9	• Einschwimmen, 200 m Brust, 200 m Rücken • 1.000 m mit Atemübungen, 2 min über Bestzeit • Pause 2 min • 1.000 m mit Technikübungen, 2 min über Bestzeit • Ausschwimmen, 500 m alle Lagen	2.900 m
10	• Einschwimmen, 400 m Kraul • 6 x 200 m Kraul (Beine, Arme, ganze Lage) • 200 m Brust • 5 x 100 m Kraul, zügig, Tempo, Pause je eine Minute • 200 m Brust locker • 4 x 50 m Kraul, 25 m locker, 25 m Sprint, Pause 30 s • Ausschwimmen, 200 m beliebig	2.900 m
11	• Einschwimmen, 200 m beliebig • Pyramidenschwimmen Kraul • 50 m/100 m/150 m/200 m/250 m/250 m/200 m/150 m/100 m/50 m, abwechselnd locker und zügig, Pause je 20-30 s • 200 m Brust • Ausschwimmen, 300 m alle Lagen	2.200 m

DAS TRAINING

Nr.	Schwimmprogramme	Gesamtstrecke in m
12	• Einschwimmen, 300 m beliebig, Pyramidenschwimmen • 100 m/200 m/300 m/400 m/400 m/300 m/200 m/100 m • Jeweils eine Hälfte locker, die andere Hälfte zügig • Ausschwimmen, 300 m beliebig	2.600 m
13	• **Schwimmen im Freigewässer** • Ca. 10 Minuten einschwimmen • Seebreite, Seelänge oder Strecke bis zu einer Boje (Insel) als Intervallstrecke nutzen. • Abwechselnd vorgegebene Strecke locker und zügig schwimmen. • Alternativ: 100 Atemzüge locker, 50 Atemzüge zügig, • 200 Atemzüge locker, 100 zügig	3.000-5.000 m
14	• **Schwimmen im Freigewässer** • Dauermethode: Einschwimmen, 30 min oder 60 min Dauerschwimmen, Ausschwimmen • Alternativ: 30 min zügig, 30 min locker • Fahrtspiel im Wasser mit oder ohne Neoprenanzug • Üben des Schwimmstarts durch 200 m Sprint und anschließend 500 m normale Schwimmgeschwindigkeit. • Üben des Ausstiegs: Schwimmen, bis Bodenberührung mit den Händen möglich ist.	3.000-5.000 m

Um die Kraftausdauer beim Schwimmen zu verbessern, empfiehlt sich der gelegentliche Einsatz von Paddels. Mithilfe des Pullbuoys, der zwischen die Oberschenkel geklemmt wird, lässt sich zudem der Armzug besser kontrollieren. Hierzu besonders hilfreich ist eine Schwimmbrille, die einen 180°-Blick ermöglicht.

Das Schwimmen bei Mittel- und Ironmandistanzen erfolgt allgemein im offenen Gewässer. Hier gibt es eine Reihe von wichtigen Punkten, die gegenüber dem Schwimmen im Becken zu beachten sind.

TRIATHLONTRAINING

9.4.5 Wie kann ich mich auf das offene Gewässer vorbereiten?

Da die langen Distanzen ausnahmslos im offenen Gewässer stattfinden und sich dieses vom Schwimmen im Becken unterscheidet, ist es ratsam, sich rechtzeitig darauf einzustellen. Gegenüber dem tiefblauen Schwimmbecken gibt es folgende Unterschiede:
- Fehlende Orientierung innerhalb des Wassers, es ist nur eine äußere Orientierung möglich.
- Niedrigere Temperaturen als im Bad.
- Wechselnde Strömungsverhältnisse und Wellengang.
- Eventuell Salzwasser; trübes Wasser.
- Massenstart mit mehr als 1.000 Teilnehmern.
- Schwimmen im Neoprenanzug.
- Ausstieg am Strand.

Als einzig positiver Faktor gegenüber dem Beckenschwimmen stellt sich das Schwimmen im Neoprenanzug dar. Dieser ermöglicht durch die bessere Wasserlage auch schnellere Schwimmzeiten. Schwächere Schwimmer profitieren davon ganz beträchtlich. So kann es sein, dass die Schwimmzeit im Neoprenanzug um zwei Minuten pro Schwimmkilometer besser ist als ohne Anzug. Allerdings muss man sich rechtzeitig auf die Enge im Neoprenanzug und an den veränderten Armzug sowie Beinschlag einstellen. In Hawaii ist allerdings auf Grund der hohen Wassertemperatur kein Neoprenanzug erlaubt.

Trotz allem gibt es, was die Schwimmtechnik anbetrifft, nur unwesentliche Unterschiede zwischen dem Schwimmen draußen und drinnen. Hierzu zählt sicherlich die geringere Beinarbeit auf den langen Schwimmstrecken und die Tatsache, dass der Rhythmus und die Atmung den oft wechselnden Bedingungen anzupassen ist.

Die geringere Beinarbeit beim Schwimmen im Triathlonwettbewerb lässt sich erstens damit begründen, dass die Beine bei den beiden folgenden Ausdauersportarten

noch kräftig gefordert werden und zweitens wird durch den Neoprenanzug eine verbesserte Wasserlage erreicht.

Athleten, die fast ausschließlich im Schwimmbecken trainieren, müssen sich im Vorfeld mental mit größeren Unterschieden auseinander setzen und darüber hinaus versuchen, in den Sommermonaten häufiger freie Gewässer aufzusuchen, um sich zumindest teilweise an einige Unwägbarkeiten zu gewöhnen.

Wie stelle ich mich auf Schwimmwettbewerbe im Freigewässer ein?

Im Vorfeld sollten Sie einige Male das Schwimmtraining im Freigewässer und im Neoprenanzug absolvieren. Weiterhin ratsam ist:
- Das An- und Ausziehen des Neos im feuchten Zustand üben.
- Sehr rechtzeitig zum Wettbewerb anreisen.
- Den Verlauf der Schwimmstrecke rechtzeitig klären. Welche Bojen sind wie zu umschwimmen?
- Vorsicht beim Eincremen der Stirn vor dem Wettbewerb. Zum einen läuft man Gefahr, dass durch die Creme die Schwimmbrille leicht verrutschen kann, vor allem, wenn man die große Brille mit dem 180°-Rundumblick trägt. Zum anderen kann sich diese wasserfeste Cremeschicht während des Radfahrens durch starke Schweißabsonderungen lösen und verursacht dann so starke Reizprobleme im Auge, dass mehrmaliges Absteigen und eine gründliche Reinigung der Augen erforderlich wird.
- 10 Minuten vor dem Start einschwimmen.
- Orientierungshilfen (Bojen, Gebäude, Türme, Bäume im Hintergrund und Ähnliches) rechtzeitig ausfindig machen.
- Realistische Einordnung in das Starterfeld.
- Möglichst schnell versuchen, eine gute Schwimmposition zu erreichen, eine Position, in der Sie relativ ungehindert schwimmen können. Ich persönlich nehme dafür auch längere Wege in Kauf.
- Versuchen Sie, möglichst schnell Ihren eigenen Schwimmrhythmus zu finden.
- Nicht in Schulterhöhe anderer Athleten schwimmen, da das aufgewühlte Wasser während der Atmungsphase leicht in den Mund geraten kann. Besser ist, in Hüfthöhe des anderen zu schwimmen. Es unterstützt ein optimales Gleiten im Wasser.

- Eigene Orientierungspunkte anpeilen. Sich nicht nur auf die Vorderleute verlassen.
- Alle 5-10 Zweier- oder Dreierzüge sich durch kurzes Drehen des Kopfs nach vorn orientieren.
- Sich auch auf die eigene Technik konzentrieren.
- Nicht alle „Körner" bereits bei der ersten Disziplin verschießen, es folgen noch zwei lange und Kraft raubende Strecken.
- Die letzten 200 m bewusst ruhig schwimmen und sich auf den ersten Wechsel vorbereiten.
- Erst dann im See aufrichten, wenn Bodenkontakt mit den Händen möglich ist.

9.4.6 Krampf im Wasser, was tun?

Ein leidiges Thema für Athleten, die gerne im Freigewässer schwimmen, sollte hier nicht ausgeschlossen werden, der Krampf beim Schwimmen.

Einen Krampf während des Laufens oder Radfahrens zu erleben, ist zwar eine unangenehme Erscheinung, lässt sich aber in einer kurzen Auszeit durch Dehnen der betroffenen Muskeln beheben. Treten Krämpfe häufiger auf, so sollten Sie Ihre Elektrolytwerte im Blut überprüfen lassen. In den meisten Fällen liegt ein Magnesium- oder Kalziummangel vor.

Im Wasser führen zumeist Erschöpfung und Unterkühlung zu einem Krampf. Dieser kann im offenen Wasser gefährlich werden. Im Wettkampf müssen Sie durch deutliches Zeichengeben den Begleitern und Helfern Ihre Probleme signalisieren. Am einfachsten geschieht dies durch eine erhobene, winkende Hand.

Sollten Sie sich während des Trainings allein im offenen Wasser befinden, so bewahren Sie trotz allem die Ruhe und halten sich durch einfachste, aber unbedingt ruhige Schwimmbewegungen über Wasser.

Krämpfe treten in den Waden, Oberschenkeln oder Fingern auf.

Der Wadenkrampf wird behoben, indem Sie das Bein mit Unterstützung der Hand im Zehenbereich strecken und mit der anderen Hand das Knie wegdrücken.

Oberschenkelkrämpfe beheben Sie am besten, indem Sie den Unterschenkel nach hinten beugen und mit der Hand zum Gesäß ziehen.

DAS TRAINING

Fingerkrämpfe sind leicht durch mehrfaches Ballen der Finger zur Faust zu beheben.

Allein im offenen Wasser zu schwimmen, beinhaltet ein gewisses Risiko. Wenn, dann sollten Sie Folgendes beachten:

- Mit einem Neoprenanzug schwimmen, der auf Grund seines verbesserten Auftriebs ein Stück mehr Sicherheit bietet.
- Die Schwimmstrecke so wählen, dass Schwimmer, Paddler, Surfer oder Fischer in der Nähe sind.

9.5 Rad fahren

Es spielt keine Rolle, welche Triathlondistanz man im Wettbewerb bestreitet, das Radfahren nimmt bei jeder Triathlondistanz den größten Teil der Gesamtzeit in Anspruch. Zwischen 50 und 55 % habe ich mal nachgerechnet. Das Radfahren ist also der zeitaufwändigste Teil des Triathlons. Deshalb suche ich ständig nach Möglichkeiten, das Radfahren in den normalen Tagesablauf zu integrieren. Dies ist möglich bei den regelmäßigen Fahrten zur Arbeit, aber auch sonst lassen sich viele Fahrten anstatt mit dem Auto mit dem Fahrrad erledigen.

Beim Radfahren wird der größte Teil des Körpergewichts vom Gesäß getragen. Dadurch verringert sich die Belastung des Halte- und Stützapparats. Selbst beim Wiegetritt ist die orthopädische Belastung deutlich geringer als beim Laufen. Daher lässt sich aktives Erholungstraining oder Regenerationstraining hervorragend auf dem Rennrad absolvieren. Gleiches gilt für ganz lockeres Schwimmtraining. Hierfür reichen 40-60 Minuten aus.

Gerade das Radfahren eignet sich wie keine andere Sportart zum Training des Fettstoffwechsels.

In der Regel sind die Glykogenvorräte nach 2,5-3 Stunden Ausdauertraining so weit geleert, dass die Energiegewinnung überwiegend auf Fettverbrennung umgestellt werden muss. Dieser biologische Vorgang bereitet den Athleten mehr oder weniger große Probleme. Triathleten, die im Training häufiger diese Schwelle durchbrechen, verspüren im Wettkampf kaum noch die Umstellung von Glykogen- auf Fettverbrennung.

9.5.1 Fettstoffwechseltraining

Der Fettstoffwechsel ist besonders für Mittel- und Ironmanathleten von großer Wichtigkeit, da die Energie aus den Glykogenvorräten nur ca. 2.400 kcal beträgt. Der Fettstoffwechsel stellt Energie für die sportliche Bewegung aus der Fettverbrennung zur Verfügung. Diese wird benötigt, wenn die Glykogenvorräte nicht ausreichen. Mit den Fettreserven im Körper steht dem Menschen ein riesiges Potenzial zur Verfügung. Bei einem Körpergewicht von 80 kg und einem Fettgehalt von 17 % sind das 13,6 kg Fett. 1 kg Fett liefert eine Energie von 9.000 kcal. Demnach stehen theoretisch aus der Fettverbrennung 13,6 x 9.000 = 122.400 kcal an Energie zur Verfügung.

Bei einen Energieverbrauch im Triathlon von maximal 1.000 kcal pro Stunde sind theoretisch mehr als 122 Stunden Bewegung möglich. Die Fette verbrennen allerdings nur im Feuer der Kohlenhydrate. Das bedeutet, die Glykogen- und die Fettverbrennung verläuft bei bestimmten Intensitäten parallel.

Deshalb sollte der Triathlet darauf achten, dass der Fettstoffwechsel nur bei langsamer und mittlerer Intensität erfolgt. Bei dieser relativ geringen Belastung läuft der Fettstoffwechsel unter Mithilfe der Enzyme oder Fermente nur in den Muskelfasern ab, die bei langsamen bis mittleren Belastungen aktiv sind.

Also, je mehr die Muskeln in Richtung aerober Ausdauer trainiert werden, desto größer ist die lokale Energiereserve auf Grund des Fettstoffwechsels. Wird mit höherer Intensität trainiert, so werden die falschen Muskelfasern (Schnelligkeitsfasern FTG) und die falschen Stoffwechselwege (Kohlenhydratstoffwechsel) trainiert. Der Kohlenhydratstoffwechsel mit Beanspruchung der Schnelligkeitsfasern wird beim Intervalltraining angesprochen. Die Pulswerte beim Fettstoffwechseltraining liegen etwa bei 130 Schlägen/Minute.

Generell erfolgt das Fettstoffwechseltraining bei geringer Intensität (aerober Stoffwechsel) und bei einer Zeitdauer von mehr als einer Stunde.

Da jede Muskelgruppe mit einem eigenen Fettstoffwechseltraining bedacht werden muss, empfiehlt sich Folgendes:

Beim Schwimmen erfolgt das Fettstoffwechseltraining bei ruhigem Dauerschwimmen.

Beim Radfahren ist das Fettstoffwechseltraining recht einfach durchzuführen. Dazu bedarf es nur einer geringen Intensität, jedoch einer Zeitdauer von mehr als 1,5 Stunden.

Ebenso verhält es sich beim Lauftraining. Mit Pulswerten um 130 Schlägen/Minute trainiert man den Fettstoffwechsel im unteren Dauerlaufbereich über eine Zeitdauer von 2-3 Stunden.

Sehr effektiv ist das kombinierte Fettstoffwechseltraining mit 2-3 Stunden auf dem Rad bei mittlerer Belastung und einem ruhigen 12-km-Lauf direkt im Anschluss an das Radfahren.

9.5.2 Die Verpflegung beim Radfahren

Bereits bei einem Kurztriathlon handelt es sich um eine ausgewachsene Ausdauerdisziplin, in noch größerem Maße natürlich beim Mittel- und Ironmantriathlon. Der Körper verbraucht dabei viel Energie. Diese Energien müssen im Verlauf des Wettkampfs teilweise ersetzt werden. Während des Laufens kann die feste Nahrungsaufnahme zwar im beschränkten Umfang erfolgen, aber auf Grund der zur Verfügung stehenden Zeit kaum in Energie umgesetzt werden.

Demnach ist es für den Athleten am sinnvollsten, auf dem Rad zu essen und zu trinken. Nach Möglichkeit leicht verdauliche Nahrung wie Bananen, Bisquits, fettarme und eiweißreiche Energieriegel und reichlich Getränke. Ich habe beste Erfahrungen mit einem Energietrunk, bestehend aus Kanne-Brottrunk + Apfelsaft, gemacht. Da viele Veranstalter Elektrolytgetränke in sehr starker Konzentration reichen, die dann zu Durchfall führen können, rate ich jedem, mit einer Flasche Elektrolytgetränk noch eine Flasche Wasser aufzunehmen und diese dann vorne im Trinksystem zu mischen.

9.5.3 Aerodynamik

Eine gute Aerodynamik verringert den Luftwiderstand. Um diese zu erhalten, reicht es nicht aus, eine hochmoderne, superteure Rennmaschine zu besitzen, um dann alle anderen wichtigen Faktoren zu vernachlässigen.

Vorweg eins: Der Luftwiderstand verdoppelt sich mit der Geschwindigkeit zum Quadrat. Das heißt konkret: Bei einer Geschwindigkeit von 42,7 km/h ist der Luftwiderstand bereits doppelt so hoch wie bei 30 km/h. Denn $42,7^2$ = 1.800 und 30^2 = 900!

Demzufolge ist es wichtig, auf weitere Punkte zu achten wie:
- Eng anliegende Radbekleidung.
- Die Knie sind dicht am Oberrohr und parallel zum Rahmen zu führen.
- Den Lenkervorbau im Wettkampf möglichst tief legen.
- Die Unterarme möglichst lange auf dem Triathlonlenker aufstützen.
- Den Oberkörper ruhig halten. Bei zu großen Gängen beginnt der Oberkörper zu schaukeln.

Wichtig ist es auch, durch richtiges Schalten die Reibungsverluste bei der Kette weit gehend gering zu halten. Es sollten folgende Kombinationsmöglichkeiten aus Kettenblatt (vorn) und Ritzel (hinten) benutzt werden:

DAS TRAINING

| Groß – klein oder klein – groß | ergänzen sich! |
| Groß – groß oder klein – klein | reiben sich! |

Das bedeutet konkret, niemals vorne das große Kettenblatt und gleichzeitig hinten das größte Ritzel zu fahren. Hierbei sind die Reibungsverluste unnötig groß. Ein Blick beim Fahren auf den Kettenverlauf ist für wenig Geübte regelmäßig zu empfehlen.

9.5.4 Grundlagenausdauertraining auf dem Rad

Ideal wäre es, auch in den Monaten November bis Februar das Radfahren beizubehalten. In unseren Breiten ist das in der Regel nur auf der ungeliebten Rolle oder bei vereinzelten Ausfahrten am Wochenende möglich. Ich persönlich bevorzuge seit mehr als 20 Jahren eine zweite Variante, nämlich in der kalten und ungemütlichen Jahreszeit das Radfahren ganz einzustellen. Anfang März, wenn die Sonne bereits wieder höher am Himmel steht, heißt es dann: Endlich wieder Rad fahren! Für mich ein nicht zu unterschätzender Motivationsfaktor. Oder ist es doch das schlechte Gewissen, das nagt und sagt: Du hast mehr als vier Monate nicht mehr auf dem Rad gesessen, jetzt aber ran!
   Vielen wird es ähnlich ergehen.

Grundlagentraining bedeutet, dass längere Radausfahrten mit geringer Intensität geübt werden: Laktat < 2 mmol/l. All das erfolgt mit dem kleinen Kettenblatt, um den runden Tritt zu trainieren.

Die Intensität des Grundlagenausdauertrainings beim Radfahren soll zwischen 65 und 85 % der maximalen Herzfrequenz liegen.

Tab. 10: *Varianten beim Grundlagenausdauertraining*

Trainingsbezeichnung	% von der max. Herzfrequenz	Z. B. max. HF 170	Mein max. Puls
Sehr ruhig	65	110	
Ruhig	70	119	
Locker	75	127	
Flott, zügig	80	136	
Sehr flott	85	144	

9.5.5 Blocktraining im Vorbereitungszeitraum

Diejenigen, die einen ein- oder zweiwöchigen Radblock in südlichen Gefilden einlegen, sollten auf Folgendes achten:

Diese wichtige Trainingsphase dient allein dem Grundlagentraining und stellt somit die Grundlage für eine gezielte Trainingsarbeit kurz vor und im Wettbewerbszeitraum dar. In langen, ruhigen Ausfahrten bis zu mehreren Stunden Dauer wird vorwiegend die Ausdauerleistungsfähigkeit verbessert und der Stoffwechsel trainiert.

Es sind folgende Punkte zu beachten:
- Kleine Gänge und Trittfrequenzen zwischen 100 und 110 sind hier wichtig.
- Anstiege sollten daher möglichst in kleinen Gängen im Sattel sitzend bewältigt werden.
- Steht man auf zum Wiegetritt, so wuchtet man sich überwiegend mit Kraft und dem eigenen Körpergewicht den Berg hinauf.
- Der dritte Tag sollte auf Grund von Stoffwechselvorgängen im Körper stets ein aktiver Ruhetag sein. Sinnvoll ist daher nur ein ganz lockeres Kurbeln über 1-2 Stunden.
- Warnen möchte ich davor, dass jede ruhig geplante Trainingsfahrt zu einem Rennen, oft bis zur völligen Erschöpfung, ausartet.

Wie kann so ein Radblock im Schwarzwald, auf Mallorca, Sardinien, Florida oder sonstwo aussehen? Für Triathleten, die die Mittel- oder Ironmandistanz bevorzugen, kann so ein Block, wie unten dargestellt, aussehen.

Als gute Vorbereitung für einen zweiwöchigen Aufenthalt sollten einige hundert Kilometer bereits absolviert worden sein. Niemals von null auf hundert. Hier lauern Verletzungen und Übertraining.

Tab. 11: *Zweiwöchiges Blocktraining im Vorbereitungszeitraum*

Tag	Radumfang in km	Intensität	Weiteres Training
1	80	Ruhig	Schwimmen, wenn möglich
2	115	Locker	10 km laufen
3	50	Ganz ruhig	Regeneration, schwimmen
4	125	Locker	
5	–		13-15 km laufen
6	100	Hügliges Gelände	
7	150	Locker	
8	–		12 km laufen, schwimmen
9	125	Mit flotten Abschnitten	
10	110	Bergig	
11	–		Schwimmen, 12 km laufen
12	70	Locker	12 km zügig laufen
13	130-160	Sehr bergig	
14			12-15 km laufen

Im Anschluss daran sollte eine Regenerationswoche folgen.

Radmonat: Wer sich einen ganzen Monat als Radschwerpunkt auswählt, sollte darauf achten, dass möglichst 4 x in der Woche ein Radtraining auf dem Programm steht. Zusätzlich 2 x Schwimmen und 2 x Laufen. Da die zeitliche Beanspruchung während dieser Zeit relativ groß ist, ist eine vorherige Abstimmung innerhalb des Umfeldes ratsam.

Von den Intensitäten her gilt das Gleiche wie beim Laufen, je länger die Strecke, umso geringer die Geschwindigkeit. Für die Ironmanvorbereitung sollte 1 x pro Woche eine Fahrt deutlich über 100 km dabei sein. Vielleicht lässt sich bei der langen Fahrt mit 100 km beginnen und man steigert diese wöchentlich um 10 km. Während einer kürzeren Fahrt darf auch mit der Geschwindigkeit gespielt werden, also ein Fahrtspiel eingebaut werden. Ansonsten wird der runde Tritt geschult, bei einer Drehzahl von 100 Umdrehungen pro Minute, bei kleinem Kettenblatt.

Denkbar ist auch eine Schwerpunktbildung an den Wochenenden. An vier Wochenenden oder freien Arbeitstagen kann es also heißen: freitags, samstags und sonntags lange Radeinheiten.

Tab. 12: *Schwerpunktbildung während des Radblocks*

Woche	Freitags km	Samstags km	Sonntags km
1	80	90	100
2	90	100	110
3	100	110 + 5-km-Lauf	120-130
4	110	90 + 8-km-Lauf	130-150

Kurztriathleten kommen auch mit zwei Drittel der angegebenen Umfänge zurecht.

9.5.6 Intervalltraining auf dem Rad

Um sich nach Absolvierung des Grundlagenausdauertrainings langsam an die Wettkampfgeschwindigkeit zu gewöhnen, beginnt man im Vorfeld des ersten Triathlons mit dem Intervalltraining. Aber Vorsicht, die Gefahr der Überlastung ist bei intensiven Einheiten nicht zu unterschätzen.

Eine reizvolle Gelegenheit, Tempowechsel zu trainieren, bietet das Fahrtspiel auf dem Rad.

Das vom Laufen bereits bekannte Spiel mit der Fahrt lässt sich in idealer Weise auf das Radfahren übertragen.

Nach einer 15-20-minütigen Einrollphase setzt man sich ein beliebiges Ziel, z. B. bis zur nächsten Ortseinfahrt, bis zum nächsten Turm, bis zum ... für einen sehr flott zu fahrenden Abschnitt. Dieses Spielchen wiederholt man beliebig oft.

Für eine Trainingsausfahrt mit einer Gruppe, in der einige Tempoverschärfungen geplant sind, kann ich nur Folgendes empfehlen.

DAS TRAINING

Die „Ortsschildwertung"

Diese sieht folgendermaßen aus: Immer dann, wenn sich die Trainingsgruppe einer Ortschaft nähert, wird ohne Kommando von einem der Teilnehmer der Spurt angezogen. Dieser versucht, durch einen Überraschungsangriff aus irgendeinem Windschatten heraus als Erster das Ortseingangsschild zu erreichen. Da keiner der Athleten weiß, wer und wann einen Ausreißversuch startet, entwickeln sich dabei die lustigsten Spielereien auf und mit dem Rad. Die ersten Versuche können 800 m, 1.200 m oder auch bereits 2-3 km vor dem Ort beginnen.

Sobald ein Fahrer lospowert, versuchen die anderen, nachzusetzen und ebenfalls die Ortsschildwertung für sich zu gewinnen. Die gedachte Ziellinie liegt in Ortsschildhöhe. Diese Methode macht unheimlich viel Spaß.

Damit dieses Fahrtspiel nicht zu einem stetig höheren Grundtempo führt, muss einer aus der Gruppe dafür Sorge tragen, dass das Tempo wieder auf das für die Gruppe geeignete Maß zurückgeschraubt wird.

Das Fahrtspiel mit dem Rad lässt sich nach dem ruhigen Grundlagentraining im Frühjahr das ganze Jahr über trainieren. Es bringt Abwechslung ins Training und erspart das sture Schauen auf die Uhr.

Die Mofawertung

Eine zweite Intervallmethode praktiziere ich gelegentlich auf dem Weg zur Arbeit, die so genannte *Mofawertung*. Vorweg muss ich sagen, ich weiß nicht genau, ob die für mich sehr amüsante Methode auch für meine Mitstreiter immer so lustig ist. Also, morgens auf dem Weg zur Schule treffe ich häufiger auf Mofafahrer. Wenn diese ihr Gefährt nicht frisiert haben, fahren sie Geschwindigkeiten von 35-40 km/h. Um aus meinem morgentlichen Einheitstrott herauszukommen, pflege ich beim Überholvorgang des Mofas nicht, wie vielfach üblich, im Windschatten des Mofas mitzufahren, sondern ich setze mich durch einen verschärften Antritt unmittelbar vor das Mofafahrzeug. Als Folge ist zu beobachten, dass der junge Fahrer durch Verbesserung seiner aerodynamischen Lage versucht, mich wieder zu überholen.

Wer dieses Spielchen über einige Kilometer mitmacht, hat auf spielerische Art ein flottes bis sehr flottes Training absolviert.

TRIATHLONTRAINING

Grundsätze zum Intervalltraining

- Vor jedem Intervalltraining 20 Minuten lang einfahren.
- Langsame Gewöhnung an das angestrebte Tempo.
- Mit kurzen Strecken beginnen, z. B. 5 x 1 km, 5 x 2 Minuten, 5 x 5 Minuten.
- Intervalle auf das Saisonziel ausrichten. Für Langdistanzler heißt das z. B.:
    - 3-5 x 10 km mit 10 min Pause jeweils.
    - 2-3 x 15 km mit 15 min Pause jeweils.
    - 1-2 x 30 km mit 30 min Pause.
- Für Abwechslung bei den Intervallen sorgen, Belastungsdauer und Intensität häufig verändern.
- Intervalltraining regelmäßig durchführen.
- Intervallpausen lang genug wählen, dabei locker weiterkurbeln.
- Nach jedem Intervalltraining erfolgt ein Ausfahren.

9.5.7 Zusammenfassende Tipps zum Radfahren

Training

- Stets mit Helm fahren.
- Reserveschläuche und Mindestreparaturset (4, 5, 6 mm Imbus) mitführen. Warum? Siehe Radanekdote am Schluss dieses Kapitels.
- Mehrere Flaschenhalterungen am Rad anbringen.
- Auf optimale Drehzahl von 100-110 Umdrehungen pro Minute achten.
- Bei längeren Trainingsfahrten reichlich Flüssigkeit und Verpflegung aufnehmen.
- Immer etwas Essbares mitführen, um einem Hungergefühl vorzubeugen.
- Bei Anstiegen rechtzeitig schalten.
- Die ersten sechs Wochen in der Vorbereitungszeit nur mit kleinem Kettenblatt kurbeln.
- Eine Sonnenbrille schützt vor Sonne, Mücken und Wind.
- Zuerst den Trainingsumfang, dann erst die Intensität erhöhen.
- An einem Trainingstag kann einem Krafttraining ein Ausdauertraining folgen – aber nicht umgekehrt.
- Regenerationswochen einhalten.
- Beim Intervalltraining unbedingt 15-20 Minuten ein- und ausfahren.
- Langsame Gewöhnung an das angestrebte Tempo.
- Mit kurzen Streckenabschnitten beginnen.
- Intervalle auf das Saisonziel ausrichten.

DAS TRAINING

- Für Abwechslung bei den Intervallen sorgen, Belastungsdauer und Intensität häufig verändern.
- Intervalltraining regelmäßig durchführen, jedoch höchstens 1 x wöchentlich und höchstens über sechs Wochen, danach zwei Wochen aussetzen und wieder höchstens sechs Wochen lang. Alternativer Rhythmus: Drei Wochen je 1 x Intervalle, eine Woche aussetzen und wieder drei Wochen Intervalltraining.
- Intervallpausen lang genug wählen, dabei locker weiterkurbeln, bis der Puls unter 110 Schläge pro Minute fällt.
- Beim Radtransfer per Flugzeug niemals Druckluftpatronen mitführen!

Wettbewerb

Im Wettbewerb ergeben sich beim Radfahren einige Besonderheiten, die hier in aller Kürze zusammengefasst werden:

- Es gilt nach wie vor die Straßenverkehrsordnung, also niemals über die Mittellinie hinausfahren.
- Die Stirn nicht mit Sonnenschutzcreme behandeln, da der Schweiß auch wasserfeste Creme löst und zu unangenehmen Augenreizungen führt.
- Hilfe von außen ist nicht erlaubt.
- Radstrecke eventuell einen Tag vor dem Wettkampf mit dem Auto oder gaaaanz langsam mit dem Rad abfahren.
- Radschuhe von innen einpudern, sofern ohne Socken gefahren wird.
- Reifen bei großer Hitze nicht mehr als 8 bar aufpumpen.
- Startnummern an einem Gummiband befestigen.
- Radschuhe mit Klettverschluss tragen.
- Sonnenbrille als Schutz vor Sonneneinstrahlung und Fliegen tragen.
- Rad mit geeignetem Gang und gefüllter Getränkeflasche und Trinksystem bereitstellen.
- Mit hoher Trittfrequenz beginnen.
- Mit der Flüssigkeitsaufnahme frühzeitig anfangen.
- Feste Nahrung in kleinen Happen aufnehmen.
- Nie trocken fahren, rechtzeitig Getränke annehmen.
- Optimale Drehzahl im Wettbewerb: 90 Umdrehungen pro Minute.
- Am Berg rechtzeitig schalten, niemals den Berg hochwürgen.
- Eng anliegende Radbekleidung wählen.
- Bei kühler, feuchter Witterung dünne Regenjacke im Radtrikot für alle Fälle mitführen.

- Die letzten Minuten mit etwas weniger Druck fahren, um die Muskulatur für das Laufen zu lockern.
- Den Radhelm erst nach dem Abstellen des Rades öffnen und absetzen. Frühzeitiges Öffnen des Kinnriemens kann zur Disqualifikation führen.

9.5.8 Radanekdote

111 km Rad fahren ohne Sattel?

Nachdem ich bei meinen mehr als 250 Triathlons ja schon allerhand Verrücktheiten erlebt habe wie

- zweifache Plattfüße,
- offenen Neoprenanzug beim Schwimmen,
- zwei Zehenbrüche,
- Plattfuß in der ersten Wechselzone,
- zehnminütiges Suchen meiner Radschuhe in der Wechselzone bis hin
- zum Transport im Krankenwagen zur Klinik, weil mir bei ca. 45 km/h eine Katze genau vor mein Vorderrad gelaufen ist, aber die Aussicht, beim Ironman Austria von 180 Radkilometern 111 km im Stehen fahren zu müssen, – weil der Sattel defekt war – dieses Pech war schon etwas Besonderes.

Die ganze Angelegenheit hat sich folgendermaßen abgespielt. Nach einer prima Schwimmzeit beim Ironman Austria im warmen Wörthersee schwinge ich mich frohen Mutes aufs Rad. Die 180 km (drei Runden à 60 km) mit saftigen Anstiegen in der Mitte jeder Radrunde können kommen. Das ist mein Ding heute, Hermann. Ich fühle mich bärenstark heute. Die erste Runde radle ich in nur 1:48 h ab.

Alles prima, ich fühle mich bärenstark heute. Der Rupertiberg kann nun ein zweites Mal kommen, frohlocke ich während der flotten Fahrt entlang der südlichen Flanke des Wörthersees. Velden ist noch nicht ganz erreicht, ich sitze auf meinem Sattel und greife nach hinten, um mir einen Kraftriegel aus meiner Trikottasche zu holen. Ein lautes Knack, Knack und ich komme mir vor, als wenn ich mit 2,5 Promille auf meinem Rad sitze. Mein Gesäß wackelt mit meinem Sattel oder mein Sattel mit meinem Gesäß!

> Mist, das fehlt mir gerade noch!
> Erst 69 km auf meinem Tacho und jetzt?

Mit meinem Gesäß kann ich plötzlich wackeln wie eine Bauchtänzerin. Der Sattel ist offensichtlich gebrochen, aber wohl nicht ganz durchgebrochen, da er noch schräg auf dem Fahrrad hängt, als ich mein Gesäß ein wenig anhebe. Gleich kommt der Rupertiberg, ein Glück, dann muss ich sowieso aus dem Sattel. Ich schwimme regelrecht auf meinem Rad, so ein Gefühl hab ich ja noch nie kennen gelernt. Was mache ich nun? Aufgeben? Aufgeben? In mir bricht eine kleine Sportwelt zusammen. Ich, aufgeben?

Ein Wettkampfmarshall, der mich wohl beobachtet hat, fährt langsam zu mir auf. „Schau mal nach, was mit meinem Sattel ist?" „Verdammt", bekomme ich von ihm zu hören, „der ist abgebrochen." „Gibt es einen Materialwagen?" „Der ist irgendwo auf der Strecke. Ob der einen passenden Sattel hat, weiß ich nicht", sagt der gute Mann. „Hermann, wie lange kannst du im Stehen Rad fahren?" „Eine Stunde müsste es schon gehen", rede ich mir ein. Auf Mallorca bin ich doch auch schon mal 50 Minuten im Wiegetritt bergauf gefahren. Meinen prima Rhythmus verliere ich ganz plötzlich. Mist, schimpfe ich wieder. Das ist doch der neue Sattel, den ich seit etwa vier Wochen fahre. Der hat doch noch nie Probleme bereitet. Hoffentlich fällt mir der Sattel nicht ganz weg. Ich schimpfe so vor mich hin und strample dabei den Rupertiberg hoch. Langsam werden meine Muskeln müde. Und jetzt bergab! Alle Triathleten rauschen mit 70-80 km/h den Rupertiberg hinunter an mir vorbei. Ich schaffe es mit 30-32 km/h. Das verdammte Rad ist sehr instabil ohne meine 79 kg auf dem Sattel. Hätte ich gar nicht gedacht. „Hermann, was kann ich machen, wenn kein Materialwagen auftaucht", frage ich mich, ohne ad hoc eine Antwort parat zu haben.

Ich nehme mir vor, irgendwie – wenn erforderlich, mit Radpausen – zum Start- und Zielbereich zu gelangen, um dann den Schaden zu beheben. Vielleicht muss ich mir auf der Ironmanmesse eine neue Sattelstange und einen neuen Sattel kaufen, diesen montieren, um endlich wieder einen Sattel zu haben. Ich rechne bereits, ob ich es noch bis zum Radschluss schaffen kann, trotz Reparatur. Wenn ich für diese Aktion zwei ganze Stunden veranschlage, plus sechs Stunden normales Radfahren plus 1:15 h vom Schwimmen, macht insgesamt 9:15 Stunden aus. Radschluss ist nach 10:30 Stunden. Meine Rechnung zur Rettung meines 33. Ironmans scheint aufzugehen.

Trotz allem, mein Frust wird von Minute zu Minute größer, weil es mir immer schwerer fällt, im Wiegetritt zu fahren. Dabei überholen mich Hunderte von Athleten. Eine Stunde fahre ich bereits ohne Sattel hier herum. An der linken Straßenseite entdecke ich plötzlich meine Berliner Freunde Helga und Ronny. Ronny ist ein alter Radfuchs. Sofort ziehe ich die Bremsen. Ronny beobachtet mich und kommt zu mir gelaufen. „Bitte nicht helfen, nicht helfen, sonst laufe ich Gefahr disqualifiziert zu werden!" Ich werde nachschauen, was mit meinem verdammten Sattel los ist. Ronny schaut aus einer Entfernung von 1 m zu. Der Sattel hängt ganz schief an der Sattelstütze. Ich suche nach einer möglichen Bruchstelle und entdecke lediglich eine lose Sattelschraube.

„Eine lose Sattelschraube", rufe ich. „Ronny ich habs, ich habs! Nur eine lose Sattelschraube", frohlocke ich! Es ist nichts gebrochen, nichts gebrochen. Zum Glück führe ich stets die gängigen 4, 5 und 6 mm Imbusschlüssel mit. Nach wenigen Minuten ist diese angezogen, mein Sattel ist wieder o. k.

Ich bin erleichtert, erleichtert. Meinen normalen Rhythmus habe ich jedoch beim Radfahren nicht wieder gefunden. Die Freude über die Fortsetzung des Wettbewerbs ist zwar deutlich spürbar, die Motivation in Bezug auf eine gute Endzeit ist jedoch dahin. Was soll's, lautet meine Devise in solchen Fällen: Hauptsache finishen, auch beim 33. Ironman. Das habe ich nach 11:43 Stunden getan.

Vor dem nächsten Rennen werde ich halt **alle** Schrauben überprüfen!

9.6 Laufen

Sich beim Lauftraining auf wenige Seiten zu beschränken, ist sehr schwer. Um mich in meinen Büchern nicht wiederholen zu müssen, darf ich bereits an dieser Stelle auf mein Buch *Triathlontraining ab 40* (2008) hinweisen. Für ambitionierte Triathleten sind dort ausführlich so wichtige Punkte wie das Lauf-ABC, 10.000-m-Bestzeit, Halbmarathon- und Marathontraining u. v. a. m. auf mehr als 50 Seiten dargestellt.

Das Lauftraining besitzt für Triathleten einen ganz besonderen Stellenwert. Ohne einen großen finanziellen Aufwand kann man das Laufen in unseren Breiten, neben dem Schwimmen, das ganze Jahr über trainieren. Als weitere Vorteile für das Laufen spricht die Tatsachen, dass diese dritte Triathlondisziplin bei jedem Wetter, mit Ausnahme eines Gewitters, zu jeder Tages- und Jahreszeit und in jeder Umgebung ausgeübt werden kann. Im Gegensatz zum Radfahren lässt sich ein regelmäßiges Lauftraining selbst bei Dunkelheit, Regen und Schnee in den Herbst- und Wintermonaten absolvieren.

Läuft man von zu Hause aus los, so entfällt die oft lästige Anfahrzeit. Zudem ist das Laufen die energieintensivste der drei Ausdauersportarten des Triathlons. In der späten Jahreszeit ist es bei nasskalter Witterung ratsam, das Laufen dem Radfahren vorzuziehen. Eine Stunde Lauftraining ist effektiver als 1-2 Stunden Rad zu fahren, mit dem Risiko, sich zu erkälten. Bergaufläufe schulen zudem die Kraft für die Raddisziplin.

TRIATHLONTRAINING

Ein sinnvoller Trainingsaufbau für das Laufen mit dem Hauptwettbewerb im Juli sollte folgendermaßen aussehen:

Grundlagenausdauer	drei Monate
Ausdauer + Schnelligkeitsausdauer	sechs Wochen
Ausdauer + Intervalltraining	sechs Wochen

9.6.1 Grundlagenausdauertraining

Die dreimonatige Trainingsphase stellt die Basis für die ganze Saison dar. Die Grundlagenausdauer stellt das Fundament für ein zu bauendes Haus (Triathon) dar, das im ersten Geschoss mit der Schnelligkeitsausdauer und im Dachgeschoss mit dem Intervalltraining ausgebaut wird. Während der ersten drei Monate wird im aeroben Bereich gelaufen oder im „Steady State". Dieser Begriff steht für das Sauerstoffgleichgewicht, d. h., es wird so viel Sauerstoff aufgenommen, wie für die Energiebereitstellung benötigt wird.

Weitere Anhaltswerte: Dieses Grundlagenausdauertraining liegt etwa 15 % unterhalb der anaerob-/aeroben Schwelle oder bei einem Laktatwert von unter 2 mmol/l. Das Ausdauertraining sollte so gestaltet werden, dass man sich dabei ohne Mühe unterhalten kann. Die Pulswerte liegen zwischen 65 und 75 % der maximalen Herzfrequenz.

In dieser dreimonatigen Phase sollen viele Kilometer im aeroben Bereich gelaufen werden. Für etwas mehr Abwechslung im Training kann hingegen ein Volkslauf sorgen, der allerdings nicht mit voller Kraft gelaufen wird, sondern einfach so aus dem Training heraus.

Bei einer Blockbildung des Trainings (Schwimm-Lauf-Radblock) wird sich der Umfang von ganz allein wöchentlich ändern. Ist dies nicht der Fall, so könnte man den Umfang treppenförmig ändern.

Langdistanzler (Mittel- und Ironmandistanz) z. B.

1. Woche 50 km	2. Woche 60 km	3. Woche 70 km	4. Woche 80 km
5. Woche 50 km	6. Woche 70 km	7. Woche 80 km	8. Woche 90 km
9. Woche 50 km	10. Woche 80 km	11. Woche 90 km	12. Woche 100 km

DAS TRAINING

Kurztriathleten könnten die Umfänge wie folgt staffeln:

1. Woche 40 km	2. Woche 45 km	3. Woche 50 km	4. Woche 55 km
5. Woche 40 km	6. Woche 50 km	7. Woche 55 km	8. Woche 60 km
9. Woche 40 km	10. Woche 55 km	11. Woche 60 km	12. Woche 65 km.

Wer z. B. im Februar seinen Laufblock wählt, kann wie folgt vorgehen:

Langdistanzler:

Januar Schwimmmonat	1-4. Woche wie zuvor
Februar Laufen	5. Woche 50 km 6. Woche 80 km
	7. Woche 100 km 8. Woche 120 km
März Rad fahren	9.-12. Woche 50-60 km.

Kurztriathleten:

Januar Schwimmmonat	1-4. Woche wie zuvor
Februar Laufen	5. Woche 45 km 6. Woche 55 km
	7. Woche 65 km 8. Woche 75 km
März Radmonat	9.-12. Woche 30-40 km.

Bei dieser Trainingsform muss man stets das Gefühl besitzen, schneller laufen zu können. Insgesamt soll die Gesamtkondition verbessert werden. Dies erreicht man durch längere und besonders durch lange, ruhige und gleichmäßige Läufe. Hartes Training zu dieser Zeit richtet mehr Schaden als Nutzen an.

9.6.2 Schnelligkeitsausdauer

Die Grundlage für die Entwicklung der Schnelligkeitsausdauer und Schnellkraft ist in den vergangenen Monaten durch lange, ruhige Läufe gelegt worden. Auf dieses Fundament lässt sich in Ruhe weiterbauen.

Wehe dem, der hier meint, ohne Fundament auskommen zu können. Spätestens dann, wenn er sein Haus bei Wettbewerben belasten will, bricht es zusammen und die ganze Trainingsmühe war vergebens.

Wer also seine dreimonatige ruhige Trainingsphase noch nicht geschafft hat, muss im Monat April an seinem Fundament weiterarbeiten. Zwar erreicht er nicht ganz im Juli seine Spitzenleistung, geht immerhin in puncto Misserfolg durch Aufgabe kein Risiko ein.

Für die Entwicklung der Schnelligkeitsausdauer und Schnellkraft eignen sich Läufe im hügligen Gelände. 1-2 x pro Woche, je nach Ambition, reicht völlig aus, da im April das Radtraining im Vordergrund steht.

Beim **Hügeltraining** erreicht man den anaeroben Bereich. Für das Hügeltraining eignet sich eine 10-12 %ige Steigung über eine Länge von 500-600 m. Mit 85 % des Leistungsvermögens, das liegt etwas über der 10-km-Wettbewerbsleistung, läuft man auf den Fußballen mit verkürzter Schrittlänge den Berg hinauf. Kurz vor dem Hügelende ist der Rhythmus zu steigern. Oben 500 m locker auslaufen und anschließend den Hügel hinabtraben.

Mit 4-5 Hügelläufen das Schnelligkeitsausdauertraining beginnen und jede Woche um einen steigern. Langdistanzler absolvieren 1 x pro Woche diese Hügelläufe; Kurztriathleten indessen 2 x. Daneben werden selbstverständlich die langen aeroben Läufe fortgesetzt.

Eine weitere Chance, den Übergang zum Intervalltraining zu trainieren, bietet folgendes System:

Kurzspezialisten 2 x 10 min oder 3 x 7 min mit Höchstpuls und jeweils 5 min Trabpause, bis Puls < 110 ist. Höchstens 2 x pro Woche. Langspezialisten 2 x 15 min oder 3 x 10 min mit 90 % des Höchstpulses und jeweils 5 min Trabpause.

Bei einem guten Belastungsgefühl können die Zeiten um ein paar Minuten verlängert werden. Diese Läufe, die der Schnelligkeitsausdauer dienen, finden im Zuge eines Kombinationstrainings nach einer lockeren Radeinheit von 30-50 km statt. Diese Trainingsformen verbessern die maximale Sauerstoffaufnahmefähigkeit. Dies zeigt sich daran, dass der eingeatmete Sauerstoff besser verwertet wird und der Athlet schließlich mehr leistet.

9.6.3 Intervalltraining

Intervall-, auch Tempotraining genannt, ist nichts für Laufeinsteiger. Diese werden auch ohne Intervalltraining, also nur durch Ausdauertraining, schneller. Leistungsorientierte Triathleten, die bereits einige Jahre Ausdauertraining hinter sich haben, verkraften das Intervalltraining besser.

Tempotraining setzt den Körper unter großen Stress und erhöht die Verletzungsgefahr. Von daher ist bei ersten Anzeichen von Übertraining sofort das Intervalltraining durch sehr ruhiges Ausdauertraining zu ersetzen. Die positive Seite des Tempotrainings besteht jedoch darin, dass der Athlet durch die Gewöhnung an das Wettkampftempo in die Lage versetzt wird, weiter und schneller zu laufen.

Nach Absolvierung des sechswöchigen Intervalltrainings und des ersten Triathlons ist es ratsam, damit aufzuhören und an der Verbreiterung der Basis zu arbeiten. Je größer das Fundament, umso höhere Wettkampflasten hält es später wieder aus.

Intervalltraining wird in der Regel auf der Bahn durchgeführt. Weiterhin eignet sich eine mit dem Rad vermessene Strecke bzw. eine abgemessene Land- oder Gemeindestraße dazu. Insbesondere für diejenigen, die sich mit einer Aschen- oder Tartanbahn nicht anfreunden können oder halt keine in ihrer Wohnortnähe haben.

Kurztriathleten absolvieren 1 x wöchentlich ein Intervalltraining, neben der 15-minütigen Ein- und Auslaufphase, jeweils mit 90 % Intensität der entsprechenden Bestzeit, z. B.

- 1.000 m Bestzeit 3:00 min   90 % = 3:18 min
- 2.000 m Bestzeit 6:20 min   90 % = 7:00 min
- 3.000 m Bestzeit 9:50 min   90 % = 10:50 min

- 5 x 1.000 m, jeweils 1 km Trabpause bis Puls < 110 oder
- 3 x 2.000 m, 2 km Trabpause oder
- 2 x 3.000 m, 2 km Trabpause oder
- Pyramidenläufe über 400 m – 800 m – 1.200 m – 1.600 m – 1.200 m – 800 m – 400 m Trabpausen jeweils gleiche Länge.

Eine andere Variante des Intervalltrainings ist das bereits erwähnte Fahrtspiel.
  Letztlich das Pyramidentraining. Hierbei wird 2, 4, 6, 8, 6, 4, 2 Minuten schnell gelaufen und die gleiche Zeit dazwischen locker getrabt. Ebenso möglich 1, 3, 5, 7, 5, 3, 1 Minuten.

Für Triathleten, die die Mittel- und Ironmanstrecke bevorzugen, eignen sich längere Intervalle. Tempo 85 % der jeweiligen Bestzeit oder jeweils im 10.000-m-Tempo, z. B.:
- 6 x 1.000 m, Trabpause 1 km bis Puls < 110 oder
- 3 x 2.000 m, Trabpause 2 km bis Puls < 110 oder
- 3 x 3.000 m, Trabpause 2 km oder
- 2 x 5.000 m, Trabpause 2 km.

Beim Pyramidentraining kann die Folge so aussehen:
- 6, 8, 10, 8, 6 Minuten mit je gleicher Trabpausenzeit.

Zwischen den Trainingsläufen auf der Bahn oder im Gelände sollte so oft wie möglich locker im aeroben Bereich gelaufen werden. Für Kurztriathleten sind diese Dauerläufe zwischen 10 und 15 km lang. Langdistanzler wählen Streckenlängen von 12-25 km Länge. 1 x pro Woche ist bei geringer Intensität ein Lauf zwischen 25 und 30 km ratsam.

Für Athleten, die 70 Laufkilometer pro Woche in vier Einheiten trainieren möchten, empfehle ich folgende bewährte Aufteilung:

12 km, 15 km, darin ist ein Intervalltraining von 6 x 1.000 m oder 2 x 5.000 m enthalten, 18 km und 25 km. Prinzip: Je länger die Strecke, umso geringer das Tempo. Die 12 km könnten im Wechseltraining enthalten sein.

Alternativ: Wechselweise 12 km, 15 km, 18 km, 21 km, in der einen Woche und 12 km, 15 km, 18 km und 29 km in der zweiten Woche.

Neben diesen Läufen ist 1 x pro Woche ein Schnelligkeitstraining von 8 x 8 Sekunden maximal schnell mit jeweils 100-200 m Trabpause ins Training einzubauen. Da hier die Phosphatverbrennung aktiviert werden soll, gibt es bei solch kurzen Belastungen (< 10 Sekunden) keinen Abbau des Glykogens zu Milchsäure.

Das Intervalltraining muss selbstverständlich rechtzeitig vor dem Wettbewerb eingestellt werden, siehe Trainingspläne.

9.6.4 Halbmarathon- und Marathonläufe für wen?

Nach Schaffung der Grundlagenausdauer in den ersten Monaten des Jahres bietet die Zeit um Ende April die Gelegenheit, das Gelernte umzusetzen. Für Kurztriathleten kann ein Halbmarathonlauf über 21,1 km reizvoll und sinnvoll sein. Bis zum Saisonbeginn im Juni hat dann jeder noch ausreichend Zeit, sich davon zu erholen. Mental bringt solch ein Lauf eine ganze Menge, da man sich ja bereits selbst vor der Saison bewiesen hat, dass ausreichendes Stehvermögen vorhanden ist. Vorausgesetzt, der Lauf wurde richtig eingeteilt und erfolgreich beendet.

Obwohl ein 21-km-Lauf, zeitlich gesehen, kürzer ist als ein Kurztriathlon, so ist er doch auf Grund der einseitigen Muskelbeanspruchung härter. Er erfordert eine längere Regenerationszeit. Solch ein willkommener Testlauf muss nicht unbedingt bis zum „Anschlag" gelaufen werden. Ich kann nur jedem empfehlen, nach einem intensiven Radblock, bei dem nur locker gelaufen wird, einige Tage Regeneration folgen zu lassen, um dann für zwei Wochen das Lauftraining zu verstärken. Der 21-km-Lauf rundet dann diesen Zwischenlaufblock ab.

In diesen zwei Wochen sollte der Kurztriathlet versuchen, 3 x zwei Stunden locker zu laufen, neben den anderen Trainingselementen. Das angestrebte Wettbewerbstempo sollte 1 x pro Woche über 10 km gelaufen werden. 10 Tage vor dem 21-km-Lauf ist eine andere Variante ratsam: 3 x 5 km im Renntempo mit je 6 min Trabpause.

Für Läufer, die die 21 km um 1:40 h planen, gilt als Faustformel:

> Die 10-km-Durchgangszeit beim 21-km-Lauf sollte nur zwei Minuten schwächer sein als die 10.000-m-Bestzeit.
> Z. B. 10.000-m-Bestzeit 38 min, Durchgangszeit beim Halbmarathonlauf 40 min, angepeilte Endzeit 1:24 h.

Marathonlauf für Mitteltriathlon- und Ironmanathleten

Für Mittel- und Langdistanzler ist im Frühjahr ein Marathonlauf dringend zu empfehlen. Wer sich dabei nicht zu viel vornimmt und gut über die 42,195 km kommt, dem gibt dieser Lauf sehr viel Zuversicht und Selbstsicherheit für die bevorstehende Triathlonsaison.

Die Angst vor dem Marathonlauf beim Ironman verfliegt bereits im Frühjahr mit jedem der 42,195 km. Mental gefestigt, kann der Athlet im Sommer seine 226 km angehen.

Wie kann ein Marathonlauf ins Frühjahrstraining eingebaut werden?

Mit dem Grundlagenausdauertraining in den ersten Monaten des Jahres hat der Athlet die Voraussetzungen für einen Lauf über 42,195 km geschaffen. Der Lauf- und Radmonat hat seine Wirkung nicht verfehlt. Gerade die langen Radeinheiten über mehr als 100 km und die Läufe über zwei Stunden haben die Umschaltung auf die Fettverbrennung trainiert. Nach dem Radschwerpunkt reichen drei Wochen spezielle Vorbereitung auf den Marathonlauf aus, um eine persönlich starke Zeit zu laufen. Eckpfeiler dieser Vorbereitung sind drei Läufe über 33 km. Zwei davon sollten in den letzten drei Wochen gelaufen werden. Ein Lauf kann sicherlich bereits einige Wochen vorher, eben bei schlechtem Radwetter, ins Training eingebaut werden.

Diese Läufe, in denen die notwendige Stoffwechselanpassung trainiert wird, schöpfen die Glykogenvorräte aus und schalten danach auf die „brutale" Fettverbrennung. Dieser „tote Punkt", der im Marathonlauf zwischen 30 und 35 km auftritt, soll hier nur angetippt werden. Bei diesem kritischen Punkt sind in den beanspruchten Muskelpartien keine Glykogenvorräte mehr enthalten. Der Organismus muss sich aus eigener Substanz durch Umwandlung aus Proteinen die benötigten Glykogenanteile holen. Dies ist in der Regel mit einem Intensitätsverlust, also geringerer Geschwindigkeit, verbunden. Nur sehr gut ausdauertrainierte Athleten verspüren diese Umwandlung kaum.

Bei diesen 33-km-Läufen, die der Stoffwechselanpassung und der Gewöhnung an solch lange Belastungen dienen, darf nur ein sehr ruhiges Tempo gewählt werden. Zu solch langen Läufen gehört eine Getränkeaufnahme.

9.6.5 Welche Marathonzeit ist möglich?

Triathleten, die neben dem Lauftraining bekanntlich noch schwimmen und Rad fahren, kommen mit deutlich weniger Laufkilometern pro Woche aus als reine Läufer. Daher Vorsicht bei Trainingsplänen, die für Läufer gedacht sind.

Nach meinen Erfahrungen gilt allerdings auch für Triathleten die Faustformel:
Bestzeit über 10.000 m x 14/3 = maximal erreichbare Marathonbestzeit.

Tab. 13: *Maximal erreichbare Marathonzeiten*

10.000-m-Bestzeit in Minuten	Maximal erreichbare Marathonzeit in Stunden und Minuten
50:00	3:54
45:00	3:30
41:00	3.12
40:00	3:08
39:00	3:03
38:00	2:58
37:00	2:54
36:00	2:49
35:00	2:44

9.6.6 Marathon in 3:15 h

Für 3:15 h könnte der Plan wie folgt aussehen:

Voraussetzungen: 10.000-m-Bestzeit 41 min.

1. und 2. Woche:	Noch Radschwerpunkt mit 1 x 15 km, 1 x 8 x 1.000 m in 4:20 min/km, 1 x 25 km ganz ruhig in 2:25 h.

3. Woche:	Di.	14 km in 1:00 h
	Mi.	12 km locker
	Do.	10 x 1.000 m 4:30 min/km
	Sa.	30 km in 2:40 h

4. Woche:	Di.	10 x 700 m in je 3:15 min mit 2 min Pause
	Do.	18 km locker
	Sa.	25 km 2:00 h flott

5. Woche:	Di.	10 x 700 m in je 3:15 min mit 2 min Pause
	Mi.	18 km locker
	Do.	33 km mit 11 km/h, 5:30 min/km
	Sa.	14 km 1:00 h

6. Woche:	Mo.	15 km locker
	Mi.	ein/aus 5.000 m in 21 min Glykogenlauf
	Fr.	30 min traben
	So.	Marathonlauf 3:15 h, 23 min je 5 km-Abschnitt!

9.6.7 Marathon in 2:59 h

Eine magische Grenze beim Marathonlauf stellen die drei Stunden dar. Diese zu unterbieten, ist für viele Athleten eine reizvolle und motivationsträchtige sportliche Leistung.

Dazu bedarf es einer Grundschnelligkeit von glatten 38 Minuten über tatsächliche 10 km. Tatsächlich deshalb, weil bei vielen Volksläufen zwar eine 10-km-Strecke ausgeschrieben ist, diese jedoch in Wirklichkeit kürzer oder länger ist. Aus diesem Grund sollte die 10-km-Zeit aus einem DLV-Lauf zu Grunde gelegt werden. Diese amtlich vermessenen Läufe sind exakt 10.000 m lang. Neben der angegebenen Grundschnelligkeit gehört dazu ein viermaliges Lauftraining in der Woche. Nach dem Laufmonat Februar mit ca. 80 km pro Woche reduziert sich dieses Pensum im Radmonat März auf 50-60 km. Die letzten sechs Wochen vor dem Marathonlauf könnten folgendermaßen aussehen (ohne andere Trainingseinheiten):

1. Woche:	Noch Radschwerpunkt
2. Woche:	Noch Radschwerpunkt, dabei 1 x 15 km locker, 1 x 8 x 1.000 m in 4:00 min pro Kilometer und 1 x 25 km ganz ruhig in 2:20 h
3. Woche:	Di. 15 km in 1:00 h Mi. 1:20 h locker Do. 10 x 1.000 m in 4:10 min/km Sa. 30 km in 2:30 h
4. Woche:	Di. 12 x 700 m Bahn, 2:55 min je 2 min Pause Mi. 12 km locker Do 18 km locker Sa. 25 km in 1:52 h 4:30 min/km
5. Woche:	Di. 10 x 700 m Bahn, 2:55 min je 2 min Pause Mi. 18 km locker Do. 33 km, 5:00 min/km. Sa. 15 km 1:05 h
6. Woche:	Mo. 12 km locker Mi. ein/aus 5.000 m in 19 min Glykogenlauf Fr. 30 Minuten traben Sa. 40 km Rad, ganz locker So. Marathonlauf 2:58 h, 21 min je 5-km-Abschnitt!

9.6.8 Marathon in 2:48 h und 2:44 h

Für 2:45 h könnte der Plan wie folgt aussehen:

Voraussetzung: 10.000-m-Bestzeit 35:00 min
Dieser tatsächlich von mir durchgeführte Plan zeigt, wie man mit einem Wochenumfang von 75 km zum Ziel kommt.

2. Märzwoche:	7 km Schwimmen (S), 150 km Rad (R)
	Di. 2 x 12-km-Lauf zur Schwimmhalle je 1 h
	Mi. 13 km 1:00 h
	Sa. 36 km 3:12 h
	So. 12 km in 56 min

3. Märzwoche:	5 km S, 130 km R
	Di. 2 x 12 km je 59 min
	Do. 15 km 1:00 h
	Fr. Flug nach Mallorca
	Sa. 24 km in 1:51 h, 73 km Rad 2:45 h
	So. 78 km Rad 3:14 h

4. Märzwoche:	1 km S, 536 km R
	Mo. 24 km 1:53 h, 50 km Rad
	Di. 16 km 1:13 h, 102 km Rad 3:40 h
	Mi. 8 km 0:40 h, 144 km Rad 5:30 h
	Do. 8 km 0:39 h, 100 km Rad 3:30 h
	Fr. 16 km 1:14 h, 85 km Rad 3:14 h
	Sa. 55 km Rad 2:05 h
	So. Marathonlauf auf Mallorca **2:48 h**, sehr gleichmäßiger Lauf, zweite Rennhälfte exakt so schnell wie die erste.

Zu diesem Zeitpunkt stand meine Bestzeit bei 2:45:51 h. Nach dem Mallorca-Marathon war der Reiz auf eine Zeit 2:44 h sehr groß.

1. Aprilwoche:	1 km S, 623 km Rad
	Mo. 10 km 0:52 h, 81 km, 27,50er Schnitt
	Di. 160 km Rad im 26er Schnitt
	Mi. 8 km 0:44 h, 100 km Rad im 24er Schnitt, starker Wind
	Do. 200 km Rad 24er Schnitt, stürmisch
	Fr. 24 km 1:45 h, Rückflug von Mallorca
	Sa. 15 km 1:00 h
	So. 82 km Rad

2. Aprilwoche:	6 km S, 100 km R
	Mo. 6 x 1.000 m in 3:25 min/km, 5 min Trabpause
	Di. 26 km in 2:05 h
	Do. 15 km in 1:08 h
	Sa. 10-km-Volkslauf 35:40 min
3. Aprilwoche:	7 km S, 300 km R
	Mo. 34 km in 2:40 h
	Do. 18 km in 1:18 h
	Sa. 7 x 1.000 m 3:40 min/km
	So. 24 km in 2:00 h
4. Aprilwoche:	4 km S, 244 km R
	Di. 19 km, dabei 5 km in 18:30 min Glykogenlauf
	Do. 16 km in 1:16 h
	So. Marathon Hamburg **2:44:21h** Bestzeit

Durchschnittliche Laufleistung seit Jahresbeginn 75 km pro Woche.
Drei Wochen später dann erster Kurztriathlon der Saison.

9.6.9 Zusammenfassende Tipps zum Lauftraining

- Den Trainingsablauf wie folgt gestalten: Einlaufen 10 Minuten, Stretching, Trainingseinheit mit abschließendem Auslaufen und Dehnübungen. Niemals bis ins Trainingsziel volle Pulle durchlaufen.
- Verschiedene Laufschuhe stets im Wechsel tragen.
- Alle sich reibenden Körperstellen mit Vaseline oder Fett behandeln.
- Bekleidung sollte zwar eng anliegen, aber nicht einschnüren.
- Bei langen Läufen Getränkeaufnahme trainieren.

Wer sich mit dem Lauftraining oder dem Marathonlauf schwer tut, dem hilft vielleicht die Aussage einer Oxforder Studie. Sex macht auch schneller! Teilnehmer am Londoner Marathon, die in der Nacht vor dem Rennen Sex hatten, legten die Strecke um durchschnittlich fünf Minuten schneller zurück!

Intervalltraining

- Intervalltraining soll zwar ermüdend wirken, jedoch nicht total erschöpfend.
- Zwischen den Intervallen Puls bis auf 110 Schläge/Minute sinken lassen.
- Anzahl der Intervalle wöchentlichen geringfügig steigern.
- Intervalltraining für Kurztriathlons auf acht Wochen beschränken. Für Langdistanzen auf 12 Wochen.
- Das Aufwärmtraining ist hierbei besonders wichtig. Ebenso das Auslaufen.
- Achtung, die meisten Verletzungen entstehen beim Tempotraining.

Zum Triathlonwettbewerb

- Realistische Ziele und Teilziele setzen.
- Gelöst und locker loslaufen.
- Die Schuhe möglichst mit Schnellverschluss ausstatten.
- Regelmäßig trinken, besonders bei Hitze.
- Bei Krämpfen Muskulatur dehnen, bis sich der Krampf löst.
- Wenn es hart wird, positiv denken und die Umwelt bewusst wahrnehmen.

9.7 Kraftausdauertraining

Im Vorbereitungszeitraum fördert ein Kraftausdauertraining eine umfassende athletische Ausbildung des Triathleten. Eine gute Kraftausdauer ist für die Widerstandsfähigkeit gegen eine Ermüdung bei lang andauernden, sich wiederholenden Belastungen, wie sie ja im Triathlon über mehrere Stunden vorkommen, entscheidend.

Triathlontraining soll keine Muskelprotze durch Training der maximalen Schnellkraft ausbilden, denn zu viele Muskeln sind Ballast auf dem Rad und vor allem beim Laufen. Daher muss im Kraftausdauertraining mit kleinen Widerständen über einen längeren Zeitabschnitt und mit einer Vielzahl von Muskelkontraktionen gearbeitet werden. Bei einer häufig wiederholten Übung bildet bereits das Eigengewicht des Athleten einen angemessenen Widerstand.

Wofür benötigt ein Triathlet eine hohe Kraftausdauer?

Beim Radfahren im Wiegetritt sowie bei starkem Gegenwind ist eine erhöhte Kraft beim Fahren in einer optimalen aerodynamischen Position erforderlich. Beim Laufen hilft ein Kraftausdauertraining, das eigene Körpergewicht leichter zu tragen und sorgt für eine verbesserte Streckung der Beine. Hierbei werden vornehmlich die Waden-, Oberschenkelvorder- und -rückseite sowie die Gesäßmuskeln beansprucht, ebenso wie beim Laufen.

Beim Schwimmen überwindet der Triathlet durch seine größere Kraft im Arm-, Schulter- und Rückenbereich den mit der Geschwindigkeit anwachsenden Wasserwiderstand besser.

Insgesamt sorgt ein Kraftausdauertraining in Verbindung mit Stretching für folgende Vorteile:

- Größere Belastbarkeit des Bewegungsapparats durch stärkere Muskeln, Sehnen und Knochen. Die Belastung bei den drei Ausdauersportarten kann länger durchgehalten werden.
- Rad fahren und Laufen lässt sich schneller und ausdauernder ausführen.
- Die Schwimmzüge werden durch stärkere Muskeln kraftvoller.
- Besser durchblutete Muskeln ermüden langsamer.
- Verbesserung der Bewegungskoordination.

TRIATHLONTRAINING

Allgemeine Hinweise zum Kraftausdauertraining:
- Für ambitionierte Triathleten empfiehlt sich eine gewisse Regelmäßigkeit, um die gewonnene Kraft zu stabilisieren.
- Das Training muss langsam aufgebaut werden. Die Muskeln und Sehnen brauchen Zeit, um sich an die Belastungen zu gewöhnen. Dadurch wird auch das Verletzungsrisiko so gering wie möglich gehalten.
- Vor jedem Krafttraining ist eine Aufwärmphase von mindestens 15-20 Minuten erforderlich, da warme, lockere Muskeln weniger verletzungsanfällig sind.

Dieses Aufwärmen kann erfolgen durch:
- Lockeres Laufen, kann bis zu einer Stunde ausgedehnt werden.
- Leichtes Kurbeln auf der Rolle bzw. dem Ergometer.
- Seilhüpfen und gymnastische Übungen.

Wer ein Kraftstudio aufsuchen möchte, sollte alle Übungen unter Anleitung präzise ausführen. Die Belastung im Kraftausdauertraining sollte jeweils nur 50 % der derzeitigen Maximalbelastung betragen. Jede Übung soll in einer Serie 10-40 Wiederholungen aufweisen. Ratsam sind 2-4 Durchgänge.

Ideal ist ein Training dieser Art zu zweit. Während der eine seine Übungen macht, hat der Zweite seine Serienpause. Gleichzeitig können sich beide beobachten und nötigenfalls korrigieren.

Ein Triathlet benötigt allerdings kein Kraftstudio, um ein geeignetes Kraftausdauertraining zu absolvieren. Mit einem Zugseil und leichten Hanteln ist dies auch jederzeit zu Hause möglich. Für das Schwimmtraining im Bad sind Paddels zu empfehlen. Hiermit lässt sich während des normalen Schwimmtrainings ein Krafttraining absolvieren. Mit Paddels, die wegen ihrer größeren Fläche für einen größeren Widerstand im Wasser sorgen, erfolgt ein Krafttraining in Form von Intervallen. Die Paddels erfordern sauber ausgeführte Schwimmzüge.

Gerade in der Vorbereitungszeit ist ein Schwimmen mit Paddels häufiger zu empfehlen.

DAS TRAINING

Um den Kraftzuwachs zu erhöhen, kann man weiterhin die Bedingungen erschweren, also den Reibungswiderstand für die Muskeln erhöhen. Dies erreicht man beim Schwimmen durch das Tragen von Kleidungsstücken wie T-Shirts, beim Radfahren durch Benutzung eines schwereren Trainingsrades oder einfach durch das Fahren mit großen Gängen an einer Steigung. Eine ähnliche Wirkung erzielen beim Laufen besonders robuste Trainingsschuhe.

Die für eine Ausdauerleistung nötige Kraft entwickelt sich in großem Maße durch das Ausdauertraining selbst.
Ein Triathlet oder Schwimmer hat neben den zwei im Wasser durchzuführenden Varianten, dem Schwimmen mit Paddels oder mit T-Shirt, die Möglichkeit, ein Trockentraining zu absolvieren.

Darunter fällt das Zugseiltraining und das leichte Hanteltraining. Ein Zugseil lässt sich leicht in jeder Wohnung, zumeist im Treppenhaus, befestigen. Bei der Durchführung des Zugs ist darauf zu achten, dass die Bewegung der Schwimmbewegung entspricht. Die eigene Standposition ist dort, wo das Seil bereits etwas vorgespannt ist. Mit vorgebeugtem Oberkörper steht der Athlet breitbeinig da und greift in die Zugseilschlaufen. Bei jeder Zugbewegung ist der Ellbogen wie beim Schwimmen hochzuhalten bzw. in der Anfangsphase „stehen" zu lassen. Keine Faust machen, da die Bewegung schwieriger kontrolliert werden kann.

Das Kraftausdauertraining besteht nun aus langen Serien mit geringer Belastung. Eine Serie sollte mindestens 30, besser 50, 80 oder 100 Züge umfassen. Bei 5-10 Serien sollte die Serienpause 1-2 Minuten betragen. Weitere Belastungsunterschiede sind durch die größere Entfernung vom Festpunkt, kürzere Pausen, größere Zugzahlen und Serien zu erreichen.

Für Triathloneinsteiger, aber auch für Fortgeschrittene ist ein Training zur Verbesserung der allgemeinen Kraft im Oberkörperbereich hilfreich.

Leichte Hantelübungen:
- Die Hanteln abwechselnd mit gestreckten Armen vor dem Körper nach oben führen. Die Handflächen sollen dabei nach unten zeigen.
- Zwei Hanteln gleichzeitig mit gestreckten Armen seitlich bis in Schulterhöhe führen.
- In Rückenlage ein Gewicht mit den Beinen schräg nach oben drücken.
- Bäuchlings bis zur Hüfte auf einem Tisch liegend, wird der über den Tisch hinausragende Oberkörper bis in die Waagerechte gehoben. Nicht höher gehen. Hiermit wird die Rückenmuskulatur gestärkt.

Ansonsten erfolgt die Kräftigung auf dem Rad durch das Befahren von Steigungen mit großen Gängen und beim Laufen durch das Tragen von schweren Trainingsschuhen und mehr Kleidung.

Kraftausdauer kann der Triathlet im Winter auch beim Skilanglauf trainieren. Hierbei werden viele der beim Schwimmen beanspruchten Muskelgruppen trainiert.

9.8   Wechseltraining

Regelmäßiges Kombinationstraining, also die unmittelbare Ausführung zweier Disziplinen des Triathlons hintereinander, sollte unbedingt vor und in der Wettbewerbszeit regelmäßig trainiert werden. Der erste Wechsel beim Triathlon vom Schwimmen zum Radfahren ist in erster Linie ein organisatorischer Wechsel. Muskulär bereitet er kaum Probleme. Anders sieht es da beim zweiten Wechsel aus.

Wechsel Rad-Lauf

Die zweite Kombination beim Triathlon, Rad-Laufen, hat es dagegen in sich. Wer diesen Übergang nicht regelmäßig trainiert, läuft mit ungewohnt schweren Beinen los und kommt somit sehr spät in seinen gewohnten Laufrhythmus. Zeitverluste sind dabei zwangsläufig die Folge.

Ratsam ist es, auf den letzten 2-3 km der Radstrecke den Druck auf die Pedale zu vermindern und mit etwas höherer Drehzahl die Muskulatur ein wenig zu lockern.
Beim Kombinationstraining für die langen Triathlondistanzen kann man diesen Übergang in drei unterschiedlichen Formen trainieren:

- Lange, lockere Ausdauerfahrt auf dem Rad mit einem unmittelbar anschließenden flotten, aber kurzen Lauf.
Z. B. 40 km Rad, locker + 4-km-Lauf, zügig oder
90 km Rad, locker + 6-8-km-Lauf, zügig.

- Kurze und zügige Trainingsfahrt auf dem Rad mit einem unmittelbar anschließenden ruhigen, langen Lauf.
Z. B. 40-60 km Rad, zügig + 12-20-km-Lauf, ruhig.

DAS TRAINING

- Zügiger Lauf, hierzu vorher bitte einlaufen, mit einer unmittelbar anschließenden, kurzen und flotten Radausfahrt.
  Z. B. 8-km-Lauf, zügig + 30 km Rad, flott.

Der erste Wechsel Schwimmen-Rad ist überwiegend ein organisatorischer Wechsel. Hierbei gilt es, alle notwendigen Utensilien vorrätig zu haben, in Ordnung zu haben und in der richtigen Folge in der Wechselzone zu deponieren. Dabei sollte beachtet werden, lieber eine Jacke zu viel zurechtzulegen, als auf dem Rad lange Zeit frieren zu müssen.

9.9 Allgemeine Trainingsgrundsätze

Hier möchte ich noch einmal kurz die wichtigsten Trainingsgrundsätze zusammenfassen. Hierdurch lassen sich z. B. Verletzungen, Frühform, Burn-out-Syndrom und andere negative Folgen weit gehend ausschalten.

> Die häufigsten Trainingsfehler sollten unbedingt vermieden werden: zu viel, zu oft, zu schnell, zu unkritisch gegenüber dem eigenen Körper und zu unkritisch gegenüber unserem individuellen Umfeld.
>
> Ein **Trainingsverbot** besteht bei Fieber und Schmerzen über dem Brustbein. Unter Beachtung von beruflichem und privatem Stress sowie familiären Belastungen ist es wichtig, Folgendes zu beherzigen:
>
> - Regelmäßiges Training bringt oft mehr als Stoßtraining und Übereifer.
> - Triathlonwettbewerbe sind ein Miteinander, kein Gegeneinander und keine Kämpfe.
> - Mit Spaß und Freude trainieren, nie mit Gewalt.
> - Das Training richtig dosieren.
> - Die richtigen Laufschuhe tragen.
> - Auf Körpersignale rechtzeitig achten.
> - Eine ausgekühlte Muskulatur nicht überfordern.
> - Regelmäßiges Stretching durchführen.
> - Die richtige Rahmengeometrie beim Rad wählen.
> - Das Training richtig dosieren.
> - Dem Körper angemessene Ruhephasen gönnen.
> - Die schwächste Disziplin bevorzugt trainieren, möglichst in der Gruppe.
> - Langsame Erhöhung des Trainings. Zuerst den Trainingsumfang, dann die Intensität erhöhen.
> - Regenerationsmaßnahmen in die Trainingsplanungen einbeziehen und auch tatsächlich durchführen.
> - Trainingsschwerpunkte ausreichend vorbereiten.
> - Sich bewusst ernähren, möglichst viel Eiweiß und wenig Fett.
> - Immer in den Körper hineinhorchen. Dadurch entwickelt sich ein gutes Gefühl für die richtige Belastung im Training und im Wettbewerb.
> - Kleine Verletzungen sorgsam beachten.
> - Das Training stets abwechslungsreich gestalten.
> - Ausreichend Ruhetage einplanen.

DAS TRAINING

- Die Trainingsempfehlungen niemals als Dogma ansehen. Stets die Gesamtbelastung aus Beruf, Privatleben und Sport berücksichtigen.
- Je länger die Trainingsbelastung andauert, umso geringer sollte die Intensität sein.
- Nach einer intensiven Laufeinheit sollte als Nächstes eine lockere Rad- oder Schwimmeinheit folgen, da beide für den Bewegungsapparat weniger belastend sind.
- Die letzte Woche vor dem Triathlonwettbewerb nur noch locker, entspannt, regenerativ und wenig trainieren.
- Rechtzeitige Flüssigkeits- und Nahrungsaufnahme im Training und im Wettbewerb.
- Ein Tag vor Wettbewerben reichlich trinken, verhalten essen.
- Am Tag X sich morgens mit wasserfestem Sonnenschutz eincremen, Schutzfaktor 30. Die Stirn jedoch unbedingt freihalten.
- In Wettbewerben nur Bewährtes einsetzen. Dies gilt für Getränke, Verpflegung und Ausrüstung.
- Triathlonwettbewerbe entscheiden sich oft im Kopf, daher mentale Stärke beweisen.
- Bei Ortswechseln den dritten Tag der aktiven Ruhe gönnen.
- Werden Sie nie zu einem *Schwimm-Rad-Läufer*, der nur Sport, Sport, Sport kennt.
- Werden Sie nicht zu einem Trainingsweltmeister, der nur hartes Training kennt, wenig Regeneration, hohe Trainingsumfänge, jede Pulsrate überprüft, sich hohem Erwartungsdruck aussetzt, verbissen und mit Härte seinen Sport ausübt und dadurch sein privates und berufliches Umfeld ruiniert.
- Sportler führen drei Leben: ein Familienleben, ein Berufsleben und ein Sportlerleben.

9.10 Das leidige Thema: Übertraining

Das leidige Thema **Übertraining** ist in der Trainingspraxis nicht nur bei ambitionierten Triathleten zu beobachten, sondern auch bei übereifrigen Triathloneinsteigern.

Treten beim Triathlontraining anstatt der erwarteten Leistungssteigerungen deutliche Leistungsverschlechterungen auf, ohne dabei organisch krank zu sein, so liegen eindeutige Anzeichen eines Übertrainings vor. Feststellbar ist Übertraining bei einem medizinischen Check-up, durch die zu messende Harnstoffkonzentration im Blut. Liegt dieser Wert über 50, so ist der Athlet übertrainiert.

Wer ist besonders gefährdet? Diejenigen, die

- keine ausreichende Basis für ihr intensives Training besitzen, also die Grundlagenausdauer vernachlässigt haben.
- den Sport zu „ernst" nehmen.
- ihre beruflichen und privaten Belastungen bei der Trainingsgestaltung außer Acht lassen, also ihr persönliches Umfeld ignorieren.
- mit zu hoher Intensität trainieren.
- sich keine ausreichende Regeneration gönnen.
- zu viele Wettbewerbe bestreiten.

Auch ohne medizinische Untersuchungen lässt sich der Zustand des Übertrainiertseins durch eine Reihe von Symptomen selbst erkennen:

- Häufiges Auftreten von Erkältungen, Fieber.
- Unlust zum Training, Gleichgültigkeit.
- Leistungsabfall trotz gesteigerten Trainings.
- Infragestellung des sportlichen Trainings.
- Unfähigkeit zur Entspannung.
- Erhöhter Ruhepuls um 10 Schläge.
- Nachtschweiß, Durchfall, Verstopfung.
- Kraftlosigkeit beim Training.
- Störungen beim Einschlafen.
- Unkonzentriertheit, Depressionen.
- Unruhiger Nachtschlaf.
- Muskel- und Gelenkschmerzen.
- Appetitlosigkeit, Gewichtsverlust.

DAS TRAINING

Mit welchen Maßnahmen kann ich nun erfolgreich diesen Zustand des Übertrainings beheben?

Was ist zu tun, damit es nicht zum Übertraining kommt?

Ohne eine feste Reihenfolge anzugeben, kann ich nur zu Folgendem raten:

- Mehr Ruhetage einplanen und auch einhalten.
- Nur noch regenerativ trainieren, d. h. im unteren Intensitätsbereich von 50-60 %.
- Den Grundsatz „Sport soll doch Spaß machen" auch tatsächlich praktizieren.
- Das Umfeld überprüfen.
- Sich einer Trainingsgruppe anschließen, die ruhiger trainiert.
- Tapetenwechsel" praktizieren, d. h. Urlaub oder Kurzurlaub einlegen.
- Wettbewerbe erst nach mehrmonatiger Vorbereitung mit Training im unteren und mittleren Intensitätsbereich bestreiten.
- Verzicht auf Alkohol und Nikotin.
- Im Wettbewerbszeitraum den Trainingsumfang deutlich reduzieren.
- Die Regenerationswochen nach Wettbewerben unbedingt einhalten.
- Ein Trainingstagebuch führen, um eine Kontrollmöglichkeit zu haben.
- Den Übergangszeitraum (große Regenerationsphase) ausreichend lang wählen.
- Die Anzahl der Wettbewerbe im Jahr deutlich reduzieren.
- Für ausreichend Schlaf sorgen.
- Das Training abwechslungsreicher gestalten. Häufiger in der Gruppe trainieren.
- Nicht jeden Triathlon „toternst" nehmen. Es gibt wichtigere Dinge im Leben als Schwimmen, Rad fahren und Laufen.
- Wettbewerbe nicht unbedingt immer mit 100 % Einsatz bestreiten. 85-90 % können auch ausreichen, um Spaß daran zu haben.
- Lieber mal eine Trainingseinheit ausfallen lassen, als unbedingt sein Programm durchzuziehen.
- Nach Verletzungen darf nur eine langsame Erhöhung der Trainingsbelastung folgen.

Wer einen Teil dieser Maßnahmen beherzigt und sich immer wieder klar macht, dass doch der Sport der Gesundheit zu dienen hat und nicht die Gesundheit dem Sport, der wird nach einiger Zeit wieder mit mehr Spaß und Freude seiner sportlichen Betätigung nachgehen können. Wie lang dieser Übertrainingszustand mit all seinen negativen Folgen bei Ihnen anhält, – ob Wochen oder Monate – hängt ganz allein von Ihnen ab.

TRIATHLONTRAINING

Erkennen Sie das Problem des Übertrainings relativ schnell, so haben Sie auch gute Chancen, sich wieder ziemlich schnell zu regenerieren. Fahren Sie jedoch Ihren „Karren über Wochen und Monate in den Dreck", also in das Übertraining hinein, wollen dies auch lange Zeit selbst nicht wahrhaben, so kann Sie dies unter Umständen eine ganze Saison kosten.

Oft ist es so, dass die verbissenen Athleten die Schuld für ihre unerwartet schwachen Wettbewerbsergebnisse bei anderen suchen, wie bei der Trainingsgruppe, beim Wetter, bei der vielen Arbeit, bei der Familie, beim zu langsamen Training usw.

Generell ist es zwar einfacher, die Schuld anderen zu geben, ehrlicher und Erfolg versprechender ist es jedoch, bei sich selbst anzufangen und sich anhand der zuvor genannten Punkte selbstkritisch zu überprüfen. Noch ein Tipp dazu, bitten Sie einen erfahrenen Sportfreund um Mithilfe bei der Suche nach der Ursache für Ihren Übertrainingszustand. Die Ursache gilt es herauszufinden, erst danach kann die entsprechende Eigentherapie erfolgreich gestartet werden.

10 Das Fünf-Stufen-Modell – vom Jedermann zum Ironman

Die fünf Stufen zum Erfolg!

| IRONMAN HAWAII |
| Ironmandistanz |
| Mitteltriathlon |
| Kurztriathlon |
| Jedermanntriathlon |

Abb. 11: *Das Fünf-Stufen-Modell*

Nahezu jeder Triathlet ist mehr oder weniger vom Bazillus **Ironman** befallen. In einer faszinierenden Sportart ist dieser Begriff ein Zauberwort, das jährlich über 50.000 Menschen veranlasst, eines der zahlreichen Qualifikationsrennen für den Ironman zu bestreiten, mit dem Ziel „Ironman-Hawaii". Diese Frauen und Männer scheuen keinen Aufwand an Training im Wasser, auf dem Rad oder per pedes, um das kalkulierbare Abenteuer Hawaii-Triathlon in Angriff zu nehmen. Nicht zu vergessen die doch mittlerweile beträchtlichen Kosten für Material und Wettbewerbsreisen. Selbst wenn es nicht unbedingt Hawaii ist, zahlreiche fantastische Ironmanwettbewerbe gibt es bereits in Europa: so in Frankfurt, Klagenfurt, Zürich, Nizza, Monte Carlo, auf Lanzarote und in Großbritannien. Wer als Teilnehmer oder auch als Zuschauer Zeuge dieser Wettkämpfe mit oftmals mehr als 100.000 begeisterten Zuschauern gewesen ist, der fragt sich oft:

Kann ich das auch?

TRIATHLONTRAINING

Wer selbst zu den Königen des Ausdauersports gehören möchte oder die oberste Stufe triathletischen Seins, den Ironman, anstrebt, kann dies mit einem systematisch angelegten Training erreichen.

Über die verständliche Frage: „Wie erreiche ich diese Stufe und wie kann ich mich kontinuierlich verbessern?", möchte ich im folgenden Kapitel gerne Auskunft geben.

Aber nicht nur der Ironman ist ein erstrebenswertes und sehr reizvolles Ziel, sondern auch die Teilnahme an den kürzeren Triathlondistanzen. Dies gilt vor allem für diejenigen, die Jahr für Jahr die neue Herausforderung Triathlon annehmen. Ob als Einsteiger oder als so genannte *Quereinsteiger*. Mit Quereinsteiger sind Sportler gemeint, die bereits in anderen Sparten aktiv waren oder auch noch sind.
Der Triathlon bietet für jeden etwas. Er zeigt Ziele auf, für die es lohnt, sich zu engagieren.

Die fünf Stufen des Triathlons sind so zu verstehen, dass der echte Ausdauersporteinsteiger natürlich mit der Stufe eins beginnt und dann „frühestens" nach einem Jahr um eine Stufe aufsteigen sollte. Je nach Engagement im Training ist es selbstverständlich auch möglich und sogar sinnvoll, einige Jahre auf einer bestimmten Stufe zu verharren, sich weiterzuentwickeln, um dabei dann seine individuellen Möglichkeiten auszuschöpfen. Dies gilt vornehmlich für die große Zahl der Kurzstreckenspezialisten, also Athleten, die die olympische Distanz 1,5 km Schwimmen, 40 km Rad fahren und 10 km Laufen bevorzugen. Immerhin geht es ja bei dieser Kurzdistanz auch über eine Zeitdauer von 2-3 Stunden, eine ausgewachsene Ausdauerdisziplin also.

Selbst die Jedermanndistanz mit 500 m Schwimmen, 20 km Rad fahren und dem abschließenden 5-km-Lauf kann mittel- und langfristig für Ausdauersportler interessant sein.

Für die Quereinsteiger, vornehmlich Sportler aus anderen Ausdauersportarten wie Laufen, Rad fahren, Schwimmen, Fußball oder Rudern, die diese bereits mehr oder weniger intensiv betrieben haben, ist es selbstverständlich möglich, mit der Stufe zwei zu beginnen. Das Beginnen mit der Stufe drei (Mitteltriathlon), bei der es bereits über 2,5-km Schwimmen, 80-90 km Rad fahren und 20 km Laufen geht, sollte die große Ausnahme sein.

10.1 Stufe eins – Jedermanndistanz 500 m/20 km/5 km

10.1.1 Wie fange ich mit Triathlon an?

Nachdem Sie festgestellt haben, dass Sie gesund und munter sind und Ihre Fitness verbessern möchten, kann es losgehen.

Mit Recht stellen Sie dann die Frage: „Wie fange ich an?"

Kurse, in denen Erwachsene, Kinder und auch Jugendliche Schwimmen, Skilanglauf oder auch alpines Skilaufen erlernen können, sind heute selbstverständlich. Gleichwertiges für den Triathlon gibt es selten. Vereinzelt gibt es an Volkshochschulen die Möglichkeit, Triathlonkurse zu belegen. Einer der Ersten überhaupt wurde 1988 von mir an der VHS in Lüdinghausen im Münsterland durchgeführt. Als Abschluss dieses Kurses folgte die Teilnehme an einem selbst organisierten Jedermanntriathlon. Eine ähnliche Aktion habe ich im Sommer 2004 in Hamm durchgeführt. Vorgesehen waren maximal 50 Interessierte, die sich in vier Monaten auf ihren ersten Triathlon vorbereiten sollten.

Beim ersten Aufruf in der Tageszeitung, dem „Westfälischer Anzeiger", meldeten sich bereits 73 Teilnehmer. Da sowieso nur eine lockere Betreuung, aber konkrete Anleitungen für das wöchentliche Training geplant waren, wurde diese Aktion mit der überaus großen Teilnehmerzahl durchgeführt. Als Ziel war die erfolgreiche Teilnahme, das heißt ganz konkret also *Finishen*, vorgegeben. 63 Teilnehmer dieser Einsteigeraktion gingen dann nach etwas mehr als viermonatiger Vorbereitungszeit an den Start in Coesfeld über 400 m Schwimmen, 16 km Rad fahren und 4 km Laufen. Beeindruckt hat mich nicht nur die große Teilnehmerzahl, sondern die Einstellung und das Leistungsvermögen der Einsteiger. Durchweg war ihnen die Freude an der Bewegung anzumerken, auf dem Rad oder beim Laufen. Überrascht haben mich auch die erreichten Wettbewerbszeiten. Zwischen 58 und 90 Minuten benötigten die Teilnehmer, die im Mittel etwa vier Jahrzehnte alt und zu 40 % weiblich waren. Allesamt finishten sie und waren zu Recht stolz auf ihren ersten Triathlon! Die meisten waren im Ziel gar der Meinung: „Wir hätten noch weiterlaufen können."

Wer auf sich allein gestellt ist, dem rate ich, sich einer Gruppe oder einem Verein anzuschließen. Dies bringt gerade für den Einsteiger entscheidende Vorteile:

TRIATHLONTRAINING

1. Gemeinsames Training
Hier findet der Triathlonneuling erfahrene Ansprechpartner, die jedem mit Rat und Tat zur Seite stehen. Gemeinsames Training bereitet viel mehr Spaß, als immer nur allein zu trainieren. Wenn man weiß, dass Gleichgesinnte auf einen warten, so rafft sich jeder selbst bei weniger gutem Wetter zum Training auf.

Wer stets allein trainiert, verfällt erfahrungsgemäß schnell in Ausreden wie: Heute ist es zu kalt, heute ist es zu heiß, heute ist es zu windig, heute ist es zu dunkel u. Ä. Bei den meisten Sportwilligen schläft langsam, aber sicher die Bereitschaft, Sport zu treiben, unter diesen Umständen leider ein.

Für Neulinge gilt: „Bloß keine Scheu haben!" Es finden sich unter den Trainierenden immer geeignete Trainingspartner.

2. Informationsfluss
Vereinsangehörige erhalten über Schaukästen oder Rundschreiben regelmäßig Informationen. Wo in der näheren Umgebung Veranstaltungen für Anfänger stattfinden, wann die nächste Fete läuft, welche Aktionen derzeit laufen usw. Termine in Ihrer Nähe können Sie auch aus dem Internet erfahren. Unter www.tri-mag.de werden Sie fündig.

3. Gemeinsame Fahrten zu Wettbewerben
Möglicherweise können Fahrten zu Triathlonveranstaltungen gemeinsam durchgeführt werden.

4. Organisatorisches
Wer an offiziellen Meisterschaften teilnehmen möchte, benötigt einen Startpass. Dieser ist nur über einen Verein zu erhalten. Meldungen zu den einzelnen Veranstaltungen werden zumeist auch über Vereine abgewickelt.

Wie finde ich einen Verein?
Über die regionale Sportberichterstattung lassen sich häufig bereits persönliche Kontakte knüpfen. Darüber hinaus kann das Sportamt einer Stadt Auskunft erteilen, ob es einen Verein mit einer Triathlonabteilung gibt. Ebenso die Triathlonverbände oder der jeweilige Landessportbund.

Wo die Möglichkeit eines Triathlon-Vereinsanschlusses nicht besteht, sollte man zumindest versuchen, sich einem Laufverein, einer Radsportgruppe oder einem Schwimmverein anzuschließen, um die Vorteile eines Gruppentrainings in einer oder zwei Sportarten wahrnehmen zu können.

FÜNF-STUFEN-MODELL

Trotz einiger tausend solcher Breitensporttreffs und trotz aller Vereinsbemühungen wird aber nicht jeder einen Lauf-Rad-Schwimm-Treff oder Verein in seiner unmittelbaren Nähe finden. Und vor allem: Nicht jeder wird aus irgendwelchen Gründen dahingehen wollen.

Triathlontraining kann jeder, auch ohne Organisation, ohne Beiträge und ohne Einhalten fester Übungsstunden betreiben, wann und wo er will.

Oft muss der Sportwillige allein mit dem Training beginnen. Deshalb hier einige Tipps für alle, die allein mit dem Triathlon beginnen wollen:

1. Sich Folgendes bewusst machen: „Jeder ist seit seiner Kindheit ein Triathlet"

Erinnern wir uns. Als Kind bewegt man sich spielerisch viele Kilometer am Tag, lernt im Vorschulalter das Radfahren und spätestens während der Schulzeit das Schwimmen.

Wenn diese spielerischen Bewegungen irgendwann zu statischen Bewegungen geworden sind, so können wir auch nach Jahrzehnten zur spielerischen Form zurückfinden. Dieser Prozess dauert selbstverständlich bei jedem Menschen unterschiedlich lange, aber eins ist sicher: Es geht, man muss es nur wollen!

2. Üben nach einem Plan

Wir sollten zunächst vom Üben sprechen. Trainieren ist der nächste Schritt. Üben führt dazu, dass Sie das Laufen und Schwimmen wieder erlernen. Rad fahren dürfte eigentlich für niemanden ein Problem darstellen.

Die besten Fortschritte werde Sie mit dem systematischen Üben erzielen. Auch das sportliche Lernen beruht auf dem Prinzip von Aneignen und Wiederholen, wobei häufiges Wiederholen zu größerem Erfolg führt.

3. Wir brauchen eine Strategie

Mit einem konkreten Ziel vor Augen, z. B. 30 Minuten ohne Unterbrechung laufen zu können, oder 20 Minuten ohne Unterbrechung schwimmen zu können, oder 60 Minuten ohne Unterbrechung Rad fahren zu können, oder den Jedermanntriathlon in x Minuten zu bewältigen, lässt es sich leichter üben als mit fragwürdigen, abstrakten oder gar unrealistischen Vorgaben. Näheres dazu in Kap. 5.

Jeder braucht sein individuelles Ziel, das abhängig ist von Ihrem Talent, Alter, Gesundheitszustand, der zur Verfügung stehenden Trainingszeit, der derzeitigen Fitness sowie dem Willen und dem Ehrgeiz.

4. Der Einfluss des Talents

Das Talent wird jedem Menschen bereits in die Wiege gelegt. Talentierte Ausdauersportler machen ihren Weg im Triathlon jedoch nur dann, wenn sie auch noch andere Eigenschaften wie Willenskraft, Trainingsfleiß, Disziplin und die richtige Einstellung mitbringen. Andererseits können Menschen mit weniger Talent bei richtiger Einschätzung der eigenen Möglichkeiten genauso viel Freude an diesem Sport haben wie die wenigen Siegertypen. Erfolgreich kann im Triathlon jeder sein, siehe Kap. 1.

5. Der Einfluss des Alters

Ein junger Mensch im Alter von 25 Jahren hat selbstverständlich bei Aufnahme seiner sportlichen Betätigung andere Perspektiven als ein Mensch im 50. Lebensjahr. Dass aber Ausdauersportler mit 40 Jahren, die so genannten *Master*, keinesfalls zum alten Eisen gehören, sondern noch in der absoluten Weltklasse mitmischen, dafür gibt es Beispiele genug. Speziell für diesen Personenkreis gibt es die Triathlon-Masterbücher. Für Einsteiger *Handbuch Triathlon für Master* (2002).

6. Der Einfluss des Gesundheitszustandes

Nur gesunde Menschen können unbedenklich ihren Ausdauerübungen, wie Schwimmen, Rad fahren und Laufen, nachgehen. Ein „Check" beim Arzt ist für alle anzuraten, die sich ihrer Gesundheit nicht ganz sicher sind. Viele Wehwehchen stellen kein Hindernis für ruhige, gleichmäßige Übungen dar. Im Gegenteil, sowohl Laufen als auch die anderen Ausdauersportarten gelten heute als Therapie, sogar vielfach für Herzinfarktgeschädigte. Je kritischer jedoch der Allgemeinzustand, desto mehr tut Vorsorge und ärztliche Anleitung not. Wer nicht total gesund ist, sollte seine Ziele niedriger stecken, d. h., er sollte sich mehr Zeit lassen, dieses Ziel zu erreichen.

Durch das ruhige Ausdauertraining (Übungen) wird sich der Allgemeinzustand verbessern und schließlich wird sich das gesetzte Ziel nach längerer Anlaufzeit auch erreichen lassen.

7. Einfluss der Zeit

Zeit für den Sport hat niemand, Zeit für den Sport nimmt man sich. Zum Glück hat jeder Mensch 24 Stunden am Tag zur Verfügung. Die Frage ist nur, für was man diese nutzt. Wenn man bedenkt, dass der deutsche Durchschnittsbürger von den wöchentlichen 168 Stunden alleine 23 Stunden Fernsehen schaut, so dürfte der Sport keine Frage der Zeit sein, sondern nur eine Frage der Zeiteinteilung.

8. Einfluss der Fitness

Gesund sein heißt frei sein von Krankheit. Wer „gesund" in diesem Sinne ist, ist deshalb noch lange nicht fit. Fitness ist ein Maßstab für allgemeine Leistungsfähigkeit. Mithilfe von Tests ist man in der Lage, seine Fitness zu messen. Der populärste Fitnesstest ist von Dr. K. H. Cooper propagiert worden. Er benutzt das Laufen als Testübung. Dieser Test ist bereits in Kap. 2 ausführlich beschrieben worden.

9. Einfluss der Willenskraft

Um ein gestecktes Ziel zu erreichen, benötigt man Willenskraft. Ratsam ist es, die Ziele so zu setzen, dass diese auch mit Sicherheit erreicht werden. Ein niedrig gestecktes Ziel zu erreichen, ist besser, als ein hoch gestecktes Ziel nicht zu erreichen. Wer von sich weiß, dass er ein zielstrebiger Mensch ist, sollte sich das Ziel nicht zu niedrig setzen.

10.1.2 Der erfolgreiche Einstieg

Gratulation zum – endlich gefassten – Entschluss, sich sportlich zu betätigen. Sie sind mit dieser Entscheidung auf dem richtigen Weg. Wer Sie auch zu diesem Schritt motiviert hat, – Freunde, Familienmitglieder, Arbeitskollegen, Presseberichte, Fernsehsendungen, Ihr skeptischer Blick auf die zunehmende Körperfülle oder die freudige Erinnerung an die bewegungsreiche und damit insgesamt aktivere „frühere Zeit" mit allen Vorteilen des sportlich erweckenden Eindrucks – jetzt liegt es allein an Ihnen, diesen gefassten Beschluss zu realisieren.

TRIATHLONTRAINING

Mit ein wenig Willenskraft und Durchhaltevermögen lassen sich alle kleineren und mittleren Hürden überspringen. Sie werden feststellen: Je weiter Sie auf dem Weg zum Jedermanntriathlon vorankommen, umso mehr Spaß und Freude bereitet Ihnen die vielseitige sportliche Betätigung.

Die nachfolgenden Anleitungen werden Sie als purer Einsteiger schaffen, selbst wenn Sie 20 und mehr Jahre nicht mehr sportlich aktiv waren. Vorab sollte jedoch der bereits angesprochene Gang zum Arzt erfolgen. Erzählen Sie ihm konkret, was Sie vorhaben, nämlich 30 Minuten Laufen oder 20 Minuten Schwimmen oder eine Stunde Rad fahren. Seien Sie vorsichtig bei Medizinern mit dem Begriff „Triathlon". Möglicherweise versteht er darunter den sehr medienwirksamen Hawaii-Triathlon. Dieser Wettbewerb ist etwas für sehr gut ausdauertrainierte Athleten. Aber warum sollte das nicht auch für Sie möglich sein?

Wenn Sie die einzelnen Stufen erfolgreich absolvieren, wird eventuell später einmal auch für Sie Hawaii das große Ziel sein. Stecken Sie sich jedoch das Ziel nicht zu hoch! Bleiben Sie Realist!

Der Jedermanntriathlon mit 500 m Schwimmen, 20 km Rad fahren und 5 km Laufen heißt unser derzeitiges Ziel!

Für bislang bereits Sport treibende Leute, die so genannten *Quereinsteiger*, gibt es auf den nachfolgenden Seiten ebenfalls eine geeignete Anleitung.

Beginnen wir mit den völlig Ungeübten: Jüngere, Ältere, Bewegungsungewohnte, Übergewichtige, Menschen ohne stabile Gesundheit – eben Triathloneinsteiger.

FÜNF-STUFEN-MODELL

Laufen

Für einen wenig sportlichen Menschen, der sich jedoch als Ziel die erfolgreiche Teilnahme an einem Jedermanntriathlon in einigen Monaten gesetzt hat, ist das Laufen normalerweise die Schwerste der drei Triathlondisziplinen. Leichter fällt es, wenn man sich an seine Kindheit und Jugendzeit erinnert.

Damals bedeutete eine Viertelstunde Laufen überhaupt keine Schwierigkeit. Im Sommer wurde bei schönem und auch weniger schönem Wetter stundenlang draußen herumgetollt, ohne besondere Anstrengung. Mit dem Fahrrad 6 oder gar 10 km zum nächsten See, zur nächsten Badeanstalt zu fahren, war eine Selbstverständlichkeit. Fangen spielen und andere unterhaltsame Übungen im Wasser waren ebenso wenig ein Problem wie das dazugehörige Fußball- oder Volleyballspiel im Anschluss an das erfrischende Schwimmen.

Mit spielerischer Leichtigkeit wurde, ohne davon zu sprechen, ein Triathlon absolviert, das Gleiche wöchentlich womöglich mehrfach. Zu diesem spielerischen Üben müssen und können wir wieder zurückfinden.

Das erste Teilziel lautet: 15 Minuten traben, nicht rennen!

Der erste Schritt für den Einsteiger:

Der absolute Einsteiger beginnt mit einer Minute traben, eine Minute gehen. Das ganze 15 x. So weit noch keine anderen sportlichen Betätigungen dazukommen, sollten diese Übungen mindestens 2 x, besser 3 x pro Woche ausgeführt werden.

Wichtig: Führen Sie die Übungen mit einer oder einem Gleichgesinnten aus! Zu zweit geht es leichter. Während der Trabphase gewährleistet die Unterhaltung mit dem Partner das richtige Tempo.

Zweiter Schritt:

- Zwei Minuten traben, eine Minute gehen   5 x wiederholen.
- Drei Minuten traben, eine Minute gehen   4 x wiederholen.
- Vier Minuten traben, eine Minute gehen   3 x wiederholen.
- Fünf Minuten traben, eine Minute gehen   2-3 x wiederholen.
- Jeder Zwischenschritt ist so häufig auszuführen, bis es klappt.

Dritter Schritt:
- Sieben Minuten traben, drei Minuten gehen   2 x wiederholen.
- Sieben Minuten traben, zwei Minuten gehen   2 x wiederholen.
- Sieben Minuten traben, eine Minute gehen   2 x wiederholen.
- 15 Minuten traben 1 x.

Wer 15 Minuten an einem Stück traben kann, der muss nicht mehr von Traben sprechen, sondern der ist ein Läufer. Ab jetzt wird auch nicht mehr geübt, sondern trainiert.

Sie sind auf dem besten Weg, ein Sportler zu werden!

Zweites Teilziel: 30 Minuten Laufen

Wer dieses Ziel angeht, der sollte bereits 15 Minuten laufen können, oder durch andere sportliche Betätigungen ein gewisses Maß an Fitness aufweisen.

Große Mengen Alkohol, Kettenrauchen und wenig Schlaf sind Feinde einer guten körperlichen Fitness.
- 10 Minuten laufen, fünf Minuten gehen   2 x wiederholen.
- 10 Minuten laufen, fünf Minuten gehen   3 x wiederholen.
- 15 Minuten laufen, fünf Minuten gehen   2 x wiederholen.
- 20 Minuten laufen, fünf Minuten gehen, 10 Minuten laufen.
- 30 Minuten laufen.

Wer regelmäßig trainiert, wird dieses 30-Minuten-Ziel bald erreichen, wer weniger regelmäßig übt, braucht etwas länger.

Wichtig: Auch nach einem 30-Minuten-Lauf, möglichst immer mit Unterhaltung, sollten Sie das Gefühl haben, noch weiterlaufen zu können. Überfordern Sie sich nicht! Machen Sie aus einem unterhaltsamen Training keinen Wettkampf!

Setzen Sie aus irgendwelchen Gründen für mehr als eine Woche aus, gehen Sie einige Teilschritte zurück, wenn Sie wieder beginnen. So bleiben Ihnen Überforderungen, Misserfolge und Enttäuschungen erspart und gleichzeitig erhält man sich die Freude am Laufen. Wer das 30-Minuten-Ziel erreicht hat, ist auf dem besten Weg, noch mehr leisten zu können.

Der Grundstein für einen erfolgreichen Jedermanntriathlon ist damit gelegt. Wer 30 Minuten laufen kann, der ist auch sehr schnell in der Lage, 30-60 Minuten Rad zu fahren. Organisch ist er ebenso fit für einige hundert Meter Schwimmen.

Rad fahren

Beim Radfahren führt man das Training in ähnlicher Weise wie beim Laufen durch. Nur, hier wird es viel leichter und schneller Fortschritte geben als bei der dritten Triathlondisziplin. Um sich an das Radfahren zu gewöhnen, bedarf es keines kostspieligen Rennrades. Ein normales Tourenrad mit Gangschaltung reicht erst einmal aus.

Ziel: 60 Minuten Rad fahren

Bevor Sie die ersten Übungs- oder Trainingsfahrten planen, ergibt sich vielfach die Gelegenheit, mit Freunden oder der Familie ins Grüne zu radeln. Bei angenehmer Unterhaltung vergisst man selbst als ungeübter Radfahrer die neue Belastung. Auch hier gilt es, das Tempo so zu wählen, dass jederzeit eine Unterhaltung möglich ist.

Für die ersten richtigen Trainingsfahrten sucht man sich eine flache oder leicht wellige Strecke aus. Beginnen Sie mit Fahrten von 15 Minuten in eine Richtung. Nach einer kurzen Pause geht es wieder zurück.

- Drei Trainingsfahrten 15 min + 2-5 min Pause + 15 min
- Drei Trainingsfahrten 20 min + 2-5 min Pause + 20 min
- Drei Trainingsfahrten 25 min + 2-5 min Pause + 25 min
- Drei Trainingsfahrten 30 min + 2-5 min Pause + 30 min
- Drei Trainingsfahrten 30 min + 1 min Pause + 30 min
- 60 Minuten lockere Ausfahrt.

Schwimmen

Die Schwimmstrecke bei einem Jedermanntriathlon ist in der Regel 500 m lang. 500 m bedeuten in einem 50-m-Schwimmbad 10 Bahnen. Der Schwimmstil ist beliebig.

Wenig geübte Schwimmer bevorzugen in der Regel den Bruststil und sollten auch dabei bleiben. Erst im späteren Stadium, wenn der sportliche Ehrgeiz zunimmt, sollte der Wechsel zur schnelleren Kraullage erfolgen. Andererseits spricht für einen Einsteiger nichts gegen das sofortige Erlernen des Kraulens.

Also, schwimmen Sie so, wie Sie es am besten können.

Das Ziel für einen Ungeübten lautet: 600 m oder 20 Minuten nonstop schwimmen.

In einem 25-m-Becken beginnen Sie wie folgt: Schwimmen Sie 25 m, legen 15 Sekunden Pause am Beckenrand ein und auf geht es in die zweite Runde. Wer das 20 x wiederholt, hat seine 500 m geschafft. Als kleine Zugabe, um zu beweisen, dass Sie noch weiterschwimmen können, folgen noch vier Bahnen. Wer dies an drei verschiedenen Übungstagen gepackt hat, versucht folgendes Schema:

An jeweils drei Übungstagen:
1 x 25 m, 15 s Pause, 1 x 50 m, 15 s Pause. Diese Serie wird 8 x geschwommen. Gesamtumfang: 600 m.
- 50 m, 15 s Pause, insgesamt 5 x.
- 50 m, 15 s Pause, 75 m, 15 s Pause, insgesamt 5 x.
- 50 m, 15 s Pause, 100 m, 15 s Pause, insgesamt 4 x.
- 100 m, 15 s Pause, insgesamt 6 x.
- 150 m, 20 s Pause, insgesamt 4 x.
- 200 m, 30 s Pause, insgesamt 3 x.
- 300 m, 30 s Pause, insgesamt 2 x.
- 500 m, 60 s Pause, 100 m, insgesamt 1 x.
- 600 m ohne Pause.

Versuchen Sie, während dieser Übungsphase 2 x wöchentlich das nasse Element aufzusuchen. Im Urlaub oder bei hochsommerlichen Temperaturen ist es ratsam, das Schwimmen in einem See zu üben. Wer noch Angst vor mehr als 2 m Wassertiefe hat, der verlegt halt seine Übungen ins seichtere Wasser. Da es im Freigewässer weder Markierungen noch Bahnlängen gibt, schwimmt man halt einfach nur nach Gefühl oder nach Zeit. Das kann so aussehen:

FÜNF-STUFEN-MODELL

- Eine Minute schwimmen, 20 s Pause, 20 x.
- Zwei Minuten schwimmen, 20 s Pause, 10 x.
- Drei Minuten schwimmen, 20 s Pause, 7 x.
- Vier Minuten schwimmen, 20 s Pause, 5 x.
- Fünf Minuten schwimmen, 20 s Pause, 4 x.
- Sechs Minuten schwimmen, 20 s Pause, 4 x.
- Sieben Minuten schwimmen, 20 s Pause, 3 x.
- 10 Minuten schwimmen, 30 s Pause, 2 x.
- 15 Minuten schwimmen, 1 min Pause, 5 min schwimmen.
- 20 Minuten nonstop schwimmen.

Dabei wird jeder Teilschritt so lange geübt, bis die Strecke oder die Zeit ohne große Anstrengungen ausgeführt werden kann. Erst danach gehen Sie zum nächsten Teilschritt über.

Wer 20 Minuten schwimmen kann, der ist bei weiterem Training sehr schnell in der Lage, auch 1.000 m und mehr zu schwimmen.

10.1.3 Triathlontraining für Einsteiger

Nachdem nun der Triathloneinsteiger sich in den vergangenen Monaten die Grundlagen der drei Ausdauersportarten Schwimmen, Rad fahren und Laufen erarbeitet hat, wird im Folgenden davon ausgegangen, dass jeder angehende Triathlet:

- 30 Minuten laufen,
- 60 Minuten Rad fahren und
- 20-30 Minuten schwimmen kann.

Nicht alle drei Disziplinen hintereinander, sondern jede „nur" für sich.

Das triathlonspezifische Training für Einsteiger

Mit den drei Einzelleistungen sind die Grundlagen vorhanden, um einen Jedermanntriathlon erfolgreich bestreiten zu können. Nun fehlt noch ein konkreter Wettbewerbstermin, an dem das große Ziel, erstmals bei einem Triathlon zu finishen, verwirklicht werden kann. Erkundigen Sie sich bereits frühzeitig danach und melden Sie sich rechtzeitig an. Veranstaltungstermine sind in der Regel bereits 5-6 Monate im Voraus bekannt. Erkundigen Sie sich bei Triathleten, Sportämtern oder der Presse.

„Finishen", das Erste bei einem Triathlon

Für den Einsteiger geht es nur darum, alle drei Disziplinen nacheinander zu schaffen, diese Herausforderung bewusst zu erleben und Spaß zu haben. Gestalten Sie Ihren Wettbewerb so, dass Sie sich bereits während des Schwimmens, Radfahrens und Laufens auf das nächste Mal freuen. Scheren Sie sich nicht um andere Mitstreiter, sondern machen Sie Ihren Triathlon.

Der Leistungstriathlet, der sich auf den längeren Distanzen beweisen will, hat dagegen das Ziel, den Triathlon mit einer bestmöglichen Zeit und Platzierung zu beenden.

Lassen Sie sich keinesfalls entmutigen, wenn der eine oder andere Leistungstriathlet sich auf der Jedermanndistanz beweisen will. Solche Fälle gibt es halt immer wieder.

Der Begriff **Training** umschreibt all die Maßnahmen, die zur Steigerung der körperlichen Leistungsfähigkeit führen. Anpassungsreaktionen des Körpers auf die Trainingsreize führen zu Leistungssteigerungen. Bei Einsteigern hat regelmäßiges und vor allem ruhiges Training bereits deutliche Leistungsverbesserungen zur Folge.

Das Minimalpensum im Triathlon

Dr. Ernst van Aaken, der „Läuferpapst", stellte für den Marathonlauf folgende einfache Regel auf: Wer in einer Woche 42 km läuft, der ist auch in der Lage, diese Strecke an einem Stück und ohne gesundheitliche Probleme zurückzulegen. Auf den Ausdauersport Triathlon übertragen, heißt das: Werden in einer Woche die Streckenlängen des geplanten Triathlons im Training zurückgelegt, dann kann der Triathlon erfolgreich bewältigt werden. Ganz konkret wären demnach in einer Woche 500 m zu schwimmen, 20 km Rad zu fahren und 5 km zu laufen.

Wie sollte nun der Anfänger sein Triathlontraining aufbauen?

Bevor ich nun konkrete Möglichkeiten aufzeige, wie man erfolgreich Anfängertraining betreiben kann, sollte sich jeder über die wesentlichen Punkte des Ausdauersports im Klaren sein.

Die Trainingsschwerpunkte im Ausdauersport liegen bei Belastungen geringer bis mittlerer Intensität. Wer beispielsweise nach einem 6-km-Lauf kaum in der Lage ist, sich zu duschen und anschließend eine längere Ruhepause auf dem Sofa einlegen muss, der hat eindeutig zu schnell trainiert.

Die Trainingshäufigkeit steht für die Anzahl der Trainingseinheiten in einer Woche. Mit zunehmendem Trainingsalter kann eine Erhöhung der Trainingshäufigkeit erfolgen. Als Einsteiger trainiert man z. B. 3-4 x pro Woche, als Wettkampfsportler 5-6 x und als Leistungssportler 7-8 x und mehr.

Belastung und Erholung gehören zusammen

Für jeden Triathleten ist neben der körperlichen Belastung die Erholung sehr wichtig. Dies ist zwar bei 3-4-maligem Training pro Woche kein größeres Problem, muss aber trotzdem bei der weiteren Entwicklung des Triathleten stets Beachtung finden. Ein Anfänger, der täglich 2 x trainieren würde und sich keine Erholung gönnt, ist sehr schnell übertrainiert. Dieses Übertraining führt nicht zu einer Leistungssteigerung, sondern zu einer deutlichen Leistungsminderung. Ein fortgeschrittener Triathlet verkraftet dagegen die gleiche Belastung deshalb, weil sich sein Körper durch einen besseren Trainingszustand schneller regeneriert. Vorausgesetzt auch hier, dass er nicht ständig mit einer zu hohen Intensität trainiert.

Um einen kontinuierlichen Leistungszuwachs zu gewährleisten, muss jedes Training regelmäßig und über einen längeren Zeitraum durchgeführt werden. Ausdauersport ist immer langfristig angelegt! Bei Triathloneinsteigern ist generell eine schnelle Leistungszunahme zu erwarten. Unregelmäßiges Training oder längere Trainingsunterbrechungen führen andererseits zu Leistungsminderungen.

Grundlagenausdauer schaffen

Für jeden Triathlonneuling heißt die wichtigste Devise: Grundlagenausdauer schaffen. Diese erhält man nur durch möglichst langes und ruhiges Training. Am besten eignet sich dazu die „Lieblingsdisziplin" oder die, in der man sich am stärksten fühlt. Bei einem ehemaligen Läufer wird es sicher das Laufen, beim ehemaligen Schwimmer das Schwimmen und beim ehemaligen Radfahrer wird es das Radfahren sein.

In dieser, seiner Lieblingsdisziplin versucht man halt, ein bisschen länger als empfohlen zu trainieren, aber bitte leicht und locker!

Ein ehemaliger Läufer beginnt nun wieder, regelmäßig 30-60 Minuten zu laufen, der Schwimmer, 30-40 Minuten zu schwimmen und der ehemalige Radfahrer fährt mindestens 2 x pro Woche eine Stunde Rad. Der „echte" Einsteiger trainiert seine Lieblingsdisziplin nicht, wie empfohlen, 1 x, sondern 2 x in der Woche.

Training in den drei Einzeldisziplinen

Nachdem die „Ehemaligen" und auch die „echten Einsteiger" einige Wochen ihre Lieblingsdisziplin trainiert haben, um die Grundlagenausdauer zu verbessern, steht nun die Bewältigung der beiden anderen Sportarten mit auf dem Programm. Ein anfangs manchmal mühseliges, aber ein interessantes Unterfangen.

Viele Läufer und Radfahrer haben ihre Probleme mit dem Schwimmen. Machen Sie sich jedoch keine Gedanken über den Schwimmstil, schwimmen Sie so, wie Sie es am besten können. Schwimmer tun sich oft schwer mit dem Laufen. Mit den bereits gegebenen Anleitungen für Laufanfänger bekommen Sie auch das in den Griff.

Das Radfahren als Einzeldisziplin bereitet eigentlich nur sehr wenigen größere Probleme. Wenn, dann ist es nur das Sitzfleisch. Ein wenig Creme und eine Radhose mit Leder- oder Flieseinsatz, die direkt auf der Haut getragen wird, lassen auch diese Probleme vergessen.

Ob Rennrad oder Tourenrad spielt eigentlich keine Rolle. Sie sollten bereits bei den ersten Trainingsfahrten, bitte mit Helm, auf eine Drehzahl von 80, später 100 achten. Drehzahl 80 bedeutet: 80 Pedalumdrehungen in einer Minute! Wenn es auch nicht sofort klappt, versuchen Sie es zumindest immer wieder. Ihre Knie werden es Ihnen danken. Beim Radfahren besteht sogar schon die Möglichkeit, ein Training durch Geschwindigkeitswechsel durchzuführen, ein so genanntes *Fahrtspiel*.

FÜNF-STUFEN-MODELL

Wechsel- oder Kombinationstraining

Regelmäßiges Kombinationstraining empfiehlt sich in Abständen von zwei Wochen. Wobei jedoch Einsteiger nur der Übergang vom Radfahren zum Laufen Probleme bereitet. Wichtig ist, dass Sie die letzten 1-2 km auf dem Rad besonders locker fahren.

Für das Kombinationstraining bietet sich das Wochenende an.

Empfehlenswert sind folgende Kombinationen:
- 20 km locker Rad fahren + 3 km lockeres Laufen
- 15 km flott Rad fahren + 5 km ruhiges Laufen
- 500 m Schwimmen + 20 km Rad fahren.

Während dieser Wechsel bietet sich die Gelegenheit, den Kleiderwechsel, vorerst in aller Ruhe, zu üben.

Heben Sie sich die Kombination aller drei Disziplinen für den ersten Jedermanntriathlon auf!

Die nun folgenden Trainingsempfehlungen sind wirklich als solche zu verstehen. Machen Sie bitte kein Dogma, kein Muss daraus. Ich kenne ja Ihr „Umfeld" nicht.

Richten Sie sich neben Ihren familiären, beruflichen auch nach den sonstigen Belastungen. Ebenso spielt das Wetter, die Lust und die Laune mit. Ein Tipp, versuchen Sie, gerade bei schlechter Laune, eine ruhige Ausdauereinheit zu trainieren. Sie und Ihre Mitmenschen werden sich über die positiven Auswirkungen wundern.

Trotz allem sollten Sie folgende Regeln unbedingt beachten:
- Regelmäßiges Training; nur dadurch sind kontinuierliche Leistungssteigerungen möglich.
- Geringe Trainingsintensität; eine Unterhaltung muss beim Laufen und Radfahren jederzeit möglich sein.
- Mit Freude trainieren, nicht mit Gewalt.
- Nach Möglichkeit mindestens jeden zweiten Tag trainieren.
- Jedes Training ganz locker beginnen und wiederum ganz locker enden lassen.
- Die Dehnübungen im Anschluss an das Training nicht vergessen (siehe dazu Kap. 14).
- Die Trainingsbelastung nur langsam erhöhen.
- Sich bewusst ernähren.
- Bei Abgeschlagenheit und innerer Unruhe besonders ruhig trainieren oder lieber einen Ruhetag mehr einlegen als geplant.
- Die Trainingsempfehlungen nicht als ein „Muss" ansehen.

10.1.4 Trainingsempfehlungen für Einsteiger

Die Trainingsempfehlungen beziehen sich auf die letzten drei Monate vor dem Start zu einem Jedermanntriathlon.

Dabei wird in vier Gruppen unterschieden:

Für alle lautet das Ziel: erfolgreiche Teilnahme an einem Jedermanntriathlon mit den Distanzen: 500 m Schwimmen, 20 km Rad fahren und 5 km Laufen.

Gruppe 1: Ausdauersportneulinge, die bereits 15 Minuten schwimmen, 60 Minuten Rad fahren und 30 Minuten laufen können, jedoch alle Disziplinen einzeln.

Gruppe 2: Ehemalige Läufer.

Gruppe 3: Ehemalige Schwimmer.

Gruppe 4: Ehemalige Radfahrer.

Trainingsempfehlungen für Gruppe 1

Woche 1, 2, 7, 12

- Di.: Schwimmen, 15 Minuten
- Do.: Laufen, 30 Minuten
- Sa.: Rad fahren, 40 Minuten

Woche 3, 4, 8, 10

- Di.: Schwimmen, 20 Minuten
- Do.: Laufen, 25 Minuten
- Sa.: Rad fahren, 30 Minuten
- So.: Lieblingsdisziplin

Woche 5, 6, 9, 11

- Di.: Schwimmen, 25 Minuten
- Mi.: Laufen, 30 Minuten
- Do.: Schwimmen, 20 Minuten
- Sa.: Rad fahren, 40 Minuten, anschließend 10 Minuten Laufen
- So.: Lieblingsdisziplin

Bemerkungen: Die einzelnen Trainingstage sind selbstverständlich austauschbar. Versuchen Sie jedoch, den Umfang beizubehalten.

Zum bevorstehenden Wettbewerb. Nehmen Sie sich die letzten zwei Tage vor Ihrem ersten Start trainingsfrei.

Trainingsempfehlungen für Gruppe 2

Woche 1, 2, 7, 12

- Di.: Schwimmen, 15 Minuten
- Do.: Laufen, 30-50 Minuten
- Sa.: Rad fahren, 1 Stunde
- So.: Laufen, 30 Minuten

Woche 3, 4, 8, 10

- Di.: Schwimmen, 20 Minuten
- Do.: Laufen, 35-55 Minuten
- Sa.: Rad fahren, 1 Stunde
- So.: Laufen, 40 Minuten

Woche 5, 6, 9, 11

- Di.: Rad fahren, 40 Minuten
- Mi.: Laufen, 30-60 Minuten
- Do.: Schwimmen, 20 Minuten
- Sa.: Rad fahren, 40 Minuten + 20 Minuten Laufen
- So.: Schwimmen, 20 Minuten

Trainingsempfehlungen für Gruppe 3

Woche 1, 2, 7, 12

- Di.: Schwimmen, 1.000-1.500 m
- Do.: Laufen, 30 Minuten
- Sa.: Rad fahren, 40 Minuten

Woche 3, 4, 8, 10

- Di.: Schwimmen, 25-40 Minuten
- Do.: Laufen, 30 Minuten
- Sa.: Rad fahren, 40 Minuten
- So.: Laufen, 30 Minuten

Woche 5, 6, 9, 11

- Di.: Rad fahren, 40 Minuten
- Mi.: Laufen, 30 Minuten
- Do.: Schwimmen, 25-40 Minuten
- Sa.: Rad fahren, 30 Minuten + Laufen 20 Minuten
- So.: Schwimmen, 30 Minuten

Trainingsempfehlungen für Gruppe 4

Woche 1, 2, 7, 12

- Di.: Schwimmen, 20 Minuten
- Do.: Laufen, 30 Minuten
- Sa.: Rad fahren, 1 Stunde

Woche 3, 4, 8, 10

- Di.: Schwimmen, 25 Minuten
- Do.: Laufen, 30 Minuten
- Sa.: Rad fahren, 1-2 Stunden
- So.: Laufen, 30 Minuten

Woche 5, 6, 9, 11

- Di.: Rad fahren, 40-60 Minuten
- Mi.: Laufen, 30 Minuten
- Do.: Schwimmen, 25 Minuten
- Sa.: Rad fahren, 40 Minuten + Laufen 20 Minuten
- So.: Schwimmen, 20 Minuten

Die zur Gruppe 1 gemachten Bemerkungen gelten selbstverständlich für alle.

Kurz einiges zur Trainingsintensität

Beim Radfahren und beim Laufen sollten Sie fast ausschließlich in dem Tempo trainieren, bei dem Sie sich problemlos mit Ihren Trainingspartnern unterhalten können. Bei diesem Tempo, auch bekannt unter dem Begriff „Training 130", sollte die Pulsfrequenz um 130 Schläge pro Minute liegen. Beim Radeln kann sie auch darunter liegen. Mit dieser Methode verbessern Sie Ihre Grundlagenausdauer. Diese befähigt Sie dann, später auch längere Distanzen zu bewältigen.

10.1.5 Die erste Ausrüstung

Triathlonanfänger sollten sich keine großen Gedanken über ihre Ausrüstung machen. Zum Schwimmen benötigen Sie eigentlich nur einen Badeanzug bzw. eine Badehose sowie eine Schwimmbrille. Beim Neukauf eines Badeanzugs ist zu überlegen, ob dieser nicht mit einem speziellen Sitzpolster im Schritt ausgestattet werden soll. Das Radfahren wird hierdurch deutlich bequemer und der Wechsel vom Badeanzug zur Radhose kann bei warmer Witterung unterbleiben.

Auch der abschließende Lauf kann mit einem solchen Badeanzug bequem durchgestanden werden. Achten sollte man auch darauf, dass die Badehose keine ausgeprägte Mittelnaht besitzt. Diese kann das Radfahren zur Tortur machen. In jedem Triathlongeschäft bzw. gut sortierten Sportgeschäft gibt es Badeanzüge mit Vlieseinsatz. Die Schwimmbrille muss dem jeweiligen Gesichtstyp angepasst sein. Innerhalb der Preisklasse € 10-25,- gibt es keine guten und schlechten Brillen, sondern nur passende und nichtpassende Modelle.

Um beim Kauf einer Brille feststellen zu können, ob eine Brille passt oder nicht, nehmen Sie folgenden kleinen Test vor: Stellen Sie die richtige Nasenstegweite ein und drücken Sie die Gläser fest über die Augen. Sie haben eine passende Brille gefunden, wenn auf Grund des Unterdrucks innerhalb der Gläser die Brille für einen kurzen Augenblick hält. Probieren Sie jedoch mehrere unterschiedliche Modelle und Fabrikate aus. Wegen der häufig zu erwartenden Sonneneinstrahlung ist für die Freiluftsaison eine getönte Brille zu empfehlen.

Ein oder zwei Badekappen schützen bei kühlen Wassertemperaturen vor zu großen Wärmeverlusten. Wer beim Kraulen Probleme mit seinem Gleichgewichtssinn bekommt, sollte Ohrstöpsel tragen. Ein Neoprenanzug ist für Einsteiger nicht empfehlenswert. Erst bei längeren Distanzen ist dieser häufig erforderlich.

TRIATHLONTRAINING

Einsteiger benötigen zur Bewältigung der Jedermanndistanz nicht unbedingt ein Rennrad. Ein gut geöltes, stramm aufgepumptes Tourenrad mit Helm erfüllt auch seinen Zweck. Beim Triathlon besteht übriges für alle Starter Helmpflicht.

Für die letzte Disziplin werden schließlich Laufhose und -hemd und ein Paar gute Laufschuhe benötigt. Gerade die Laufschuhe sind enorm wichtig. Mehr darüber in Kap. 12.

Nachdem Sie sich nun gut vorbereitet und Ihre Triathlonausrüstung im Training vielfach getestet haben, können Sie ganz beruhigt an den Start gehen. Jeder Triathlet kann Ihnen Ihre Aufregung nachfühlen, wenn Sie zum ersten Mal an der Startlinie stehen. Mir erging es genauso. Selbst nach 250 Wettbewerben rund um den Erdball ist immer noch eine kleine Anspannung vorhanden. Das ist auch gut so.

Bleiben Sie locker und versuchen Sie, Ihre Premiere bewusst zu erleben und bewusst zu genießen.

Informieren Sie sich vor Beginn des Triathlons über die Streckenführung, insbesondere beim Radfahren. Gehen Sie die Wechselzonen, Schwimm-Rad und Rad-Lauf, ab, damit Sie wissen, wie Sie vom Wasser zu Ihrem Rad kommen, wo Ihre Kleider liegen und wo Sie wieder hinausfahren oder -laufen müssen.

Wichtig ist die offizielle Besprechung vor dem Start. Dort erfahren Sie alle Details zum Wettbewerb und können auch selbst Fragen stellen.

Und nun: **VIEL SPAß und ERFOLG!**

Merke: Einen Triathlet erkennt man nicht an seiner Ausrüstung, sondern an seiner Einstellung.

Jemand, der 500 m schwimmt, 20 km radelt und 5 km läuft, ist ein MENSCH MIT KERN!

Wie der über 40 Jahre alte Pastor Martin Frederking seinen ersten Triathlon erlebte, schildert er Ihnen in den folgenden Zeilen.

10.1.6 Mein erster Triathlon

In der Schule war ich sportlich die Niete, im Sportabitur erreichte ich mit viel Mühe ein „Mangelhaft" und mit 32 Jahren ermutigte mich meine Hausärztin, wegen andauernder Infektionskrankheiten mit dem Laufen anzufangen. So begann ich 1991, im Lauftreff mitzulaufen. Rasch klappte das Laufen immer besser und 1995 bestritt ich in Hamburg meinen ersten Marathon in 3:04 h. Die Zeit, die ich für 10 km brauchte, purzelte bis auf 35:59 min und im Herbst 2002 lief ich meinen bis dato schnellsten Marathon in 2:52 h.

In den nächsten beiden Jahren musste ich wegen einer Entzündung im Knie lange Zeit aussetzen. Als sich dann 2004 meine Frau dazu entschied, es mit dem Triathlon zu probieren, da wusste ich: Nun würde ich sie noch seltener sehen als sonst. Das Training, die Wettkämpfe, all das würde viel Zeit in Anspruch nehmen.

Die wahnwitzige Idee entstand: Ich, Martin Frederking, der immer Angst hatte vor dem Wasser, würde einen Triathlon versuchen.

Die Wahl fiel auf Menden, einen Crosstriathlon im Juli: 500 m Schwimmen im Freibad, 16 km Crossfahrt mit dem Mountainbike und 6 km Laufen.

Ich hatte Angst, Angst vor dem Schwimmen, Angst vor der Blamage. Denn ich wusste: Ich kann kaum schwimmen. Sicher, ich gehe nicht gleich unter, aber ich komme mit meinem schlechten Bruststil kaum vorwärts.

Meine schlimmsten Befürchtungen sollten sich erfüllen: Ich schwamm die 500 m in 15:45 min und war damit Vorletzter von 104 Teilnehmern. Trotz meiner katastrophalen Zeit war ich jedoch so entkräftet, dass es mir nicht gelang, mit eigener Kraft aus dem Becken zu kommen. Zwei starke Männerarme zogen mich schließlich empor und ich lief voller Frust als letzter Teilnehmer zu meinem Mountainbike. Radschuhe an, Brille auf, Helm über – Mist, der Helm drückte wahnsinnig – da war doch was falsch: Richtig, ich hatte meine Schwimmbrille vergessen abzunehmen. Dann aber rauf aufs Rad und ab ins Gelände. Die Strecke war steil und schlammig, aber ich war derart frustriert, dass ich alles hinter mir ließ, was vor mir auftauchte. Bergauf gab ich alles, und bergab noch mehr – hohe Geschwindigkeiten war ich vom Motorradfahren gewohnt. Meine Frau, die schon sechs Minuten früher aus dem Wasser gestiegen war, überholte ich bei km 10. Am Berg sprang noch die Kette ab – egal, den Teilnehmer, der mich bei der Montage wieder überholte, „kassierte" ich kurz vor dem Ziel. Runter vom Rad, rein in die Laufschuhe, ab auf die Strecke, aber die Beine waren schwer wie Blei. Gleich am Anfang ein Berg, aber was war das: Die anderen vor mir gingen und ich lief! Das Laufen klappte also noch, und voller Motivation überholte ich wie beim Radfahren einen Teilnehmer nach dem anderen. Im Ziel war ich dann sogar der 37. Teilnehmer im Gesamteinlauf und ich erreichte den vierten Platz meiner Altersklasse. Mein Entschluss stand fest: Jetzt würde ich Schwimmen, vor allem Kraulen lernen.

Wie besessen trainierte ich jeden Morgen im Freibad. Meine Frau beobachtete mich kopfschüttelnd und meinte: Ein guter Schwimmer wirst du nie, du machst alles falsch, was man falsch machen kann. Das machte mir Mut: Jetzt erst recht. Und so kam es, dass ich im Herbst in Coesfeld meinen ersten „normalen" Triathlon versuchte.

Alle langsamen Schwimmer waren im ersten „Lauf" zusammengefasst. 12 Minuten gedachte ich, für die 400 m im Schwimmbad zu benötigen. Aber dann waren es tatsächlich nur 10:24 min und ich stieg im Mittelfeld des ersten Laufs aus dem Wasser. Diesmal nahm ich die Schwimmbrille vor dem Radfahren ab und bereits nach 10 von 16 km war ich der führende Radfahrer. Das Laufen war schließlich langweilig: Niemand war mehr vor mir und die meisten fuhren derweil noch Rad. Und demnächst, wenn ich erst einmal besser schwimmen kann, dann wird meine Frau in der Gesamtzeit nicht mehr eine Minute schneller sein als ich – wetten?

„Ohne die ermutigenden Schwimmanekdoten in Hermanns Büchern hätte ich das Erlernen des Kraulens wohl schon längst aufgegeben!"

Wer als engagierter Triathlet mehr und intensiver trainieren möchte, um auf der Jedermanndistanz seine Zeiten zu verbessern, der kann sich nun mit dem Training für die zweite Stufe – dem Kurztriathlon – auseinander setzen.

10.2 Stufe zwei – Kurztriathlon (olympische Distanz) 1,5/40/10 km

Die zweite Triathlonebene bietet allen Triathleten die Chance, ihr Ausdauervermögen über einen Zeitraum von etwa 2-3 Stunden im Wettkampf unter Beweis zu stellen. Hierzu bedarf es schon eines systematischen Trainings, um seine sportlichen Möglichkeiten auszuschöpfen. Diese Kurzdistanz ist für folgende Sportler eine reizvolle Angelegenheit:
- Den „Einsteiger", der nach einem Jahr Training und der Absolvierung einer oder mehrerer Jedermanndistanzen seine Ziele etwas höher stecken möchte.
- Den „Quereinsteiger", der bereits in anderen Ausdauersportarten Erfahrungen gesammelt hat und nun die Faszination der drei Ausdauersportarten erleben möchte.
- Den „Wettkampfsportler", der von Natur aus im triathletischen Sinne ein Sprintertyp ist und sich auf der Kurzdistanz zu Hause fühlt.
- Den „Leistungssportler", der auf Grund seiner hohen Grundschnelligkeit und seines Trainingsumfangs seine Erfolge auf der Kurzstrecke sucht und findet.
- Den ambitionierten Langstreckler, der die Kurzdistanz benutzt, um seine Grundschnelligkeit zu testen.

Die Anzahl der Wettbewerbe, die ein Triathlet pro Saison bestreiten kann, verteilt sich auf der Kurzstrecke folgendermaßen:
- Anfänger 3-5
- Wettkampfsportler 5-8
- Leistungssportler 10

Ein Hinweis für die nachfolgenden Trainingspläne.
Für die unterschiedlichen Trainingsintensitäten habe ich folgende Bezeichnungen gewählt:
(Die Prozentangaben beziehen sich auf die **maximale Herzfrequenz.**)

- 100 % = Wettkampftempo
- 95 % = sehr hartes Training
- 90 % = hartes Training
- 85 % = sehr flottes, zügiges Training
- 80 % = flottes Training
- 75 % = lockeres Training
- 70 % = ruhiges Training
- 65 % = sehr ruhiges Training, Regenerationstraining

Tab. 14: *Prozentwerte vom Maximalpuls (100 %)*

100 % Max. Puls	95 %	90%	85 %	80 %	75 %	70 %	65 %	60 %
190	181	171	162	152	143	133	124	114
188	179	169	160	150	141	132	122	113
186	177	167	158	149	140	130	121	112
184	175	166	156	147	138	129	119	110
182	173	164	155	146	136	127	118	109
180	171	162	153	144	135	126	117	108
178	169	160	151	142	134	125	116	107
176	167	158	150	141	132	123	115	106
174	165	157	148	139	130	122	113	104
172	163	155	146	138	129	120	112	103
170	162	153	144	136	127	119	110	102
168	160	151	142	134	126	118	109	101
166	158	149	141	133	124	116	108	100
164	156	148	140	131	123	115	107	98
162	154	146	138	130	122	113	105	97
160	152	144	136	128	120	112	104	96
158	150	142	134	126	118	111	103	95
156	148	140	132	125	117	109	102	94
154	146	139	131	123	116	108	100	92
152	144	137	130	122	114	106	98	91
150	143	135	128	120	112	105	97	90
148	141	133	126	118	111	104	96	89
146	139	131	124	117	110	102	95	88
144	137	129	122	115	108	101	94	86
142	135	127	120	113	107	99	92	85
140	133	126	119	112	105	98	91	84
138	131	124	117	110	104	97	90	83

Häufig werden in der Literatur folgende Abstufungen gewählt:

GA 1:	Grundlagenausdauer 1:	65-75 % max. HF
GA 1-2:	Grundlagenausdauer 1-2:	75-85 % max. HF
GA 2:	Grundlagenausdauer 2:	85-95 % max. HF
WSA:	Wettkampfspezifische Ausdauer	> 95 % max. HF

10.2.1 Kurztriathlontraining für Einsteiger

Wer also eine oder auch mehrere Jedermanndistanzen erfolgreich bestritten und dabei die große Faszination des Nonstopdreikampfs am eigenen Leib erlebt hat, der steckt in der Regel seine Ziele nun etwas höher. Richtig so!

Die Triathlonsaison endet bei uns in Deutschland und in Mitteleuropa im September. Einerseits sind die, die Blut geleckt haben, so stark motiviert, dass ihnen die Zeit bis zum Mai des nächsten Jahres viel zu lang ist, nämlich sieben lange Monate, andererseits wissen wir, dass es noch andere Dinge im Leben gibt, die noch wichtiger sind als gute Ergebnisse beim Triathlon.

Gehen wir davon aus, dass Sie, bedingt durch den Spaß an der Bewegung, an der eigenen Leistung, die Sie früher nie für möglich gehalten haben, das Gefühl, fit zu sein, den Körper nun besser als je zuvor zu kennen und durch den Erfolg sehr stark motiviert sind und sich daher noch intensiver mit dem Triathlon auseinander setzen möchten. Wer Spaß an etwas längeren Läufen oder bereits an längeren Radausfahrten hat, der sollte die Möglichkeit nutzen, im September oder der ersten Oktoberhälfte einen 10- oder 15-km-Straßenlauf oder eine lange Radtouristik zu unternehmen. Er wird überrascht sein, wie gut das bereits zum Ende der Saison klappt.

Aber, ruhig Blut, auch das beste Ackerpferd benötigt seine Winterpause. Dies gilt besonders für Triathleten, die zumeist neben dem Beruf, eine Familie, und ein recht strapaziöses Hobby, nämlich den kraftraubenden Triathlon, haben.

Also, in den Monaten Oktober, November, Dezember, eventuell auch im Januar ist aktive Ruhe angesagt. Das heißt, drei lockere Trainingstage in der Woche reichen für zwei Monate aus, danach ist eine vierte Einheit empfehlenswert.

Solange das Wetter noch gut ist, sollte eine ruhige, 60-90 Minuten dauernde Radausfahrt beibehalten werden. Auf jeden Fall mindestens zwei Laufeinheiten pro Woche durchführen. Zur Trainingsauflockerung empfiehlt sich gelegentlich ein Volkslauf, aber bitte nicht mit vollem Einsatz; 90 % reichen völlig aus. Wer den Winter nutzen will, um seinen Schwimmstil zu verbessern oder gar zu ändern, der sollte dies nach Möglichkeit unter Anleitung tun. Erfahrene Triathleten sind in der Regel dabei gern behilflich. Optimal wäre dies natürlich unter Anleitung eines erfahrenen Schwimmtrainers. Eine andere Variante, um vom Brustschwimmen wegzukommen, ist der Sommerurlaub in der Nähe eines Badesees.

So könnte eine Woche im Zeitraum Oktober bis Januar aussehen:

- Di.:   Schwimmen, 30-40 Minuten
- Mi.:   Laufen, 10 km lockeres Fahrtspiel
- Sa.:   Rad fahren, 60-90 Minuten (wenn möglich)
- So.:   Laufen, 12 km, locker.

Alternativ: Für engagierte Triathleten

- Di.:   Schwimmen, 30-50 Minuten
- Mi.:   Laufen, 10 km
- Fr.:   Schwimmen, 40 Minuten
- Sa.:   Laufen, 12 km
- So.:   Laufen, 8 km Fahrtspiel.

Wer im Winter Möglichkeiten zum Skilanglauf hat, sollte diese Chance wahrnehmen. Hierbei werden Oberarm- und Beinmuskulatur hervorragend trainiert. Wenn die Witterungsbedingungen kein Radfahren mehr zulassen, ist es ratsam, eine Laufeinheit mehr einzulegen. Auch nur mit Laufen und Schwimmen verbessert man weiter seine Kondition.

Gibt es dann im März oder April wetter- und zeitmäßig ein günstiges Wochenende, so ist eine Intensivphase Rad zu empfehlen, z. B. Fr. 20 km, Sa. 40-50 km, So. 30-40 km.

Die letzten 12 Wochen bis zum ersten Kurztriathlon

Erster Kurztriathlonwettbewerb Ende Mai.

Woche 1, 2, 5, 8, 11

- Di.:   Schwimmen, 1,5 km Intervalle ein, aus, 2 x 5 x 50 m
- Mi.:   Laufen, 10 km Fahrtspiel, 25 km Rad fahren, locker
- Fr.:   Schwimmen, 1 km Dauermethode, ein, aus, 2 x 300 m
- Sa.:   Rad fahren, 40 km, locker kurbeln, 100 U/min
- So.:   Laufen, 10 km, locker

Summe: 2,5 km S/40 km R/20 km L

FÜNF-STUFEN-MODELL

Woche 3, 4, 9, 10

- Di.: Schwimmen, 1,5 km Intervalle 50/100/150/200/150/100/50 m
- Mi.: Laufen, 10 km, locker
- Do.: Rad fahren, 30 km, 90 % hart
- Sa.: Schwimmen, 1 km
- So.: Laufen, 12 km, mit flotten Abschnitten, Rad fahren, 35 km, locker

Summe: 2,5 S/65 km R/22 km L

Woche 6, 7

- Di.: Schwimmen, 1 km Intervalle ein, aus, 6 x 100 m
- Mi.: Laufen, 12 km, locker
- Do.: Rad fahren, 40 km mit flotten Abschnitten
- Sa.: Schwimmen, 1,5 km Dauermethode, 2 x 500 m
- So.: Rad fahren, 30 km locker + Laufen, 5 km flott

Summe: 2,5 km S/70 km R/17 km L

Wettbewerbswoche 12

- Di.: Radfahren, 40 km, flott 80 %
- Mi.: Laufen, 10 km, locker 75 %
- Do.: Schwimmen, 1 km Intervalle
- Fr.: Radfahren, 20 km, sehr ruhig 65 %
- Sa. –
- **So.: 1,5/40/10 km Kurztriathlon**

Die folgenden zwei Wochen dienen der Regeneration. Jeweils nur 1 x locker schwimmen, Rad fahren und laufen. Wer nicht so gerne läuft, darf auch auf das Laufen mal verzichten.

Gehen Sie ganz unvorbelastet an diesen, Ihren ersten und auch an alle weiteren Kurztriathlonwettbewerbe heran. Sie haben nichts zu verlieren, nur zu gewinnen.

Noch ein Tipp:
Lassen Sie andere schwimmen, radeln und laufen, wie sie wollen, machen Sie Ihren eigenen Wettbewerb. Genießen Sie die Vielfalt des Triathlons.

Gratulation!

Die zweite Stufe auf dem Weg zum Gipfel haben Sie erfolgreich erklommen. Trotz der noch größeren Motivation behalten Sie einen kühlen Kopf. Nun heißt es, sich zu regenerieren. Ein oder zwei Wochen haben Sie eine aktive Pause verdient. Holen Sie andere, bislang liegen gebliebene Dinge nach. Danach kann ein Neuaufbau für den zweiten Kurztriathlon beginnen.

Der Neuaufbau kann wie folgt aussehen: Training der Wochen 3, 4, eventuell 5 und erneuter Kurztriathlon.

Triathleten, die bereits Erfahrungen aus anderen Wettbewerben besitzen und sich weiter verbessern möchten, haben es natürlich nicht ganz so einfach wie die Einsteiger.

Diesen Triathleten ist zu raten, sich bereits frühzeitig Gedanken über die bevorstehende Wettkampfsaison zu machen, wenn sie ihre sportlichen Möglichkeiten ausschöpfen wollen.

Wer im Triathlon erfolgreich sein will, muss, neben der rein sportlichen Belastung, alle anderen individuellen Einflüsse mit in die Planungen einbeziehen. Dies sind zumeist berufliche, private und familiäre Belastungen. Hinzu kommt die so wichtige Regeneration. Es sei denn, er ist Triathlonprofi und hat sich während der Haupttrainingsphase eben nur um sein Training zu kümmern. Diese Athleten können und müssen natürlich ganz andere Umfänge trainieren und stellen daher keinen Maßstab dar für die 99,9 % der Triathleten, die nur in ihrer Freizeit ihrem Hobby nachgehen können.

Engagierte Triathleten, die ich als Wettkampfsportler beschreiben möchte, sollten sich bei allen grundsätzlichen Fragen zur Trainingsplanung und Trainingsausführung an ihr individuelles Umfeld (siehe Kap. 9) erinnern und dieses unbedingt mit in ihre weiteren Überlegungen einbeziehen.

10.2.2 Training für Wettkampfsportler

Nachdem bereits Erfahrungen auf der kurzen Strecke vorliegen, geht es nun vornehmlich um die Verbesserung der Einzeldisziplinen.

Trainingsanleitungen zu allen Bereichen des Trainings sind ja bereits in Kap. 9 erörtert worden. Hier geht es jetzt um Vorschläge, wie man mit einen Trainingsaufwand von etwa einer Stunde pro Tag (im Jahresmittel) bei Kurztriathlonwettbewerben gut über die Runden kommt.

Anzahl der Triathlonwettbewerbe pro Saison: 6-8.

FÜNF-STUFEN-MODELL

Folgender Jahresaufbau ist zu empfehlen:

Monate Oktober, November, eventuell auch Dezember
Der Übergangszeitraum. Alle Trainingsmaßnahmen werden locker und spielerisch durchgeführt. Viel nach Gefühl, wenig mit der Stoppuhr. Langsame und unterhaltsame Läufe, erholsames Schwimmen und Stretching stehen auf dem Programm. Wer seinen Schwimmstil von Brust- auf Kraulschwimmen umstellen möchte, was unbedingt zu empfehlen ist, sollte diese Chance jetzt nutzen.

Dezember
Mit Beginn des ersten Teils des Vorbereitungszeitraums steigt der Trainingsumfang bei mittlerer Belastung, Pulswerte bei 130-140. Gelegenheiten zum Skilanglauf sollten genutzt werden. Eine hervorragende Möglichkeit, um die Arm- und Rumpfmuskulatur zu trainieren.

Januar
Die Entwicklung der Grundlagenausdauer aus dem Vormonat setzt sich fort bei gleicher Intensität. Stretching und Krafttraining unterstützt die vielseitige Durchbildung des Körpers. Der Januar könnte der „Schwimmmonat" sein.

Während des Schwimmmonats gilt es, die Schwimmzeit zu verbessern. Einige Möglichkeiten dazu: Umfang etwa 3 x 2.000 m = 6.000 m pro Woche. Trainingsvorschläge, siehe Kap. 9.4. Den Abschluss des Schwimmmonats könnte ein 1.500 m Dauerschwimmen als Test bilden.

Februar
Der Trainingsumfang nimmt weiter zu. Vereinzelte Cross- oder Volksläufe lockern das Training auf. Wer sein Rad noch nicht bewegt hat, sollte mit dem Heimtrainer oder auf der Rolle den Radmonat März vorbereiten. Radausfahrten am Wochenende unterstützen dieses Vorhaben. Wichtig der lange, ruhige Lauf pro Woche von anfangs 20 km, bis später dann auch 25 km mit einem Puls um 130.

Wer seine Laufzeiten verbessern möchte, sollte 1 x pro Woche bei guter Witterung ein Intervalltraining, siehe Kap. 9.6, einstreuen. Am Ende des Monats oder Anfang März bei besserer Witterung könnte ein 10-km-Testlauf im Rahmen eines Straßenlaufs stehen.

März
Sollte der März der „Radmonat" sein, so wird das Laufen nur in verminderter Form weitertrainiert. Das Rad genießt Vorrang. Es kann eventuell für den Weg von und zur Arbeit genutzt werden. Über die Osterfeiertage bietet sich regelrecht ein Rad-

schwerpunkt an. Sooft wie möglich aufs Rad und locker kurbeln. Mit 100-110 Umdrehungen, die nicht sehr leicht zu erreichen sind, wird der runde Tritt geschult.

Der Trainingsumfang ist im März und April am größten. Spätestens jetzt, während des Radmonats, schmilzt der Winterspeck. Tempoeinheiten auf dem Rad folgen erst später. Jetzt wird nur mit dem kleinen Kettenblatt trainiert.

April
An den Wochenenden sollte der Wechsel Rad-Laufen trainiert werden. Möglichkeiten dafür sind:

- 40 km ruhiges Rad fahren + 5 km flottes Laufen
- 20 km flott Rad + 10 km ruhiges Laufen
- 20 km flott Rad + 5 km flottes Laufen.

Ab der zweiten Aprilhälfte ist 1 x pro Woche eine Tempoeinheit auf dem Rad zu empfehlen, um sich langsam an die Triathlonradgeschwindigkeit zu gewöhnen.
Auch hier gilt: 15 min locker einfahren bei 100-110 Umdrehungen, Intervalle, 15 min locker ausfahren. Trainingsvorschläge siehe Kap. 9.5.
Der lange, ruhige 20-25-km-Lauf kann durch eine ruhige 70-80 km Radausfahrt ersetzt werden.

Mai
Letzte Testphase vor den ersten Wettkämpfen. Der Trainingsumfang verringert sich, die Intensität steigt dafür an. Aber Achtung: Jeweils nur eine harte Einheit auf dem Rad und beim Laufen in einer Woche absolvieren. Das Intervalltraining beim Schwimmen 1 x pro Woche zu Gunsten einer Ausdauereinheit reduzieren. Wenn die Wassertemperaturen es erlauben, sollte das Schwimmtraining in einen See verlegt werden. Hier ist die Dauermethode günstig, also 1.500 m oder 2.000 m. Kleine Intervalle sind im See durch Zählen der Schwimmzüge sinnvoll. Diese könnten wie folgt aussehen: 50 Züge Tempo, 25 Züge locker, 50 Züge Tempo, 25 Züge locker usw.
Jetzt bietet sich die Chance, das Radtraining an das Schwimmtraining zu koppeln.

Juni-September: Wettkampfzeitraum
Das Training in diesen interessantesten Monaten, auf die wir ja schließlich lange genug warten mussten, richtet sich in erster Linie nach der Häufigkeit und der zeitlichen Folge der Kurztriathlonwettbewerbe. Zwischen zwei Veranstaltungen, die im Abstand von zwei Wochen aufeinander folgen und mit vollem Einsatz bestritten werden, darf nur ein leichtes Regenerationstraining erfolgen. Die Anzahl der Trainingseinheiten ist zu reduzieren.

Bei einem drei- oder vierwöchigen Abstand bleiben dagegen einige Tage für das normale Trainingsprogramm übrig, bevor in den letzten drei Tagen gar nicht oder nur in sehr niedriger Intensität trainiert wird.

Ein Urlaub während dieser Zeit sorgt durch die neue Umgebung für neuen Trainingsschwung. Dabei bekommen einem die möglicherweise zwangsläufig trainingsfreien Tage besser, als man es vermutet hat. Selbstverständlich soll man sich nicht ständig der prallen Sonne aussetzen und das Training in die Morgen- oder Abendstunden verlegen.

Wie bereits erwähnt, lassen sich die folgenden Trainingsvorschläge nicht von jedem Triathleten einfach so umsetzen. Diese Pläne stellen **eine** konkrete Möglichkeit zur erfolgreichen Bewältigung von Kurztriathlons dar. Jeder Athlet sollte nun unter Berücksichtigung seines Umfeldes die Trainingsumfänge und -intensitäten auf seine persönlichen Gegebenheiten hin überprüfen und abändern. An den wöchentlichen Umfängen sollte man allerdings in etwa festhalten.

Nach dem ersten Wettbewerb heißt es dann, 10-14 Tage nur regenerativ, also 1-2 x pro Woche schwimmen, Rad fahren und laufen, sehr locker. Danach kann wieder das normale Training aufgenommen werden, bis in der Woche vor dem erneuten Triathlon.

TRIATHLONTRAINING

So in etwa kann – wohlgemerkt **kann** und nicht muss – eine Verteilung der monatlichen Umfänge in km aussehen:

Tab. 15: *Verteilung der monatlichen Trainingsumfänge*

Monat	Schwimmen in km	Rad fahren in km	Laufen in km
Januar	32	70	140
Februar	18	100	200
März	18	660	160
April	24	400	120
Mai	20	600	120
Juni	28	500	140
Juli	18	500	160
August	14	600	120
September	8	420	100
Oktober	8	260	80
November	20	100	100
Dezember	24	80	120
Summe	226	4.290	1.560

FÜNF-STUFEN-MODELL

Tab. 16: *Trainingsvorschläge Kurztriathlon*

Die letzten vier Wochen vor einem Kurztriathlon
Datum: vom   bis 3. Woche Mai   Woche:

Tag	Gew. kg (mo)	S Dist. m	S Zeit	R Dist. km	R Zeit	L Dist. km	L Zeit	Sonstige sportliche Betätig.	Kommentar	Puls Ruhe Bel.	Gew. kg (ab)
Mo.								Gymn./ Stretching			
Di.				40	Flott	10	Locker		Wechseltr. R + L		
Mi.		2.000	Dauer schw.								
Do.						12	Fahrt-spiel				
Fr.		1.500	Intervall								
Sa.				50	Locker						
So.		1.500		40		10			Testwettbewerb 90 % hart		
Summe		5.000		130		32					

Datum: vom   bis 4. Woche Mai   Woche:

Tag	Gew. kg (mo)	S Dist. m	S Zeit	R Dist. km	R Zeit	L Dist. km	L Zeit	Sonstige sportliche Betätig.	Kommentar	Puls Ruhe Bel.	Gew. kg (ab)
Mo.								Stretching			
Di.				50	Flott						
Mi.		1.500	Interv.			10	Locker				
Do.											
Fr.				30	Hart	8	Ruhig				
Sa.		2.000	Ausd.								
So.				40	Locker	10	Sehr flott		Wechseltr. R + L		
Summe		3.500		120		28					

TRIATHLONTRAINING

Datum: vom ___ bis 1. Woche Juni   Woche:

Tag	Gew. kg (mo)	S Dist. m	S Zeit	R Dist. km	R Zeit	L Dist. km	L Zeit	Sonstige sportliche Betätig.	Kommentar	Puls Ruhe / Bel.	Gew. kg (ab)
Mo.								Stretching			
Di.				50	2 x 10 km Tempo				R: 100 U/min		
Mi.		2.000	Interv.			12	Locker				
Do.				40	Locker						
Fr.						8	Flott				
Sa.		2.500	Ausd.	30	Flott						
So.						10	Tempolauf				
Summe		4.500		120		30					

Datum: vom ___ bis 2. Woche Juni   Woche:

Tag	Gew. kg (mo)	S Dist. m	S Zeit	R Dist. km	R Zeit	L Dist. km	L Zeit	Sonstige sportliche Betätig.	Kommentar	Puls Ruhe / Bel.	Gew. kg (ab)
Mo.								Stretching			
Di.				40	20 km flott				R: 100 U/min		
Mi.		2.500	Interv.			12	Locker				
Do.				20	Ruhig						
Fr.		1.000	ruhig								
Sa.									„Rad-Check-in"		
So.		1.500		40		10			TRIATHLON		
Summe		5.000		100		22					

10.2.3 Training für Leistungssportler

Könner ihres Fachs, erfahrene Triathleten oder Siegertypen, beziehen ihr Können nicht nur aus ihrem überdurchschnittlichen Talent, nein, bei diesen Athleten muss das gesamte Umfeld sehr positiv ausgerichtet sein und sie müssen auch für ihre besonderen Leistungen hohe Umfänge trainieren.

Bei diesen Triathleten macht der Sport einen sehr gewichtigen Teil ihres Lebens aus. Für die Gesamtbelastung ist ein ausgewogenes Verhältnis von Belastung und Erholung sowie von Trainingsumfang und Trainingsintensität wichtig.

Gerade wegen der hohen Trainingsbelastung sind stets andere berufliche, familiäre Belastungen mit zu berücksichtigen. Diese Dinge sind nicht von außen durch gute Ratschläge und Empfehlungen an den Athleten zu lösen.

Nur der Athlet selbst kann und muss bei seiner konkreten Trainingsgestaltung sein Umfeld mit berücksichtigen. Von daher verstehen sich die nachfolgenden Empfehlungen als eine – von vielen – Möglichkeiten, Triathlontraining zu planen.

Grundsätzlich unterscheiden sich die Jahresplanungen nicht sehr von den bereits für „Wettkampfsportler" ausgegebenen Empfehlungen. Insgesamt wird jedoch schon im Vorbereitungszeitraum ein höherer Trainingsumfang und auch eine höhere Trainingsintensität praktiziert.

Das Grundsätzliche zur Verbesserung der Einzelleistungen ist aus dem Bereich „Wettkampfsportler" zu übernehmen, nur halt mit angepassten Intensitäten.

Dies ist möglich, weil Triathleten, die auf dieser Stufe trainieren, mit einem größeren Talent ausgestattet sind, demzufolge auch ein größeres Leistungsvermögen besitzen.

Selbstverständlich sind unter günstigen zeitlichen und sonstigen Bedingungen noch größere Umfänge möglich als die unten dargestellten Umfänge.

TRIATHLONTRAINING

Tab. 17: *Monatliche Trainingsumfänge für Leistungssportler (Kurzdistanz)*

Monat	Schwimmen in km	Rad fahren in km	Laufen in km
Januar	50	100	180
Februar	30	150	250
März	30	700	200
April	40	900	230
Mai	30	800	180
Juni	30	700	200
Juli	25	600	180
August	20	800	200
September	15	700	180
Oktober	15	400	100
November	30	150	120
Dezember	36	100	150
Summe	351	6.100	2.170

FÜNF-STUFEN-MODELL

Tab. 18: *Trainingspläne für Leistungssportler (Kurztriathlon)*

Die letzten vier Wochen vor dem ersten Saisonhöhepunkt
Datum: vom   bis 3. Woche Mai   Woche:

Tag	Gew. kg (mo)	S Dist. m	S Zeit	R Dist. km	R Zeit	L Dist. km	L Zeit	Sonstige sportliche Betätig.	Kommentar	Puls Ruhe Bel.	Gew. kg (ab)
Mo.								Stretching			
Di.				40	Flott	10	Locker		Wechseltr. R + L		
Mi.		3.000	Dauer-schw.					Fahrt-spiel			
Do.				50	Flott						
Fr.		2.000	Interval			15	Ruhig				
Sa.				70	Locker						
So.		1.500	Hart	40	Hart	10	Hart		Testwettbew. 90%		
Summe		6.500		200		47					

Datum: vom   bis 4. Woche Mai   Woche:

Tag	Gew. kg (mo)	S Dist. m	S Zeit	R Dist. km	R Zeit	L Dist. km	L Zeit	Sonstige sportliche Betätig.	Kommentar	Puls Ruhe Bel.	Gew. kg (ab)
Mo.								Stretching			
Di.				50	Flott						
Mi.		3.000	Interv.			15	Flott				
Do.		1.000	2 x 500 Tempo								
Fr.				40	Hart	8	Locker				
Sa.		3.000	Ausd.								
So.				60	Locker	10	Sehr flott		Wechseltr. R + L		
Summe		7.000		150		33					

TRIATHLONTRAINING

Datum: vom   bis 1. Woche Juni   Woche:

Tag	Gew. kg (mo)	S Dist. m	S Zeit	R Dist. km	R Zeit	L Dist. km	L Zeit	Sonstige sportliche Betätig.	Kommentar	Puls Ruhe Bel.	Gew. kg (ab)
Mo.								Stretching			
Di.				70	50 km hart						
Mi.		3.000	Interv.			12	Locker				
Do.				50	Locker						
Fr.		1.200	Interv.			10	Tempo-lauf				
Sa.		2.500	Dauer-schw.	30			Sehr flott				
So.						18	Fahrt-spiel				
Summe		6.700		150		40					

Datum: vom   bis 2. Woche Juni   Woche:

Tag	Gew. kg (mo)	S Dist. m	S Zeit	R Dist. km	R Zeit	L Dist. km	L Zeit	Sonstige sportliche Betätig.	Kommentar	Puls Ruhe Bel.	Gew. kg (ab)
Mo.								Stretching			
Di.				50	30 km sehr flott						
Mi.		1.500	Interv.			15	Locker				
Do.				25	Sehr locker						
Fr.		1.000	Locker								
Sa.									Radpflege		
So.		1.500		40		10			Wettbewerb		
Summe		4.000		115		25					

Die Anzahl der Wettbewerbe in einer Saison sollte auch ein Leistungssportler auf etwa 10 beschränken, es sollten möglichst jeweils mindestens zwei Wochen zwischen jedem Wettkampf liegen. Ist dies nicht der Fall, so ist sehr stark auf eine ausreichende Regeneration zu achten.

Der Leistungssportler auf der Kurzdistanz, der sich bereits seit Jahren erfolgreich auf der Kurzdistanz tummelt, hat zum Saisonschluss möglicherweise das Ziel, einen Mitteltriathlon zu absolvieren. Auf Grund seines umfangreichen Trainings ist er dazu in der Lage. Mit der Einstreuung von noch längeren, aber bitte ruhigeren, Einheiten dürfte das Erreichen des Ziels auf der Mitteldistanz kein großes Problem darstellen.

Weitere Informationen dazu auf der nächsten Stufe.

10.2.4 Ein Wettkampftag bei einem Kurztriathlon

Nachdem die Haupttrainingsphase eine Woche vor dem Wettkampftermin abgeschlossen ist und nur noch mit kleinen Ausnahmen locker trainiert wird, kann sich der Athlet mehr und mehr um die „Äußerlichkeiten" des Wettbewerbs kümmern. Um sein schlechtes Gewissen wegen des geringen Trainings zu beruhigen, sollte sich jeder für diese Tage einige Erledigungen vornehmen, die in letzter Zeit liegen geblieben sind, z. B. Besuche bei Freunden und Bekannten, Familienangelegenheiten oder berufliche Dinge.

Zu den äußerlichen Triathlonvorbereitungen zähle ich auch den glykogenerschöpfenden Lauf am Dienstag, wenn samstags der große Tag ist, oder mittwochs, wenn der Triathlon sonntags stattfindet. Nach diesem Lauf über etwa 4-5 km mit 95 % + 20 km hartem Radtraining beginnt die dreitägige, sehr kohlenhydratreiche Ernährung zur Überfüllung der Glykogenvorräte.

Nunmehr können die Laufutensilien zur Seite gelegt werden. Sollte noch ein kurzer Lockerungslauf folgen, so kann das bestimmt in einer anderen als der Wettbewerbskleidung geschehen. Anfang der Woche ist noch Zeit und Gelegenheit, das Rennrad einer gründlichen Reinigung und einer gleichzeitigen Inspektion zu unterziehen.

Kontrolle:
Rahmen auf Haarnadelrisse prüfen, Lenkervorbau, Sattelstütze, Kurbel, Pedale, Bremsen, Kettenwerfer, Spannung der Speichen, Felge auf Haarnadelrisse prüfen,

Funktionsfähigkeit der Bremszüge, Straffheit der Kette, Kettenwerfer, Kette und Zahnräder schmieren, Reifendruck lässt bis zu 10 % in 24 Stunden nach, Testfahrt, Reserveschläuche, gängige Imbusschlüssel, Helm, Sonnenbrille, eventuell Radhandschuhe usw.

Überprüfen Sie alle wichtigen Schrauben am Rad auf Festigkeit, damit es Ihnen nicht so geht wie mir in einem Wettbewerb auf der 180-km-Radstrecke.

Die Schwimmausrüstung sollte im Lauf der Woche ebenfalls auf Herz und Nieren geprüft werden. Ist die Schwimmbrille dicht? Sicherheitshalber eine zweite Brille mitnehmen. Möglicherweise liegt noch ein Schwimmtest mit dem Neoprenanzug an.

In der letzten Woche gilt es ebenso, Schliff anzulegen bei der geistigen, der mentalen Wettbewerbsvorbereitung. Nachdem ja bereits seit Festlegung des anstehenden Triathlons reichlich Gelegenheit bestand, den „Wettkampfbogen" leicht vorzuspannen, ist nun die Zeit gekommen, ihn noch einmal leicht nachzuspannen, ohne ihn jedoch zu überspannen.

Das gute Ausdauertraining der letzten Monate hat gleichzeitig die Selbstsicherheit kontinuierlich wachsen lassen, das angestrebte Ziel zu erreichen. Dies sollte beim ersten Saisonwettkampf lauten: Finishen, einen guten Wettbewerb erleben, mit Spaß den Triathlon genießen. Später in der Saison lassen sich die Ziele höher schrauben.

Bei allen Vorgaben ist wiederum zu beachten, dass man sich selbst sportlich einigermaßen einschätzen kann, ansonsten kann der Triathlon zu einem Fiasko werden. In den letzten Tagen vor dem Triathlon positiv denken. Nur nicht an alle Verrücktheiten denken, die innerhalb eines Wettkampfs vorkommen können.

So selbstbewusst werden nun spätestens einen Tag vor dem Wettbewerb die Schwimm-, Rad- und Laufsachen gepackt. Für unvorhersehbare Wetteränderungen ebenfalls vorsorgen, vor allem dann, wenn man bereits einige Tage vorher anreist und noch einen längst fälligen Besuch auf dem Weg zum Triathlon tätigt.

10.2.5 Checkliste für den bevorstehenden Wettkampf

Vor dem Wettbewerb
- Startunterlagen.
- Leicht verdauliche Mahlzeiten, Getränke.

Zum Schwimmen
- Badehose, -anzug, -kappe.
- Eventuell Neoprenanzug und Vaseline.
- Schwimmbrille, Ohrenpfropfen, eventuell Handtuch.

Zum Radfahren
- Rennrad, ausgestattet mit Luftpumpe, zwei Ersatzschläuchen plus 4, 5, 6 mm Imbusschlüsseln, volle Radflaschen.
- Energieriegel, kleines Täschchen hierfür wird am Rahmen befestigt.
- Helm, Brille, Radschuhe, eventuell Radhose, -top oder Radtrikot.
- Gummiband mit befestigter Startnummer, eventuell Radhandschuhe.

Zum Laufen
- Eingelaufene Schuhe mit Schnellverschluss.
- Eventuell Lauftrikot mit Startnummer vorn, ansonsten wird die Nummer am Gummiband von hinten nach vorn gedreht.
- Leichte Laufhose und Laufmütze.

Nach dem Wettbewerb
- Trockene Kleidung, bequeme Schuhe, Massageöl oder Brottrunk, um die Beine damit abzureiben, Duschzeug, Handtuch.
- Getränke und Speisen, die den Wasser- und Mineralstoffverlust sowie den Energieverlust ausgleichen.

Nachdem alle Utensilien gepackt sind, können wir mit innerer Gelassenheit, Selbstsicherheit, Vorfreude und der richtigen inneren Spannung dem Ereignis in Ruhe entgegensehen. Dazu gehört auch ein gesunder sportlicher Ehrgeiz, um die persönlichen Möglichkeiten auszuschöpfen.

Der Renntag, der Tag, an dem „mein" eigenes Rennen stattfindet, beginnt spätestens drei Stunden vor dem Start. Morgentoilette und Frühstück in aller Ruhe einnehmen. Dabei auf leicht verdauliche Kohlenhydrate achten. Vorsicht bei Milchprodukten. Nicht jeder kann Milchprodukte vertragen, wenn einige Stunden später im Salzwasser geschwommen wird.

Die Anmeldung für den Triathlon erfolgt in der Regel bereits sehr frühzeitig. Trotzdem ist es ratsam, mindestens zwei Stunden vor dem Startschuss am Ort des Geschehens einzutreffen, um die doch ziemlich umfangreichen Startvorbereitungen in Ruhe und Besonnenheit tätigen zu können.

Einige Mühen lassen sich ersparen, wenn die Ausschreibung nicht nur 1 x, sondern 2 x intensiv durchgelesen wird. Bereits hiermit klären sich Fragen zu den äußeren Gegebenheiten wie Streckenprofil, Verpflegungsstellen, schwierige Abschnitte usw.

10.2.6 Unmittelbare Vorbereitung und der Wettkampf

Die richtige Reihenfolge bei den Vorbereitungen:
- Abholen der Startunterlagen. Kontrolle der Startnummern, fürs Rennrad, für das Radfahren und für das Laufen.
- Radzusammenbau mit Luftkontrolle und kurzer Probefahrt. Dabei geeigneten Gang für die ersten 200 m auflegen. Gefüllte Radflasche und eventuell Kraftriegel am Rad anbringen.
- Radsachen in die dafür vorgesehene Tüte einlegen. Radschuhe, Socken, Helm, Sonnenbrille, Handtuch, Trikot, Top, Kurz-/Langtrikot, je nach Witterung, Hose. Bei warmer Witterung reicht eine Badehose mit Vlieseinsatz und Top. Gummiband mit Startnummer vorn und hinten vorbereiten. Eventuell Startnummer in eine Klarsichtfolie einlegen und diese mit drei Sicherheitsnadeln am Gummiband befestigen.
- Lauftüte packen, Schuhe mit Schnellverschluss, eventuell Laufhose, Laufhemd, Laufmütze.
- Unbedingt an Wettkampfbesprechung teilnehmen, hier wird der gesamte Wettbewerbsablauf besprochen und letzte Fragen können geklärt werden.
- So, jetzt schreiten wir zur Tat! Mit Badeanzug, -hose, eventuell Neoprenanzug, Schwimmbrille und vom Veranstalter gestellter Badekappe geht es in Richtung Startplatz, um die Oberarmbeschriftung vornehmen zu lassen.
- 15 Minuten wie gewohnt in wärmender Kleidung aufwärmen. Lockeres Traben, leichte Dehn- und Lockerungsübungen.
- Anlegen der Schwimmbekleidung, Neoprenanzug, Badekappe mit Startnummer.
- Nach Schwimmleistung in den Startpulk einordnen.

START !

- Auf den ersten 300 m nicht in Panik geraten. Möglichst schnell seinen eigenen Rhythmus finden.
- Wer das Glück hat, den richtigen Vordermann zu haben, sollte dicht hinter ihm bleiben, ohne ihn an den Füßen zu berühren. Es schwimmt sich im Sog des Vordermannes etwas leichter, zudem erspart es einem ein ständiges Anheben des Kopfs zur genauen Orientierung.
- Aber, Vorsicht. Vertrauen ist gut, Kontrolle ist besser. Mancher Vordermann hat Probleme, seine Richtung zu finden!
- Auf den letzten 20 m einige Brustzüge einstreuen.
- In der Wechselzone auf das achten, was in der Wettkampfbesprechung bekannt gegeben wurde. Eventuell ist die Badekappe abzugeben, das Umziehen nur in vorgesehenen Zelten erlaubt, Salzwasser abspülen, Füße vom Sand befreien, bei kalter Witterung abtrocknen und umziehen. Helm aufsetzen und schließen.
- Rad in der Wechselzone schieben, erst ab einer bestimmten Markierung aufsteigen und im kleinen Gang losfahren, bis sich die Muskulatur erwärmt hat.
- Nie Windschatten fahren. 10 m Abstand zum Vordermann und 2 m Seitenabstand sind zwingend einzuhalten. Der Überholte hat für den Abstand zu sorgen!
- Nicht zu risikoreich fahren. Die Gesundheit ist wichtiger als ein paar Sekunden!
- Regelmäßig trinken, eventuell eine Banane essen.
- Den letzten Kilometer wieder mit kleiner Übersetzung fahren, um die Muskulatur fürs Laufen zu lockern.
- Rad in die Wechselzone schieben. Erst jetzt Helm öffnen und absetzen.
- Rad an der richtigen Stelle abstellen.
- Laufschuhe mit Klett- oder Tankaverschlüssen lassen sich auch bei kalter Witterung schnell schließen.
- Bei Hitze eine Mütze tragen.
- Verpflegungsstellen nutzen. Schwämme zur Kühlung von Puls und Kopf einsetzen.
- Ziel, Ziel, Ziel, endlich ist das Ziel erreicht. Gefinisht! Gratulation.
- Reichlich Flüssigkeit und später leichte, feste Nahrung aufnehmen.
- Einsammeln der Kleiderbeutel und des Rades. Ausrüstung auf Vollständigkeit überprüfen.
- 15 Minuten locker ausradeln oder ausschwimmen.
- Regenerationsmaßnahmen nicht vergessen.

10.3 Stufe drei: Ironman 70.3 oder Mitteldistanz 1,9/90/21 km

Im Blut eines Triathleten liegt es, weitere Herausforderungen zu suchen und anzugehen. Für Athleten die bislang die Kurzdistanz von 1.500 m Schwimmen, 40 km Rad fahren und 10 km Laufen erfolgreich bestritten haben und den Traum "IRONMAN" verwirklichen wollen, bedeutet die Mitteldistanz oder IRONMAN70.3 ein entscheidendes Teilziel auf dem Weg dorthin. Die Distanzen beim Mitteltriathlon oder Ironman70.3 stellen schon eine echte Herausforderung dar: 1,9 km Schwimmen, 90 km Rad fahren und 21,1 km Laufen.

Der Begriff „IRONMAN70.3" umfasst die Hälfte der 140,6 Meilen der Ironmandistanz. So vereint der Half-Ironman 1,2 Meilen Schwimmen (1,9 km), 56 Meilen Radfahren (90 km) und 13,1 Meilen Laufen (21,1 km). Diese 70,3 Meilen entsprechen also 113 km Gesamtstrecke.

Der Ironman70.3 umfasst also festgelegte einheitliche Schwimm-, Rad- und Laufstrecken. Bei der Mitteldistanz gibt es regional auch unterschiedliche Streckenlängen von 1,9-2,5 km Schwimmen, 80-90 km Rad fahren und 20-21,1 km Laufen. Auf jeden Fall haben wir es bereits mit drei ausgewachsenen Ausdauerdisziplinen zu tun, die alle ein regelmäßiges Training erfordern. Für echte Einsteiger sind diese Distanzen jedoch ungeeignet. Auch für die so genannten Quereinsteiger ist dieser Wettbewerb als Einstieg wenig geeignet. Am ehesten ist das noch bei erfahrenen Marathonläufern möglich, die muskulär gut gebaut sind und eine hohe Beweglichkeit aufweisen. Das Laufen und Radfahren sind bei diesen Längen typische Ausdauerübungen. Probleme beim Schwimmen können von diesen Sportlern oft durch starke Rad- und Laufleistungen überbrückt werden.

Diese Mitteldistanz hat durch die neue Ironman70.3-Serie weiter an Attraktivität gewonnen. Sie ist spannend für diejenigen, die sich höhere Ziele setzen. Sie ist reizvoll für diejenigen, die sich bei einer Wettkampfdauer von vier bis sechs Stunden richtig wohl fühlen und genau hier ihre Leistungsgrenzen ausloten möchten. Sie ist interessant für diejenigen, die die 113 Kilometerdistanz zur Formüberprüfung im Hinblick auf die 140,6 Meilen bzw. 226 km Ironman nutzen. Sie ist herausfordernd für diejenigen, die bereits mehrfach Ironmanfinisher sind und sich fortan kürzeren Distanzen widmen möchten.

Da all diese Punkte und ein detailliertes Training für Einsteiger, ambitionierte und leistungsorientierte Triathleten in diesem Buch nicht in aller Ausführlichkeit angesprochen werden kann, gibt es seit dem Frühjahr 2008 hierzu ein eigenes Buch von Aschwer/Penker „Ironman70.3 – Mitteldistanz 1,9/90/21 km".

Gute **Voraussetzungen** für eine erfolgreiche Absolvierung dieser Distanzen sind:

- Zweijähriges, regelmäßiges Ausdauertraining.
- Teilnahme an einem oder mehreren Marathonläufen.
- Radfahrten von 100 km Länge.
- Schwimmeinheiten von 2.000-2.500 m.

Über die Anzahl der Wettkämpfe in einer Saison lassen sich sehr schwer präzise Angaben machen, da Mitteldistanzen oft im Wechsel mit Kurz- oder Ironmandistanzen bestritten werden.

Als Anhaltspunkt für Triathleten, die nur Kurz- und Mitteldistanzen bestreiten, möchte ich folgende Empfehlung geben:

Einsteiger auf der Mitteldistanz: 2-4 Kurzdistanzen + 2 Mitteldistanzen
Wettkampf- und Leistungssportler: 2-5 Kurz- + 2-3 Mitteldistanzen.

10.3.1 Training für Einsteiger

Hiermit werden wiederum die Triathleten angesprochen, die von der Kurztriathlondistanz in die nächsthöhere Klasse, die Mitteltriathlon-(Klasse), „aufsteigen" wollen. Damit rückt für viele das große Ziel „IRONMAN" immer näher, womit gleichzeitig die Motivation weiter zunimmt.

Nur müssen wir uns bei aller Motivation und Tatendrang darüber im Klaren sein, dass unser Triathlontraining im Normalfall nicht alles ist. Beruf, Familie und Freunde sollten nicht vernachlässigt werden. Wenn unser Training Spaß machen soll, so müssen wir auch den Stellenwert der sportlichen Betätigung entsprechend ansetzen. Rechtzeitig zu Beginn eines neuen Jahres, wenn die genauen Veranstaltungstermine vorliegen, sollte die Wettkampfplanung für die neue Saison beginnen.

Vor dem ersten Mitteltriathlon, der in unseren Breiten etwa Mitte Juni auf dem Programm steht, ist zumindest ein Kurztriathlon einzuplanen. Dieser kann aus dem vollen Training heraus bestritten werden.

Gleichzeitig dient er als echter Form- und Materialtest. Ein zweiter Mitteltriathlon ist dann im August oder Anfang September als Saisonabschluss möglich. Zwischendurch bleibt dann Zeit und Gelegenheit für einige Kurzwettbewerbe.

FÜNF-STUFEN-MODELL

Voraussetzung für solch ein Triathlonprogramm ist ein regelmäßiges Wintertraining mit den Schwerpunkten Laufen und Schwimmen. Ab Januar könnte das ein ein- bis zweimaliges Schwimmtraining in der Woche umfassen, dazu dann ruhige Dauerläufe. Wer aus dem Läuferlager kommt, wird eventuell für den Monat März/April seinen Frühjahrsmarathon einplanen. Nach einer anschließenden dreiwöchigen Regenerationszeit, in der dann besonders das Schwimmen und Radfahren locker trainiert wird, beginnt dann das Wechseltraining.

Ohne den erwähnten Marathonlauf könnte das wöchentliche Training wie folgt aussehen:

Januar:	1-2 x Schwimmen, 1.500 m Dauermethode, ein, aus, 2 x 500 m 1.500 m Intervalle, 3 x 100 m; 3 x 200 m Laufen, 1 x 25 km, am Wochenende ruhig, 1 x 14 km, Fahrtspiel, 1 x 12 km, locker, Stretching.
Februar:	2 x Schwimmen je 1.500 m, Dauermethode und Intervalle 2 x Laufen, 1 x 2 h ruhig, 1 x 1:15 h mit Fahrtspiel.
März:	2 x Schwimmen, 1 x 2.000 m mit Intervallen 6 x 100 m, 4 x 200 m 1 x 1.500 m, eine Bahn flott, eine Bahn locker, Dauerschwimmen. 3 x Laufen, 1 x 20-25 km ruhig, 1 x 1:15 h locker, 1 x 10 km Tempodauerlauf mit 90-95 % Intensität oder in Abständen von zwei Wochen Teilnahme an 10-15-km-Straßenläufen, Stretching, Wochenende zur Radausfahrt nutzen. Eine Regenerationswoche einlegen, nur leicht und mit 60 % Umfang trainieren.
April:	An den Wochenenden und Feiertagen Radschwerpunkt, 40, 60 und 80 km oder auch mal 100 km ruhige Ausfahrten, locker kurbeln, insgesamt 3 x Rad pro Woche. Dazu 1-2 x Schwimmen, siehe Schwimmprogramme Kap. 9.4. 2 x Laufen, 1 x 20-25 km ruhig, 1 x Fahrtspiel, 15 km, Stretching.
Mai:	2 x Schwimmen, 2 x Laufen, 2 x Rad fahren, Stretching. Näheres in Kap. 9.

TRIATHLONTRAINING

Tab. 19: *Die letzten sechs Wochen bis zum ersten Mitteltriathlon*

Mitteltriathlon: Die letzten sechs Wochen für Einsteiger
Datum: vom   bis   Woche: 1

Tag	Gew. kg (mo)	S Dist. m	Zeit	R Dist. km	Zeit	L Dist. km	Zeit	Sonstige sportliche Betätig.	Kommentar	Puls Ruhe Bel.	Gew. kg (ab)
Mo.				40	Locker						
Di.		1.000	Interv.					Stretching			
Mi.				80	Flott						
Do.						15	Locker				
Fr.											
Sa.				50	Locker	20	Flott		Wechseltr. R + L		
So.		2.000	Ausd.								
Summe		3.000		170		35					

Datum: vom   bis   Woche: 2

Tag	Gew. kg (mo)	S Dist. m	Zeit	R Dist. km	Zeit	L Dist. km	Zeit	Sonstige sportliche Betätig.	Kommentar	Puls Ruhe Bel.	Gew. kg (ab)
Mo.						25	Locker	Stretching			
Di.		1.500	Interv.	60	Fahrt-spiel						
Mi.						15	Ruhig				
Do.				70	Locker						
Fr.											
Sa.						15-20			Wettbewerb Straßenlauf		
So.		2.000	Locker								
Summe		3.500		130		60					

FÜNF-STUFEN-MODELL

Datum: vom   bis   Woche: 3

Tag	Gew. kg (mo)	S Dist. m	S Zeit	R Dist. km	R Zeit	L Dist. km	L Zeit	Sonstige sportliche Betätig.	Kommentar	Puls Ruhe Bel.	Gew. kg (ab)
						8		Stretching	Regenerations-lauf		
Di.		2.000	3 x 500 Ausd.								
Mi.				70							
Do.						15					
Fr.											
Sa.				50	Flott	12	Locker		Wechseltr. R + L		
So.		2.000	Interv.								
Summe		4.000		120		35					

Datum: vom   bis   Woche: 4

Tag	Gew. kg (mo)	S Dist. m	S Zeit	R Dist. km	R Zeit	L Dist. km	L Zeit	Sonstige sportliche Betätig.	Kommentar	Puls Ruhe Bel.	Gew. kg (ab)
Mo.				40	3 x 10 km Tempo			Stretching			
Di.		1.500	Interv.			5	Fahrt-spiel				
Mi.				60	Locker						
Do.						25	Ruhig				
Fr.											
Sa.				110	Ruhig	+5	Flott				
So.		2.000	2 x 1.000 Ausd.								
Summe		3.500		210		45					

TRIATHLONTRAINING

Datum: vom   bis   Woche: 5

Tag	Gew. kg (mo)	S Dist. m	Zeit	R Dist. km	Zeit	L Dist. km	Zeit	Sonstige sportliche Betätig.	Kommentar	Puls Ruhe Bel.	Gew. kg (ab)
Mo.				40	30 km Tempo			Stretching			
Di.		1.500	Ausd.			15	Fahrt-spiel				
Mi.				60	Locker						
Do.						25	Ruhig	Puls 130			
Fr.											
Sa.				80	Flott	10	Locker				
So.		2.500	Interv.								
Summe		4.000		180		50					

Datum: vom   bis   Woche: 6

Tag	Gew. kg (mo)	S Dist. m	Zeit	R Dist. km	Zeit	L Dist. km	Zeit	Sonstige sportliche Betätig.	Kommentar	Puls Ruhe Bel.	Gew. kg (ab)
Mo.				50	Fahrt-spiel			Stretching			
Di.						15	Fahrt-spiel				
Mi.		1.500	locker								
Do.				30	Locker						
Fr.											
Sa.		2.000		80		20			Mittel-triathlon		
So.						40	Ganz ruhig				
Summe		3.500		200		35					

Wer in ähnlicher Form für seinen ersten Mitteltriathlon trainiert, kann mit einem ruhigen Gewissen an den Start gehen. Selbstverständlich kann man mit dem geringen Trainingsaufwand nicht zu den Siganwärtern gehören, Spaß sollte es auf jeden Fall machen. Das gesetzte Ziel heiß ja auch finishen und nicht gewinnen. Wer mehr Zeit in das Training investieren möchte, kann das gerne tun. Er sollte dann besonders die allgemeinen Trainingsgrundsätze beherzigen, also auf Regenerationswochen achten, Training in der Gruppe absolvieren, in der Regel ein Trainingstempo wählen, bei dem man sich unterhalten kann und viele Dinge mehr.

In der letzten Woche vor dem Mitteltriathlon wie bereits beim Kurztriathlon so wenig trainieren, dass man ein schlechtes Gewissen bekommt. Ein paar lockere Einheiten sollten es trotzdem sein.

Die unmittelbaren Wettbewerbsvorbereitungen und der Wettkampftag selbst sind bereits beim Kurztriathlon ausführlich geschildert worden. Allerdings haben die Mitteldistanzen gegenüber den Kurzdistanzen einen großen Vorteil: Die Wechselphase muss nicht ganz so hektisch ablaufen und bei kühler Witterung ist das Abtrocknen und Umkleiden nach dem Schwimmen mehr als sinnvoll, es ist notwendig. Was sind schon ein paar Minuten gegen gesundheitliche Risiken wie Nierenprobleme?

10.3.2 Training für Wettkampf- und Leistungssportler

Wer auf der Mitteldistanz mehr als nur finishen möchte, hat bereits Erfahrungen im Dreikampf aus Schwimmen, Rad fahren und Laufen. Zu dieser Gruppe gehört ein Großteil der Altersklassenathleten. Sie haben zumeist den Vorteil einer bereits jahrelang ausgeübten sportlichen Tätigkeit und verfügen daher über eine gute bis sehr gute Grundlagenausdauer. Die jüngeren Triathleten haben dagegen in der Mehrzahl ihre Vorteile bei der Schnelligkeitsausdauer und der Schnellkraft. Bekanntlich lässt sich die Ausdauer leichter antrainieren als die Schnellkraft. Die grobe Richtlinie für das Training auf der Mitteldistanz muss also lauten:

Die „Sprintertypen" sollten länger und ruhiger als bislang trainieren, die „Ausdauertypen" ihr Training mit kürzeren und flotteren Einheiten ergänzen, um sich insgesamt zu verbessern. Der Erfolg dieser Bemühungen hängt sehr stark davon ab, ob sich der Einzelne zu solch einer Umstellung der Trainingsgewohnheiten aufraffen kann. Dieses Problem löst sich nahezu von ganz allein, wenn man eine etwa gleich starke Trainingsgruppe findet. Vorausgesetzt, diese hat die gleichen Ziele. Andernfalls ist es ratsam, sich für die verschiedenen Trainingsformen unterschiedlichen Trainingsgruppen anzuschließen.

TRIATHLONTRAINING

Wer ambitioniert die Mitteldistanz betreiben möchte, sollte in etwa versuchen, folgende Einzelleistungen zu erreichen:

- 2.000 m Schwimmen < 42 Minuten,
- 40 km Rad fahren < 1:12 h,
- 10 km Laufen   < 42 Minuten

Auf dieser Basis lässt sich aufbauen.

Bei den nun folgenden Trainingsempfehlungen darf von mir der Hinweis nicht fehlen, dass jeder Triathlet bei seiner individuellen Planung und Durchführung des Trainings sein gesamtes Umfeld mit berücksichtigen muss, wenn er mit Freude und Erfolg seinem Sport nachgehen will.

Jahresaufbau
Übergangszeitraum: Oktober; November, eventuell Dezember und Januar.
2 x wöchentlich lockeres Traben 1-1:15 h, wenn möglich, leichte Radausfahrt, 2 x wöchentlich lockeres Schwimmen.
Analyse der vergangenen Saison, Planung der neuen Saison.
Vorbereitungszeitraum: Bis Mai.
Wettbewerbszeitraum: Mai bis September.

Januar
Erster Teil des Vorbereitungszeitraums. Der Trainingsumfang steigt bei geringer körperlicher Belastung, Pulswerte 130. Skilanglaufmöglichkeiten nutzen. Mithilfe von Stretching und leichten Kraftübungen wird die vielseitige Durchblutung des Körpers unterstützt.

Laufen ca. 50-60 km, gleichmäßige Dauerläufe, 1 x wöchentlich langer, ruhiger Lauf über 25 km. Wer einen Frühjahrsmarathon laufen möchte, legt 28 km zurück. Gelegentliche Teilnahme an Volksläufen, jedoch nicht mit vollem Einsatz.

Bei offener Witterung am Wochenende 1 h lockere Radausfahrt. Wer Lust hat, auf der Rolle zu fahren, sollte damit sein Radtraining vorbereiten.

Schwimmen: 2-3 x je Woche, Techniktraining, Ausdauerschwimmen und Intervalle.

Februar: Schwimmmonat
Hier gilt es, so oft wie möglich zu schwimmen. Wer in der Nähe eines Bades wohnt oder in der Mittagspause die Gelegenheit dazu hat, wird dies häufiger tun als jemand, der 20 km fahren muss.

Ideal wären 4 x pro Woche je 2.000-3.000 m, siehe Kap. 9.4
Laufen: Je 1 x 12 km, 15 km mit Fahrtspiel, 20 km ruhig.
Radfahren: Je nach Witterung lockere Ausfahrten, 100 Umdrehungen/min.

März: Laufmonat
Neben dem normalen Schwimmtraining 3 x pro Woche, 1 x Ausdauer und 2 x Intervalle, stehen am Wochenende und 1 x in der Woche Radausfahrten auf dem Programm. Der Radmonat April muss schließlich vorbereitet werden. Mit dem Rad zum Dienst wäre ideal.

Schwerpunkt des Monats ist das Laufen. Denkbar und realisierbar ist natürlich auch: Januar Schwimmmonat, Februar Laufmonat, März Radmonat und Mitte-Ende April der Frühjahrsmarathonlauf.

Ausführliche Anleitungen in Kap. 9. Wichtig auch hier das Stretchen und Dehnen der besonders beanspruchten Körperpartien nach der Belastung.

April: Radmonat
Wer seinen Frühjahrsmarathonlauf absolviert hat, kann sich neben dem lockeren Laufen in der Marathonregeneration ausgiebig dem Schwimmen und Radfahren widmen. Radschwerpunkte liegen an den Wochenenden und den Osterfeiertagen. Touren bis 100 km Länge mit 100-110 Umdrehungen auf dem kleinen Kettenblatt sind wichtig, z. B. freitags 70 km, samstags 100 km + 8 km Laufen, sonntags 90 km, mittwochs 50 km. Hier geht es vor allem um die Grundlagenausdauer beim Radfahren, darum sind die ersten Intervalle frühestens am Monatsende sinnvoll. Ortsschildwertungen beleben diesen Radmonat.

Ideal wäre natürlich ein ein- oder zweiwöchiger Radschwerpunkt im sonnigen Süden. Da wäre dann neben dem Training selbst noch reichlich Zeit für ein ausführliches Privatleben. Dort bilden 1.200 km in zwei Wochen eine gute Basis für die bevorstehende Saison. Laufen 3 x 1:00-1:15 h. Schwimmen, wenn möglich. Ansonsten sollte man kein schlechtes Gewissen haben, wenn einmal zwei Wochen kein Schwimmen möglich ist. Ratsam ist die Mitnahme eines Neoprenanzugs, da das Schwimmen ab Mitte April im Mittelmeer möglich ist.

Mai
An den Wochenenden Wechsel Rad fahren-Laufen trainieren. Jeweils eine Einheit locker, die andere dagegen flott. 1 x pro Woche Tempoeinheiten auf dem Rad, z. B. ein/aus 8 x 1.000 m Intervall, gleiche Strecke, zwischendurch locker kurbeln; alternativ 4 x 3 km mit 3 km lockerem Kurbeln, 3 x 8 km mit je 5 km locker. Näheres siehe Kap. 9.

Rhythmus der Wochen: N H R (normal/hart/regenerativ).

Schwimmen wie im April, Intervalle, 1 x Dauerschwimmen.

Laufen: 1 x pro Woche Intervalle: ein/aus 2 x 5.000 m 95 %, 6-8 x 1.000 m im 10-km-Renntempo, 100 %. Trabpause 1 km, bis Puls 110.

Kurztriathlonwettbewerb als Generalprobe.

TRIATHLONTRAINING

Juni: Siehe Trainingspläne.

Tab. 20: *Trainingsvorschläge Mitteltriathlon (Leistungssportler)*

Mitteltriathlon für Leistungssportler
Datum: vom ___ bis ___ Woche: 1

Tag	Gew. kg (mo)	S Dist. m	S Zeit	R Dist. km	R Zeit	L Dist. km	L Zeit	Sonstige sportliche Betätig.	Kommentar	Puls Ruhe Bel.	Gew. kg (ab)
Mo.								Stretching			
Di.		2.000	Interv.			15	6 x 1.000 5 min Trabpause				
Mi.				100	Locker 75 %						
Do.				80	Hart						
Fr.						24	Puls 130	Stretching			
Sa.		2.000	2 x 1.000 Ausd.	70	90 % hart	12	Locker		Wechseltr. R + L		
So.		2.500	Interv.			15	Fahrt-spiel				
Summe:		6.500		250		66					

Datum: vom ___ bis ___ Woche: 2

Tag	Gew. kg (mo)	S Dist. m	S Zeit	R Dist. km	R Zeit	L Dist. km	L Zeit	Sonstige sportliche Betätig.	Kommentar	Puls Ruhe Bel.	Gew. kg (ab)
Mo.								Stretching			
Di.		2.500	Interv.			15	10 km Tempol. hart				
Mi.				100	Locker						
Do.		2.000	Interv.	50	4 x 10 km hart						
Fr.				60	Locker	24	Ruhig	Stretching			
Sa.		2.000	Ausd.	90	Flott	5	Flott		Wechseltr. R + L		
So.		2.000	Interv.			15	Fahrt-spiel				
Summe		8.500		300		59					

FÜNF-STUFEN-MODELL

Datum: vom bis									Woche: 3	
Tag	Gew. kg (mo)	S Dist. m	Zeit	R Dist. km	Zeit	L Dist. km	Zeit	Sonstige sportliche Betätig.	Kommentar	Puls Ruhe Bel.	Gew. kg (ab)
Mo.								Stretching			
Di.		2.000	Interv.			15	6 x 1.000				
Mi.				110	Locker						
Do.		2.000	Interv.	50			4 x 10 km hart				
Fr.				60	75 % locker	24	70 % ruhig	Stretching			
Sa.		2.000	Ausd.	80	Flott	12	Locker				
So.		2.000	Interv.			12	Fahrtspiel				
Summe		8.800		300		63					

Datum: vom bis									Woche: 4	
Tag	Gew. kg (mo)	S Dist. m	Zeit	R Dist. km	Zeit	L Dist. km	Zeit	Sonstige sportliche Betätig.	Kommentar	Puls Ruhe Bel.	Gew. kg (ab)
Mo.								Stretching			
Di.				50	20 km hart	15	5 km hart				
Mi.		2.000	Interv.			10	Ruhig				
Do.				60	Locker			Stretching			
Fr.		1.000	locker			5	Traben				
Sa.											
So.		2.500		80		20			Mitteltriathlon		
Summe		5.500		190		50					

Juli
Nach dem Mitteltriathlon zwei Wochen regeneratives Training, danach normal, also R R N. Weitere Kurz- und Mitteltriathlons in den Monaten August und September.

10.4 Stufe vier: Ironmandistanz 3,8/180/42,195 km

Wir kommen nun unserem Traum nahe, sehr nahe, bei einem Ironman zu finishen. Fast jeder Triathlet hegt und pflegt einen Gedanken: „Irgendwann einmal die Ironmandistanz zu packen und dann ..." Ja, und dann fehlt nur noch der Traum vom echten Hawaii-Ironman. Diese enorm hohe sportliche Hürde ist jedoch nur für sehr gut ausdauertrainierte Leute überwindbar.

Wer die ersten drei Stufen geschafft hat und willens ist, die vierte Stufe zu nehmen, der packt das.

Gehen wir es gemeinsam an. Gemeinsamkeit macht bekanntlich stark. Wer glaubt, nur ich persönlich habe große mentale Probleme mit diesem Stier „Ironman", der irrt gewaltig. Jeder, der diese Distanz bewältigen will, hat diese Probleme und Schwierigkeiten zuerst im mentalen Bereich. Daher ist auch die mentale Einstellung (Kap. 11) so wichtig.

Malen Sie sich deshalb so oft wie möglich aus, wie toll Sie sich fühlen werden, wenn Sie das Ziel – IRONMAN erreicht haben.

Dass jeder Athlet, der dieses kalkulierbare, 226 km lange Abenteuer angeht, gut vorbereitet sein muss, versteht sich von ganz allein. Alles andere wäre unvernünftig, ungesund und unverantwortlich. Unvorbereitet kommt kein Sportler über diese enorme Distanz. Zum Glück ist dieses sportliche Abenteuer selbst mit dem dicksten Portmonee nicht zu bezahlen. Möglich jedoch ist es durch vernünftiges, ausgewogenes und ruhiges Grundlagenausdauertraining.

Wie sich jeder Athlet, der die ersten drei Stufen erklommen hat, erfolgreich auf diese 226 km vorbereiten kann, das zeigen die nächsten Buchseiten.

Relativ einfach kann man das Unternehmen „Ironman" dadurch gestalten, wenn es einem gelingt, sein Trainingsprogramm weit gehend in seinen Alltag zu integrieren, also das Schwimmen, Radfahren oder Laufen geschickt in den normalen Tagesablauf mit einzuplanen. Reichlich Vorschläge dazu befinden sich in Kap. 9.2. Wem dies gelingt, der hat beste Voraussetzungen geschaffen, sein großes, lohnendes Ziel zu erreichen.

Zur Motivationssteigerung möchte ich einflechten, dass solch ein Triathlon über 226 km nie zur Routine wird. Nach meinen bislang 36 Lang- und Ironmandistanzen, inklusive einem Double Ironman, muss ich gestehen, eine Ironmandistanz kann man niemals einfach so abhacken und sagen, das bisschen schaffe ich schon. Zu viel passiert einfach auf einer solch langen Tagesreise. Siehe dazu meine Anekdote vom 33. Ironman, bei dem ich lange Zeit ohne Sattel fahren musste.

Jeder Ironman ist ein neues sportliches Abenteuer mit nicht vorhersehbarem Ablauf. Gerade darin liegt ja auch ein großer Reiz für einen Triathleten.

Trotz der vielen Unwägbarkeiten darf ein Ironman nicht zu einem gesundheitlichen Risiko werden. Dass dies ja auch bei der überwiegenden Mehrheit der vielen zehntausend Athleten, die jährlich an den Start gehen, nicht der Fall ist, spricht für die gute Vorbereitung der Triathleten. Beispielsweise beträgt die Finisherrate beim Ironman Hawaii rund 93 %. Das heißt, nur 7 % beenden den Wettkampf vorzeitig. Bei Marathonläufen in unseren Breiten, die bei „nur" 25° C stattfinden, ist die Rate oft um ein Vielfaches größer. Z. B. betrug die Rate der Aussteiger beim Marathon in Münster 2003 mehr als 20 %, sie lag also 3 x so hoch wie in Hawaii.

TRIATHLONTRAINING

Wer als Triathlet die Grundregeln für das Ironmantraining beachtet, wird fasziniert sein von einem der letzten Sportabenteuer unserer Zeit.

Die Bewältigung einer 226 km Triathlondistanz fällt eindeutig in den ambitionierten und leistungssportlichen Bereich. Aus diesem Grund werden im Folgenden konkrete Möglichkeiten aufgezeigt, wie Triathleten, die bereits einige Jahre systematisches Ausdauertraining betrieben haben, ihren Ironman mit unterschiedlichen Ansprüchen erfolgreich bestreiten können:

Ziel 1:	Ironman finishen
Ziel 2:	Ironman finishen in 12 Stunden
Ziel 3:	Ironman finishen in 11 Stunden
Ziel 4:	Ironman finishen in unter 10 Stunden
Ziel 5:	Ironman finishen in unter neun Stunden

Bei meinen Trainingsempfehlungen möchte ich Ihnen weiterhin Pläne aufzeigen, die sich in der Praxis bewährt haben. Dabei erscheint es mir auch wichtig, dass Sie als Leser erkennen, dass auch andere Athleten mit vielen Unzulänglichkeiten zu kämpfen haben, eben das Los jedes Triathleten, der nicht unter professionellen Bedingungen trainieren kann. Zudem möchte ich Ihnen bei jedem Plan auch einiges zum persönlichen Umfeld des Athleten mitteilen. Dies ist wichtig für die Einordnung der Trainingseinheiten.

Wer die sportlichen Voraussetzungen, ein mindestens dreijähriges regelmäßiges Ausdauertraining und die später angegebenen Leistungen, erfüllt und sein Umfeld so weit geordnet hat, sollte sich an die Planung für seinen Ironman begeben. Diese Planung ist bereits während des Übergangszeitraums sinnvoll. In diesen Herbst- und Wintermonaten beginnt dann bereits die Vorfreude auf das Großereignis des nächsten Sommers.

10.4.1 Zielsetzung der Wettbewerbszeiten

Wer zum ersten Mal einen Ironman bestreitet, wird sicherlich viele Gedanken um seine mögliche Endzeit kreisen lassen. Anhaltswerte dazu werde ich Ihnen nachfolgend geben. Hilfreich können auch Kenntnisse aus dem nahen Umfeld eines nahezu gleich starken Triathleten sein. Aber Vorsicht mit solchen Vergleichen:

„Der Triathlet X ist auf der Kurzstrecke so schnell wie ich, demzufolge muss ich auf der Ironmandistanz genauso schnell sein wie er."

Ein Vergleich Kurzstrecke zur Ironmanstrecke ist nur sehr, sehr schwer direkt möglich. Ein guter „Sprinter" auf der Kurzdistanz ist noch lange kein guter „Steher" auf der Ironmandistanz.

Oberstes Ziel für Ironmaneinsteiger sollte das „Finishen" sein. Danach lassen sich weitere Träume anpeilen.

Eine Gesamtzeit von 12 oder sogar 11 Stunden können viele Athleten bereits in ihrem ersten Wettbewerb dieser Art erzielen. Voraussetzung dafür ist ein systematisches Training und ein entsprechendes Umfeld. Für die 10-Stunden-Marke benötigt man in der Regel bereits einen deutlich höheren Trainingsaufwand, gute sportliche Möglichkeiten, ein ordentliches Stehvermögen, Willenskraft, Talent zur Ausdauer und ein insgesamt positives Umfeld. Betonen möchte ich hierbei „in der Regel". Jährlich kann man beobachten, wie relativ junge Athleten bereits in ihrem ersten Wettbewerb dieser Art die 10-Stunde-Marke deutlich unterbieten. Diesen jungen Burschen steht bei weiterem, auf ihre individuellen Möglichkeiten ausgerichteten Training, eine tolle sportliche Zukunft bevor. Leider muss man immer wieder feststellen, dass viele Athleten einfach zu ungeduldig sind, wenn es um das große Ziel Hawaii geht. Sie pushen im Training zu stark, es folgen einige hervorragende Wettbewerbe und dann ein schnelles – zu schnelles – Ende ihrer sportlichen Ambitionen.

Triathlon, die Verknüpfung dreier Ausdauersportarten, erfordert ein über mehrere Jahre kontinuierliches Training. Erfolge im Triathlon lassen sich deshalb nur mittel- und langfristig planen und nur, wer die Geduld hat, über mehrere Jahre systematisch zu trainieren, dem ist der Erfolg sicher. Ein Vergleich zu einem Marathonläufer verdeutlicht dies. Jeder erfahrene Marathonläufer weiß, dass der eigentliche Marathonlauf erst bei km 32 beginnt. Alles andere, was vorher war, zählt nicht mehr. Ab 32 km geht es an das Eingemachte. Wer dabei auf den ersten 10, 20 oder 30 km sein Pulver verschießt, der büßt dafür jenseits der 30-km-Marke schwer. Geduldig abwarten, heißt es also beim Marathon bis km 30. Diese Geduld wird beim Ironman noch länger strapaziert, sowohl im Wettbewerb als ganz besonders im langjährigen Trainingsaufbau.

Wer einen Ironman von unter neun Stunden anstrebt, der muss – wenn er kein Profi ist – in der Lage sein, nahezu alle positiven Einflüsse auf sich zu vereinigen. Als da wären: Talent, Durchsetzungsvermögen, Willenskraft, gute Trainingsmöglichkeiten, Zeit, Ehrgeiz, Trainingsfleiß, physische und psychische Stärke, Motivation; also ein insgesamt sehr positives Umfeld.

Ein typisches Beispiel hierfür ist Olaf Reitenbach. Seine Pläne werden uns auf einem Weg von 8:47 h begleiten.

10.4.2 Finishen beim Ironman

Ich gehe davon aus, dass Sie sich sowohl mit der Strategie (Kap. 5), der Planung (Kap. 8) und bereits mit dem Training (Kap. 9) beschäftigt haben.

Welche **Voraussetzungen** sollten in **etwa erfüllt sein**, um beim Ironman zu finishen?

Ziel	Finishen
Schwimmen 2.000 m	50 min
Rad fahren 90 km	3:15 h; 27-28 km/h
10 km	50 min
Halbmarathonlauf 21,1 km	1:51 h
Marathonlauf 42,2 km	3:53 h

In etwa erforderliche Einzelzeiten im Wettbewerb

Ziel	13-14 h
Schwimmen	1:50 h
Rad fahren	7:00 h
Laufen	4:50 h

Die letzten sechs Monate vor dem Ironman

Trainingsumfänge in den letzten sechs Monaten (26 Wochen) vor dem Ironman:

Ziel	13-14 h
Schwimmen	78 km = 3 km/Wo.
Rad fahren	3.120 km = 120 km/Wo.
Laufen	1.170 km = 45 km/Wo.
Erforderlicher Zeitaufwand pro Woche im Mittel	Ca. 10

Training im Übergangszeitraum

Oktober, November, Dezember, Januar
- 2 x wöchentlich lockeres Traben, je 1-1:15 h.
- 1-2 x wöchentlich lockeres Schwimmen, eventuell lockere Radausfahrt.
- Analyse der vergangenen Saison, Planung der neuen Saison.

Training im Vorbereitungszeitraum

Februar, März, April, Mai
- Grundlagentraining; Schwerpunkt Laufen + Schwimmen, eventuell lockere Radausfahrt.
- Mit Beginn des ersten Teils des Vorbereitungszeitraums steigt der Trainingsumfang bei geringer Belastung, Pulswerte 120-130.
- Chancen zum Skilanglauf nutzen, um Arm- und Rumpfmuskulatur zu trainieren.

Januar
- Laufen, ca. 40-50 km/Wo.
- Gleichmäßige Dauerläufe mit Puls 120-130.
- **1 x pro Woche langer, ruhiger Lauf über 20-25 km.**
- Gelegentliche Teilnahme an Volksläufen, 90 %.
- Bei offener Witterung 1-1:30 h Radausfahrt.
- Schwimmen 3 km/Wo.

Februar: Schwimmmonat
- Hier gilt es, so oft wie möglich zu schwimmen.
- Z. B. 3 x 1,5-3 km.
- Möglichst unter Anleitung trainieren.
- 1 x pro Woche Ausdauer, 2 x 1.000 m, siehe Schwimmprogramme Kap. 9.4.3
- Laufen: 1 x 12 km, 1 x 20 km.

März: Laufmonat
- Normales Schwimmtraining.
- Radausfahrten am Wochenende, 60-80 km lockeres Kurbeln.
- 100 Umdrehungen/min, Rad zur Arbeit nutzen.
- Mittelpunkt Lauftraining, Ziel eventuell Marathonlauf, siehe Lauftraining (60-70 km), Stretching nicht vernachlässigen!

April: Radmonat
- Schwimmen: 3-4 km/Wo.
- Laufen 30-40 km/Wo.
- Nach dem Marathonlauf ist für zwei Wochen nur lockeres Laufen angesagt. Im Vordergrund steht das Radtraining. An den Wochenenden wird mit kleinem Kettenblatt der runde Tritt geübt. Dabei unbedingt auf eine Drehzahl 100-110 pro Minute achten. Z. B. freitags 60 km, samstags 80 km + 6 km Laufen, sonntags 100 km, mittwochs 50 km. Wer Möglichkeiten zu einem Trainingscamp hat, sollte dieses nutzen. Ein Umfang von 900-1.200 km in zwei Wochen bildet eine gute Grundlage. Dazu 2-3 x 1 h lockeres Laufen.

Mai
- An den Wochenenden Wechsel Rad-Lauf trainieren, jeweils eine Einheit locker, die andere dagegen flott, z. B. 80 km Rad + 10 km Laufen; 60 km Rad + 20 km Laufen.
- **1 x pro Woche Intervalle auf dem Rad, z. B. 5-km-Tempo, 5 km ruhig, 5-km-Tempo ...; 2 x 10 km mit je 85-90 % Intensität.**
- Schwimmen wie im Vormonat, Intervalle, 1 x Dauermethode.
- Laufen: 1 x pro Woche Intervalltraining oder FS, z. B. jeweils 1 km locker traben, bis Puls 110; 2 x 5.000 m 85 %, Pause 10 Minuten, dabei locker traben.
- Laufumfang 40-50 km, dabei unbedingt den zweiwöchentlichen langen 25-28-km-Lauf beibehalten, siehe Lauftraining.
- Ende Mai: Kurztriathlon als Testwettbewerb.

Anfang Juni
Eventuell Mitteltriathlon zur Formüberprüfung.

Für die letzten sechs Wochen vor dem Ironman können Sie sich an den 12-Stunden-Plänen (Tab. 21) orientieren, d. h., Sie dürfen diese um rund 10-15 % kürzen.

Bei aller körperlichen Vorbereitung das mentale Training (Kap. 11) nicht vernachlässigen.

Juli/August
IRONMAN!
Allen Finishern meine aufrichtige Gratulation! War es nicht ein tolles Erlebnis?
Auf ein Neues im nächsten Jahr!

Jetzt hat jeder Finisher seine wohlverdiente Regeneration verdient. Vier Wochen heißt es richtig ausspannen und nur locker trainieren, trotz der nun noch größeren Motivation. Jetzt bleibt Zeit, um alles Liegengebliebene nachzuholen.

Nach 2-3 normalen Trainingswochen 1-2 Kurz- oder Mitteltriathlonwettbewerbe zum Saisonausklang.

10.4.3 Das 12- und 11-Stunden Ziel beim Ironman

Die nachfolgenden Seiten zeigen einen Weg auf, der bei annähernder Einhaltung zum Erfolg führt.

Welche **Voraussetzungen** sollten in **etwa erfüllt sein**, um das Ziel 12 h und 11 h zu schaffen?

Ziel	12 h	11 h
Schwimmen 2.000 m	42 min	39 min
Rad fahren 90 km	3:00 h 30 km/h	2:50 h, 32 km/h
10 km	41-42 min	37-38 min
Halbmarathonlauf 21,1 km	1:33 h	1:28 h
Marathonlauf 42,2 km	3:15 h	3:05 h

In etwa erforderliche Einzelzeiten im Wettbewerb

Ziel	12 h	11 h
Schwimmen	1:30 h	1:20 h
Rad fahren	6:30 h	5:55 h
Laufen	4:00 h	3:45 h

Die letzten sechs Monate vor dem Ironman

Trainingsumfänge in den letzten sechs Monaten (26 Wo.) vor dem Ironman:

Ziel	12 h	11 h
Schwimmen	100 km = 3,8 km/Wo.	140 km = 5-6 km/Wo.
Rad fahren	3.700 km = 153 km/Wo.	4.700 km = 192 km/Wo.
Laufen	1.092 km = 42 km/Wo.	1.250 km = 48 km/Wo.
Erf. Zeitaufwand pro Woche im Mittel	11 h	13 h

Jahresverlauf

Übergangszeitraum

Oktober, November, Dezember
2 x wöchentlich lockeres Traben je 1-1:15 h.
2 x wöchentlich lockeres Schwimmen.
Analyse der vergangenen Saison, Planung der neuen Saison.

Vorbereitungszeitraum

Januar, Februar, März, April, Mai
Mit Beginn des ersten Teils des Vorbereitungszeitraums steigt der Trainingsumfang bei geringer Belastung, Pulswerte 130. Chancen zum Skilanglauf nutzen, um Arm- und Rumpfmuskulatur zu trainieren. Mithilfe von Stretching und Krafttraining wird die vielseitige Durchblutung des Körpers unterstützt.

Januar
Laufen ca. 60 km/Wo. bzw. ca. 60-70 km/Wo. für das 11-h-Ziel.
    Gleichmäßige Dauerläufe mit Puls 130, 1 x pro Woche langer, ruhiger Lauf über 25-28 km.
    Gelegentliche Teilnahme an Volksläufen, 90 %. Bei offener Witterung 1-1:30 h Radausfahrt. Wer Spaß hat, auf der Rolle zu fahren, sollte dies tun.
    Schwimmen 4 km/Wo. bzw. 5-6 km/Wo.

Februar: Schwimmmonat
Hier gilt es, so oft wie möglich zu schwimmen, z. B. 4 x 2-3 km. 1 x pro Woche Ausdauerschwimmen. Programme, siehe Kap. 9.4.
    Laufen: 2 x 15 km, 1 x 25 km

März: Laufmonat
Normales Schwimmtraining 4 km/Wo. Ausdauer + Intervalle 5-6 km/Wo.
    Radausfahrten am Wochenende, 60-80 km locker kurbeln, 100 Umdrehungen/min, Rad zur Arbeit nutzen.
    Mittelpunkt Laufen: Ziel Marathonlauf Ende März/Anfang April.
    Siehe Lauftraining, Kap. 9.6.

April: Radmonat
Schwimmen: 4 km/Wo. bzw. 5-6 km/Wo.
    Laufen 40-50 km/Wo. bzw. 50 km/Wo.

Nach dem Marathonlauf ist für zwei Wochen nur lockeres Traben angesagt. Im Vordergrund steht das Radtraining. An den Wochenenden wird mit kleinem Kettenblatt der runde Tritt geübt. Dabei unbedingt auf eine Drehzahl von 100-110 Umdrehungen pro Minute achten, z. B. freitags 70 km, samstags 100 km + 8 km Laufen, sonntags 120 km, mittwochs 60 km. Wer Möglichkeiten zu einem Trainingscamp im sonnigen Süden hat, sollte dieses nutzen. Ein Umfang von 1.000-1.200 km in zwei Wochen bildet eine gute Grundlage. Dazu 2-3 x 1 h locker laufen pro Woche. Schwimmen, wenn möglich.

Mai

An den Wochenenden Wechsel Rad-Laufen trainieren, jeweils eine Einheit locker, die andere dagegen flott, z. B. 100 km Rad + 12 km Laufen; 60 km Rad + 20 km Laufen.

1 x pro Woche Intervalle auf dem Rad, z. B. 5-km-Tempo, 5 km ruhig, 5-km-Tempo ..., 2 x 10 km mit je 90-95 % Intensität.
    Normale, harte und regenerative Trainingswochen wechseln einander ab; N H R.

Schwimmen wie im Vormonat, Intervalle, 1 x Dauermethode.
    Laufen: 1 x pro Woche Intervalltraining 6 x 1.000 m, im 10-km-Renntempo, jeweils 1 km locker traben bis Puls 110; 2 x 5.000 m 90 %, Pause 10 Minuten, dabei locker traben.

Laufumfang 50-60 km, dabei unbedingt den wöchentlichen langen, ruhigen 25-28-km-Lauf beibehalten.
    Ende Mai. Kurztriathlon als Testwettkampf.

Wettkampfzeitraum: Ende Mai bis Oktober

Anfang Juni
Eventuell Mitteltriathlon zur Formüberprüfung.

Juni/Juli
Siehe detaillierte Trainingspläne für das 12-h- und das 11-h-Ziel.

FÜNF-STUFEN-MODELL

Tab. 21: *Ziel 12 h*

Ziel 11:59 h
Datum: vom   bis   **Woche: 1**

Tag	Gew. kg (mo)	S Dist. m	S Zeit	R Dist. km	R Zeit	L Dist. km	L Zeit	Sonstige sportliche Betätig.	Kommentar	Puls Ruhe / Bel.	Gew. kg (ab)
Mo.								Stretching			
Di.				100	Hart	20	Locker				
Mi.		2.500	Interv.	60	Locker						
Do.				40	Ruhig	10	Traben				
Fr.		1.000	Ausd.								
Sa.											
So.		2.000		80		20			Mittel- oder Kurzdistanz		
Summe		5.500		280		50			Harte Woche		

Datum: vom   bis   **Woche: 2**

Tag	Gew. kg (mo)	S Dist. m	S Zeit	R Dist. km	R Zeit	L Dist. km	L Zeit	Sonstige sportliche Betätig.	Kommentar	Puls Ruhe / Bel.	Gew. kg (ab)
Mo.								Stretching			
Di.				50	Locker						
Mi.		2.000	Ausd.			12	Locker				
Do.											
Fr.						20	Locker				
Sa.				80	Locker						
So.		1.500	Interv.								
Summe		3.500		130		32			Regeneration		

TRIATHLONTRAINING

Ziel 11:59 h
Datum: vom   bis   **Woche: 3**

Tag	Gew. kg (mo)	S Dist. m	S Zeit	R Dist. km	R Zeit	L Dist. km	L Zeit	Sonstige sportliche Betätig.	Kommentar	Puls Ruhe Bel.	Gew. kg (ab)
Mo.								Stretching			
Di.				40	Locker	12	Fahrt-spiel		Wechseltr.		
Mi.		2.000	Interv.								
Do.						60	Fahrt-spiel				
Fr.						25	Ruhig				
Sa.				100	90 %						
So.		2.000	Ausd.			10					
Summe		4.000		180		47			Normale Woche		

Datum: vom   bis   **Woche: 4**

Tag	Gew. kg (mo)	S Dist. m	S Zeit	R Dist. km	R Zeit	L Dist. km	L Zeit	Sonstige sportliche Betätig.	Kommentar	Puls Ruhe Bel.	Gew. kg (ab)
Mo.								Stretching			
Di.				50	Locker	18	6 x 1000				
Mi.		2.500	Interv.	40	Fahrt-spiel						
Do.						28	Ruhig				
Fr.				80	90 % hart						
Sa.				120	Locker	15	Fahrt-spiel		Wechseltr. R + L		
So.		2.500	Ausd.								
Summe		5.000		290		61			Harte Woche		

FÜNF-STUFEN-MODELL

Ziel 11:59 h
Datum: vom   bis   **Woche: 5**

Tag	Gew. kg (mo)	S Dist. m	S Zeit	R Dist. km	R Zeit	L Dist. km	L Zeit	Sonstige sportliche Betätig.	Kommentar	Puls Ruhe Bel.	Gew. kg (ab)
Mo.								Stretching			
Di.				100	Locker	12	Flott		Wechseltr.		
Mi.		2.000	Interv.								
Do.						18	10-km-Tempo		Mentales Training		
Fr.				80	90% hart						
Sa.		3.000	Ausd. + Interv.	140	Locker						
So.						25	Ruhig				
Summe		5.000		320		55			Harte Woche		

Datum: vom   bis   **Woche: 6**

Tag	Gew. kg (mo)	S Dist. m	S Zeit	R Dist. km	R Zeit	L Dist. km	L Zeit	Sonstige sportliche Betätig.	Kommentar	Puls Ruhe Bel.	Gew. kg (ab)
Mo.								Stretching	Mentales Training		
Di.				40	20 km hart	15	5 km hart		„Glukose-training"		
Mi.		1.500	Locker								
Do.				30	Ganz ruhig						
Fr.											
Sa.		3.800		180		42.2		< 11:59	Viel Erfolg, es klappt bestimmt		
So.				30	Ganz ruhig						
Summe		5.300		280		57					

TRIATHLONTRAINING

Tab. 22: *Ziel 11 h*

Ziel 10:59 h
Datum: vom   bis   Woche: 1

Tag	Gew. kg (mo)	S Dist. m	S Zeit	R Dist. km	R Zeit	L Dist. km	L Zeit	Sonstige sportliche Betätig.	Kommentar	Puls Ruhe Bel.	Gew. kg (ab)
Mo.								Stretching			
Di.				100	90% hart	18	Locker				
Mi.		2.500	Interv.	60	Locker						
Do.				40	Ruhig	12	Locker				
Fr.		1.000	Ausd.								
Sa.											
So.		2.000		80		20			Mittel- oder Kurzdistanz		
Summe		5.500		280		50			Harte Woche		

Datum: vom   bis   Woche: 2

Tag	Gew. kg (mo)	S Dist. m	S Zeit	R Dist. km	R Zeit	L Dist. km	L Zeit	Sonstige sportliche Betätig.	Kommentar	Puls Ruhe Bel.	Gew. kg (ab)
Mo								Stretching			
Di.				60	Locker						
Mi.		2.000	Ausd.			12	Locker				
Do.											
Fr.						22	Ruhig				
Sa.				90	Ruhig						
So.		2.000	Interv.								
Summe		4.000		150		34			Regenerationswoche		

FÜNF-STUFEN-MODELL

Ziel 10:59 h
Daten: vom   bis   **Woche: 3**

Tag	Gew. kg (mo)	S Dist. m	Zeit	R Dist. km	Zeit	L Dist. km	Zeit	Sonstige sportliche Betätig.	Kommentar	Puls Ruhe Bel.	Gew. kg (ab)
Mo.								Stretching			
Di.				60	Locker	15	Fahrtspiel		Wechseltr.		
Mi.		2.500	Interv.								
Do.				60	Mit flotten Abschnitten						
Fr.		1.500	Ausd.			25	Ruhig				
Sa.				100	90 % hart						
So.		2.500	Interv.			10	Locker				
Summe		6.000		230		52			Normale Woche		

Datum: vom   bis   **Woche: 4**

Tag	Gew. kg (mo)	S Dist. m	Zeit	R Dist. km	Zeit	L Dist. km	Zeit	Sonstige sportliche Betätig.	Kommentar	Puls Ruhe Bel.	Gew. kg (ab)
Mo.								Stretching			
Di.				50	Locker	18	8 x 1.000				
Mi.		2.500	Interv.	40	Fahrtspiel						
Do.						28	Ruhig				
Fr.				80	90 % hart						
Sa.		2.000	Ausd.	140	Locker	15	Ruhig		Wechseltr. S + R + L		
So.		3.000	Interv.								
Summe		7.500		310		61			Harte Woche		

TRIATHLONTRAINING

Ziel 10:59 h
Datum: vom   bis   **Woche: 5**

Tag	Gew. kg (mo)	S Dist. m	S Zeit	R Dist. km	R Zeit	L Dist. km	L Zeit	Sonstige sportliche Betätig.	Kommentar	Puls Ruhe / Bel.	Gew. kg (ab)
Mo.								Stretching			
Di.				100	Locker	15	Flott		R + L		
Mi.		2.500	Interv.								
Do.						18	10 km Tempo-lauf				
Fr.				80	90 % hart				Mentales Training		
Sa.		3.000	Ausd.	150	Locker						
So.		1.500	„Baden"			25	Ruhig				
Summe		7.000		330		58			Harte Woche		

Datum: vom   bis   **Woche: 6**

Tag	Bel. kg (mo)	S Dist. m	S Zeit	R Dist. km	R Zeit	L Dist. km	L Zeit	Sonstige sportliche Betätig.	Kommentar	Puls Ruhe / Bel.	Gew. kg (ab)
Mo.								Stretching	Mentales Training		
Di.				40	20 km hart	15	5 km hart		„Glykose-training"		
Mi.		2.000	Ausd.								
Do.				30	Ruhig	6	Locker traben				
Fr.											
Sa.		3.800		180		42.2		< 10:59	Viel Spaß „Finisher" Gratulation!		
So.				30	Radeln						
Summe		5.800		280		63			Ironmanwettkampf		

Bei aller körperlichen Vorbereitung das mentale Training nicht vernachlässigen.

Juli/August
IRONMAN!
Allen Finishern meine aufrichtige Gratulation!
War es nicht ein tolles Erlebnis?
Auf ein Neues im nächsten Jahr!

Jetzt hat jeder Finisher seine Regeneration verdient. 3-4 Wochen heißt es, richtig ausspannen und nur locker trainieren, trotz der nun noch größeren Motivation. Zeit, um alles Liegengebliebene nachzuholen.

September
Nach 2-3 normalen Trainingswochen 1-2 Kurz- oder Mitteltriathlonwettbewerbe zum Saisonausklang.

10.4.4 Das 9:55- und 8:50 h-Ziel

Welche **Voraussetzungen** sollten in **etwa erfüllt sein**, um das Ziel 9:55 h und unter 8:50 h zu schaffen?

Ziel	9:55 h	8:50 h
Schwimmen 2.000 m	35 min	29 min
Rad fahren 90 km	2:30 h; 36 km/h	2:15 h, 40 km/h
10 km	35 min	33-34 min
Halbmarathonlauf 21,1 km	1:20 h	1:16 h
Marathonlauf 42,2 km	2:50 h	2:35- 2.40 h

In etwa erforderliche Einzelzeiten im Wettbewerb

Ziel	9:55 h	8:50 h
Schwimmen	1:10	52-55 min
Rad fahren	5:15 h	4:50 h
Laufen	3:30 h	3:05 h

Die letzten sechs Monaten vor dem Ironman:

Trainingsumfänge in den letzten sechs Monaten (26 Wo.) vor dem Ironman:

Ziel	9:55 h	8:50 h
Schwimmen	182 km = 7 km/Wo.	200-300 km = 7-12 km/Wo.
Rad fahren	5.600 km = 215 km/Wo.	7.000 km = 270 km/Wo.
Laufen	1.500 km = 56 km/Wo.	1.600 km = 62 km/Wo.
Erforderlicher Zeitaufwand pro Woche Im Mittel	15 h	20 h

FÜNF-STUFEN-MODELL

Jahresverlauf

Übergangszeitraum

Oktober, November, eventuell Dezember
Erholung, körperlich und geistig.

2-3 x wöchentlich lockeres Laufen, 12-15 km, lockeres Schwimmen ohne Uhr. Analyse der vergangenen Saison, Verbesserungsvorschläge und Planung der kommenden Wettbewerbssaison.

Vorbereitungszeitraum

Dezember bis Mitte Mai.
Grundlagenausdauertraining: Mit Beginn des ersten Teils des Vorbereitungszeitraums steigt der Trainingsumfang bei geringer Belastung. Pulswerte 130. Um die Arm- und Rumpfmuskulatur zu trainieren, sollten Chancen zum Skilanglauf genutzt werden. Mithilfe von Stretching und Krafttraining wird die vielseitige Durchblutung des Körpers unterstützt.

Laufen: 3-4 x wöchentlich 70-80 km bzw. 4-6 x 70-120 km (für das 8:50-h-Ziel).

Gleichmäßige Dauerläufe 1-2,5 h. Dabei ein langer, ruhiger Lauf pro Woche mit Puls 130 über 25-30 km.

Radtraining: Bei offener Witterung 1-1:30 h, eventuell Rolle 2 x 45 min.

Schwimmen: 3-4 x 8-9 km/Wo. bzw. 4-5 x 15 km/Wo. Technik + Intervalle + Dauerschwimmen, verschiedene Lagen, siehe Kap. 9.4.

Februar: Schwimmmonat
Unter Beibehaltung des normalen Trainings, wird so oft wie möglich geschwommen. Wünschenswert unter Anleitung. Umfang: 12 km/Wo. bzw. 20 km/Wo.

Jede vierte Woche sollte eine Regenerationswoche eingelegt werden, mit geringerer Intensität und Umfang. Wenn möglich, Radausfahrten bei offenem Wetter. Eventuell Trainingscamp, siehe Kap. 9.

März: Laufmonat
Normales Schwimmtraining: 7-8 km/Wo. bzw. 12-15 km/Wo. Stretching, Krafttraining noch beibehalten.

Radtraining: Ausfahrten locker kurbeln mit 110 Umdrehungen/min und kleinem Kettenblatt. Radmonat April vorbereiten. Radtraining in die Marathonvorbereitungen einbeziehen.

Schwerpunkt: Laufen mit dem Ziel Ende März/Anfang April Marathonlauf in 2:50 h bzw. 2:35-2:40 h.

Trainingsanleitungen dazu in Kap. 9.6.

April: Radmonat
Alternativ: März Radmonat, Februar Laufmonat, Januar Schwimmmonat.

Schwimmen eventuell reduzieren auf 5-6 km bzw. 6-10 km.

Laufen: Nach erfolgreichem Marathonlauf zwei Wochen nur locker trainieren, 2-3 x 12-15 km, danach wieder normal.

Radtraining: Schwerpunkt an den Wochenenden und Feiertagen. Wenn möglich, zweiwöchiger Trainingsaufenthalt in wärmeren Regionen. Italien, Südfrankreich, Spanien, 1.200 km in zwei Wochen bzw. 1.400-1.500 km kurbeln, siehe Kap. 9.5.

Mai
An den Wochenenden Wechseltraining: Flottes Radtraining 80-100 km + ruhiger 15-20-km-Lauf, ruhiges Radtraining 120-150 km + flotter 10-km-Lauf.

Schwimmen: Neben Intervalltraining zum Dauertraining Freigewässer aufsuchen.

Laufen: 70 km bzw. 70-100 km. 1 x pro Woche Intervalltraining, z. B. 2-3 x 5.000 m, 8 x 1.000 m, 1, 2, 3, 2, 1 km Tempo, jeweils zwischendurch 1 km locker traben.

Wettkampfzeitraum

Mitte Mai bis Oktober
Stabilisierung der sportlichen Höchstform.

Gezielte Wettkampfvorbereitung.

Die Belastung in den letzten 10-12 Tagen vor dem Wettkampf verringern. 1-2 Kurz-oder Mitteltriathlons als Aufbauwettbewerbe bestreiten. Mentales Training im Hinblick auf den Saisonhöhepunkt nicht unterschätzen.

Nach dem Wettkampf ausreichend lange regenerieren: Geringe Belastung, Ruhetage, nur 1 x pro Tag locker trainieren, Sauna, Massage, reichlich Flüssigkeit, Mineralien, Vitamine.

Überlastung durch zu viele Triathlons vermeiden.

Nach einem Ironman drei Wochen regenerieren.

Erläuterungen zu den nachfolgenden Trainingsplänen für 9:55 h

Hier werden Trainingspläne angeführt, die exakt so von mir durchgeführt worden sind.
- Die letzten fünf Wochen vor dem Ironman.
- Im März zwei Wochen Radblocktraining.
- Wöchentliche Trainingszeit im Jahresmittel: 13,8 h.
- Triathlonjahr mit insgesamt vier Ironmandistanzen und Duathlon Zofingen.
- 18 km Radeinheiten = täglicher Weg von und zur Arbeit.

FÜNF-STUFEN-MODELL

Tab. 23: *Trainingsvorschläge Ironman in 9:55 h*

Schwerpunkt: Triathlonmitteldistanz
Datum: vom 7.6 bis 13.6 — Woche: 1

Tag	Gew. kg (mo)	S Dist. m	S Zeit	R Dist. km	R Zeit	L Dist. km	L Zeit	Sonstige sportliche Betätig.	Kommentar	Puls Ruhe Bel.	Gew. kg (ab)
Mo.		2.000	See Neo	18 45	Ruhig	18	1:16 Flott		Heiß völlig lustlos		
Di.									Lustlos	52	
Mi.		2.000		18 45		18	1:30 Ruhig		Lustlos		80
Do.	79			75	27er				Lustlos		
Fr.				18 18					Lustlos	46	
Sa.		2.000	37 mit Neo	80	2:20	20	1:19	Spaß gemacht 4:22 h, prima	Mitteldistanz		
So.											
Summe		6.000		316		56					

Schwerpunkt: Regeneration + lange Radeinheiten
Datum: vom 14.6 bis 20.6 — Woche: 2

Tag	Gew. kg (mo)	S Dist. m	S Zeit	R Dist. km	R Zeit	L Dist. km	L Zeit	Sonstige sportliche Betätig.	Kommentar	Puls Ruhe Bel.	Gew. kg (ab)
Mo.											
Die.				25 30	Flott	13					
Mi.				18 18		12	50			47	
Do.				18 18							
Fr.	78,5	2.000	See			25	2:00 Ruhig				80,5
Sa.				155	5:10 Zügig						
So.		1.500	26:40	38		10	38:50	Nur 90 %	Kurztriathlon		
Summe		3.500		335		60					

219

TRIATHLONTRAINING

Schwerpunkt: Schwimmen + Rad fahren
Datum: vom 21.6 bis 27.6   **Woche: 3**

Tag	Gew. kg (mo)	S Dist. m	S Zeit	R Dist. km	R Zeit	L Dist. km	L Zeit	Sonstige sportliche Betätig.	Kommentar	Puls Ruhe Bel.	Gew. kg (ab)
Mo.				18 60	Locker						
Die.		2.000	10 x 200	18 18		12	Ruhig		L. schwer		
Mi.				18 18		12	Ruhig			47	
Do.		3.800	1:14	18 18					S. Test mit Neo		
Fr.		3.800	1:12	18 18		15	1:12 FS		S. Test mit Neo		
Sa.				125	29,2 Flott						
So.						29	2:14			47 133	
Summe		9.800		335		68		Harte Trainingswoche			

Schwerpunkt: Schwimmen + Laufen + Rad fahren
Datum: vom 28.6 bis 4.7   **Woche: 4**

Tag	Gew. kg (mo)	S Dist. m	S Zeit	R Dist. km	R Zeit	L Dist. km	L Zeit	Sonstige sportliche Betätig.	Kommentar	Puls Ruhe Bel.	Gew. kg (ab)
Mo.		3.000	See Neo	60 70	Ruhig Zügig				Urlaub!		
Die.				18 40		12	Ruhig				
Mi.		2.000	See			12	mit FS				
Do.						12	Zügig				
Fr.		3.000	See Ruhig	18 40	Zügig						
Sa.						26	2:00 Locker				
So.				120	3:52						
Summe		8.000		366		62		Harte Trainingswoche			

FÜNF-STUFEN-MODELL

Diese vorletzte Trainingswoche würde ich heute mit geringerem Umfang bestreiten. Auf Grund der Urlaubssituation waren allerdings die Regenerationsmöglichkeiten deutlich verbessert.

Schwerpunkt: IRONMAN-Woche
Datum: vom 5.7 bis 11.7 **Woche: 5**

Tag	Gew. kg (mo)	S Dist. m	S Zeit	R Dist. km	R Zeit	L Dist. km	L Zeit	Sonstige sportliche Betätig.	Kommentar	Puls Ruhe Bel.	Gew. kg (ab)
Mo.				25 18	Locker						
Die.				18 45	Ruhig	6	Ruhig				
Mi.		3.000	See Neo			12	Locker				
Do.											
Fr.											
Sa.		3.800	1:07 +5	180	5:13 +2	42,2	3:28	Regen Kälte	Ironman 9:55:01 h		
So.	78,8								TOLL!		
Summe		3.000 +3.800		106 +180		18 +42,2					

Mit einem ähnlichen Trainingsaufwand finishte ich beim Ironman auf Hawaii in 10:44 h.

Tatsächlicher Trainingsumfang der letzten sechs Monate vor dem 9:55 h Ironman

Schwimmen: 135 km = 5,2 km/Wo.
Rad fahren: 6.550 km = 252 km/Wo.
Laufen: 1.638 km = 63 km/Wo.

Wettkampfzeiten für 9:55 h

Schwimmen: 1:07 h + 5 min Wechsel
Rad fahren: 5:13 h + 2 min Wechsel
Laufen: 3:28 h

Sportliche Eckdaten
1.000-m-Schwimmbestzeit: 17:20 min mit Neo; 18:20 min ohne Neo
10.000-m-Laufbestzeit 34:50 min auf der Bahn
Marathonlauf 2:44 h

Besonderheiten
Oktober bis Januar, vier Monate Regeneration.
Wintertraining: Schwimmen 4 km/Wo. (ja, ja, ich weiß, zu wenig!).
Laufen ab Februar: 70 km.
Radfahren von Oktober bis Februar gar nicht!
Ab März, täglich 18-19 km zum Dienst und zurück mit dem Rad.
Zwei Wochen Radtraining auf Mallorca mit insgesamt 1.200 km und 100 km Laufen.
Frühjahrsmarathon mit 70 km/Wo. in ca. 2:48 h.

Persönliche Unzulänglichkeiten
Nur sporadisch Krafttraining und Stretching. Von Oktober bis Mitte Februar kein Radtraining, auch nicht auf der Rolle: insgesamt zu wenig Schwimmtraining. Kaum Intervalltraining auf dem Rad oder beim Laufen.

Persönliche Stärken
Kontinuierliches Training; mentale Stärke; sehr gutes Gefühl bei der Wettkampfeinteilung, dies zeigt sich durch sehr gleichmäßige Einzelzeiten.

Sind zwei Ironmanstarts mit sechs Wochen Abstand möglich?

Ja, wer zwei Ironmandistanzen innerhalb von nur sechs Wochen zurücklegen möchte, der sollte zwischendurch keine weiteren Triathlonwettbewerbe mehr absolvieren. Neben den drei Wochen Regenerationzeit bleiben dann eh nur zwei Wochen für ein normales Training, um sich in der sechsten Woche wieder auf den neuen Ironman einzustellen. Besonders wichtig ist die dreiwöchige Erholung, diese muss unbedingt eingehalten werden. Doppelstarts sollten nicht unbedingt in der ersten Ironmansaison erfolgen, diese besondere Kraftanstrengung bedarf einer langjährigen Ironmanerfahrung.

Erläuterungen zu den Trainingsplänen für 8:50 h

Wie unterbietet ein Athlet die Neun-Stunden-Grenze? Hier gilt der Spruch: von nichts kommt nichts! Hier müssen viele positive Momente zusammenkommen, angefangen vom Talent, über Einstellung, Trainingsfleiß, Umfeld, Willenskraft bis hin zur mentalen Einstellung. Hier muss einfach alles stimmen. Eben nicht nur die notwendigen Trainingskilometer!

FÜNF-STUFEN-MODELL

Dem erfahrenen 33-jährigen Triathleten, Olaf Reitenbach, glückte in seiner 10. Triathlonsaison zum zweiten Mal eine Zeit von unter neun Stunden. Dabei waren seine Trainingsumfänge relativ gering für einen Athleten dieser Klasse. Das zeugt von Talent, Willenskraft und einem außerordentlich günstigen Umfeld. Im Einzelnen waren es folgende Umfänge:

Umfänge für die letzten sechs Monate (26 Wochen) vor dem Ironman Klagenfurt:

Schwimmen	220 km = 8,5 km/Wo.
Radfahren	4.700 km = 180 km/Wo.
Laufen	1.660 km = 64 km/Wo.

Wettkampfzeiten:

Schwimmen:	50:56 min + 2 min Wechselzeit
Rad fahren:	4:48 h + 2 min Wechselzeit
Laufen:	3:04 h
Gesamtzeit:	8:47 h

Um die Trainingsaufzeichnungen von Olaf Reitenbach besser zu verstehen, hier ebenfalls seine sportlichen Eckdaten.

Geburtsjahr 1967, Triathlet seit 1990, zuvor einige Jahre bei der Marine als Kampftaucher tätig und seit seiner Kindheit- und Jugendzeit Schwimmer mit erstaunlichen Bestzeiten:

100 m Delfin:	58:70 sek
100 m Kraul:	55:20 sek
1.000-m-Schwimmbestzeit:	12:30 min ohne Neo.
1.500-m-Schwimmbestzeit:	19:30 min ohne Neo, 18:30 min mit Neo.
10.000-m-Laufbestzeit:	34:10 min
40-km-Radfahrbestzeit:	58 min
180 km	4:42 h

Wintertraining:	Schwerpunkt Laufen 70 km/Wo.
Schwimmen	6-8 km/Wo.
Rad fahren:	80 km/Wo.
Frühjahrstraining:	Mehrere Radblöcke

TRIATHLONTRAINING

Beispiel für eine **normale Woche** von Olaf: 27. März-2. April:

Tab. 24: *Trainingsprogramm Ironman in 8:55 h*

Tag	Gew. kg (mo)	S Dist. m	S Zeit	R Dist. km	R Zeit	L Dist. km	L Zeit	Sonstige sportliche Betätig.	Kommentar	Puls Ruhe Bel.	Gew. kg (ab)
Mo.	73					15	1:12			38	
Die.				100	3:30				R: Interv. 3 x 10 km		74
Mi.						18	1:35		L: 8 x 1.000 3:50 min		
Do.	73	3.700	1,5 h								
Fr.	73					24	1:57		L: Progressiv gelaufen	38	
Sa.				75	2:40	15	1:07		Wechseltr.		74
So.	73	3.500	1,5 h	150	3 h			Sauna			
Summe		7.200		325		72			Summe: 20 h		

FÜNF-STUFEN-MODELL

Die letzten sechs Wochen vor dem Ironman Klagenfurt

Zeitziel: Unter neun Stunden

Tab. 25: *Trainingsvorschläge Ironman in 8:55 h*

Schwerpunkt: Rad fahren + Laufen
Datum: vom 12.6 bis 18.6 — Woche: 1

Tag	Gew. kg (mo)	S Dist. m	S Zeit	R Dist. km	R Zeit	L Dist. km	L Zeit	Sonstige sportliche Betätig.	Kommentar	Puls Ruhe Bel.	Gew. kg (ab)
Mo.		4.000	1:20			15	1 h			38	
Die.	73			70	2:20						73
Mi.		2.500	1:15	4 x 500		24	1:45		4 x 5 km in 21 min, nur 60 s Pause		
Do.						12	55				72
Fr.	72	2.000	30	120	4 h					38	73
Sa.				200	6:45				Hügelig, Kraftausd.		
So.	73			100	3 h	12	50		Wechseltr.		
Summe		8.500		490		63			Summe: 22:50 h		

Schwerpunkt: Laufen + Rad fahren
Datum: vom 19.6 bis 25.6 — Woche: 2

Tag	Gew. kg (mo)	S Dist. m	S Zeit	R Dist. km	R Zeit	L Dist. km	L Zeit	Sonstige sportliche Betätig.	Kommentar	Puls Ruhe Bel.	Gew. kg (ab)
Mo.									Ruhetag	40	73
Die.	72			75	2:30 h	20	1:25			38	
Mi.		4.500	1:15	3 x 1.500		16	1:10		L super Pause nur 45 s HF < 120		72
Do.				80	2:30					38	
Fr.	73			90	2:45 tut weh				R: Tempo 4 x 10 km		73
Sa.		3.000	50			30	2:15		S mit Neo im Kanal		
So.	73			70	2 h	12	50	Wechseltr.	Tempo läuft rund	39	73
Summe		7.500		315		78			Summe: 17:30 h		

TRIATHLONTRAINING

Schwerpunkt: Rad + Laufen
Datum: vom 26.6 bis 2.7   **Woche: 3**

Tag	Gew. kg (mo)	S Dist. m	S Zeit	R Dist. km	R Zeit	L Dist. km	L Zeit	Sonstige sportliche Betätig.	Kommentar	Puls Ruhe Bel.	Gew. kg (ab)
Mo.		3.500	1:10			12	55			38	
Die.	73					18	1:22				
Mi.						16	1:15		Interv. 10 x 1.000, 3:50		
Do.	73	4.000	20 x 100						S. gutes Wassergefühl		
Fr.				120	4 h				Berge mit Schwung gef.		
Sa.	72			150	5:15	12			Flach, R + L Wechseltr.		
So.	72			160	5:30				Bergig		
Summe		7.500		430		58			Summe: 22:45 h		

Schwerpunkt:
Datum: vom 3.7 bis 9.7   **Woche: 4**

Tag	Gew. kg (mo)	S Dist. m	S Zeit	R Dist. km	R Zeit	L Dist. km	L Zeit	Sonstige sportliche Betätig.	Kommentar	Puls Ruhe Bel.	Gew. kg (ab)
Mo.	72	2.000	27 min			21	1:35		S. Test L. Flop!	40	71
Die.				120	4 h	15	1:05		Wechseltr. Abstimmung passt	39	
Mi.	73			150	5 h				Ruhige Ausfahrt		71
Do.		3.500	1,5 h	70	2 h				R. Tempo-runde	40	
Fr.						10.000	35:10		Stadlauf 95 %		72
Sa.	72	3.000	50 min						S. Kanal	38	
So.								Ruhetag		38	73
Summe		8.500		340		46			Summe: 17:10 h		

FÜNF-STUFEN-MODELL

Schwerpunkt: Vorletzte Trainingswoche
Datum: vom 10.7 bis 16.7 **Woche: 5**

Tag	Gew. kg (mo)	S Dist. m	S Zeit	R Dist. km	R Zeit	L Dist. km	L Zeit	Sonstige sportliche Betätig.	Kommentar	Puls Ruhe Bel.	Gew. kg (ab)
Mo.		3.000	45	80	2:30	5.000	20		S. mit Neo Wechseltr.	38	72
Die.	73			120	3:45				R: 4 x 10 km Tempo		
Mi.								Sauna	Ruhetag	40	71
Do.			100			26	2 h		Letzter langer Lauf		
Fr.	72								Ruhetag	38	73
Sa.		3.000	Dauers.					Sauna			
So.	73			70	2:10	15	1 h		Wechseltr. R + L	38	71
Summe		6.000		270		46			Summe: 13:30 h		

Schwerpunkt: IRONMAN Klagenfurt
Datum: vom 17.7 bis 23.7 **Woche: 6**

Tag	Gew. kg (mo)	S Dist. m	S Zeit	R Dist. km	R Zeit	L Dist. km	L Zeit	Sonstige sportliche Betätig.	Kommentar	Puls Ruhe Bel.	Gew. kg (ab)
Mo.						7	30		Anreise Lockerungsl.		73
Die.		2.000	30 See	60	2 h				Wettkampfstr. besichtigt	38	
Mi.	73	4.000	1:05 See	80	2:30						73
Do.				30	50				R: kurze Tempofahrt	38	
Fr.	72	2.000	30 See			8	40		L. 4 x 1 km Ironmantempo		73
Sa.	72					6	30		Lockerungsl.	38	72
So.		3.860	50:56 +2	180	4:48 +2	42,195	3:04 h		IRONMAN 8:47 h		
Summe											

10.5 Stufe fünf – Ironman Hawaii, der Olymp des Triathlons

Wer bereits die vier Stufen durchlaufen und – so hoffe ich – stets gefinisht hat, der ist nicht nur um viele Erlebnisse und Erfahrungen reicher, sondern hat die Faszination, die Leidenschaft, die Herausforderung der Ironmandistanz voll erlebt.

Die fünfte und letzte Stufe kann nun zu einer verdammt harten Angelegenheit werden: die Qualifikation und die Krönung. Hierzu sollten die Planungen bereits in den Wintermonaten beginnen. Während des Übergangszeitraums haben wir Zeit, um in aller Ruhe für die nächste Saison die beiden absoluten Triathlonhöhepunkte zu planen.

1. Hawaii – Qualifikationswettbewerb
2. IRONMAN – HAWAII

Beide Herausforderungen müssen innerhalb eines Jahres angegangen werden, weil die Qualifikation bis auf wenige Ausnahmen nur für das gleiche Kalenderjahr gilt. Nur die Qualifikationswettkämpfe, die im September stattfinden, berechtigen zum Hawaiistart im darauf folgenden Jahr. Wer sich also in Europa für Hawaii qualifiziert, muss im gleichen Jahr – jeweils Mitte Oktober – in Hawaii an den Start gehen.

Bei den Vorplanungen geht es vor allem darum, die selbst gemachten Erfahrungen mit in die Planungen einfließen zu lassen, ebenso die eigenen Unzulänglichkeiten. Eventuell das Training noch gründlicher in den normalen Tagesablauf einfließen zu lassen.

Generell heißt die Devise:

„Arbeite an deinen Schwächen, behalte deine Stärken bei!"

Mithilfe von Trainingsaufzeichnungen und den in diesem Buch gemachten Vorschlägen sollte eine konkrete Planung für die nächste Saison möglich sein. Wichtige Fixpunkte sind halt die beiden Ironmanwettkämpfe. Man sollte nicht den Fehler begehen und meinen, da müssen noch 8-10 andere Wettkämpfe hinzukommen. Alle Konzentration und Aufmerksamkeit sollte den beiden Saisonhöhepunkten gehören. Und wenn es mit der Hawaiiqualifikation nicht klappt, keine Sorge, die nächste Saison oder die übernächste Saison kommt bestimmt.

TRIATHLONTRAINING

Wir Ausdauersportler haben das große Glück, unsere sportlichen Ziele auch mittel- und langfristig zu realisieren. Wenn die junge Familie, wenn das neue Haus, wenn der gerade vollzogene Berufswechsel uns daran hindert, unseren Traum jetzt sofort zu realisieren, so warten wir doch auf die nächste oder übernächste Altersklasse. Bis zur M 75 haben wir doch noch eine Menge Zeit, oder?

Warnen darf ich vor einer allzu frühen und überschwenglichen Motivation. Die nächste Saison wird lang, sehr lang. Selbst wenn der erste Ironman toll geklappt hat, sollte niemand die Idee hegen, auf die Regenerationszeit verzichten zu wollen. Frühestens im Dezember sollte, wie beschrieben, langsam mit dem ruhigen Ausdauertraining begonnen werden.

Noch eins zur Planung der neuen Saison. Auch die Urlaubsplanung gehört dazu, da nach erfolgreicher Qualifikation mindestens zwei Wochen für Hawaii benötigt werden. Wer die Möglichkeit hat, drei Wochen einzuplanen, sollte dies tun, damit er nach den Anstrengungen sich mit der einen oder anderen sehr reizvollen Hawaiiinsel belohnen kann. Sicherlich sind auch die finanziellen Dinge möglichst frühzeitig zu regeln.

Wer Hawaii nicht nur sportlich, sondern auch touristisch kennen lernen möchte, dem rate ich unbedingt, sich Hannes Blaschke anzuschließen. „Hannes, der kann es", trifft auf ihn doppelt zu. 1985 hat er mit seinem vierten Platz bewiesen, was er sportlich draufhat. Seit vielen Jahren organisiert er die Hawaiireisen und kennt sich drüben bestens aus. Mit folgenden Kosten muss man pro Person etwa rechnen: Startgebühr ca. € 400,-, diese sind bereits bei der Einschreibung für Hawaii fällig. € 2.500,- kommen für Flug und Unterkunft dazu. Was noch fehlt, sind Verpflegungskosten und eventuell Flugkosten zu den anderen Inseln. Bei nicht allzu großen Ansprüchen kann man demnach mit rund € 3.000-3.500,- pro Person auskommen.

Viel Geld; für den einen oder anderen Schüler, Auszubildenden oder Studenten vielleicht zu viel des Guten. Aber dieser Ironman auf Hawaii ist eine Herausforderung der besonderen Güte, einfach das Größte für einen Triathleten, eben der Olymp!

Zurück zum Qualifikationswettkampf. Theoretisch gibt es ja eine ganze Reihe von Möglichkeiten, sich für Hawaii zu qualifizieren. Die stets aktuellen Informationen sind aus dem Internet jederzeit abrufbar.

www.Ironmanlive.com

Für uns in Mitteleuropa sind die Veranstaltungen von Frankfurt, Klagenfurt, Zürich, aber auch in Großbritannien und auf Lanzarote nahe liegend. Alle lassen uns die notwendige Zeit, um auch in unseren Breiten genügend Radkilometer zu sammeln, um die 180 km in einer angemessenen Zeit zu bewältigen. Nur sehr erfahrenen Athleten ist es möglich, zwei Veranstaltungen zu absolvieren und dann noch im Oktober auf Hawaii an den Start zu gehen.

Über das notwendige und umfangreiche Training habe ich ja bereits ausführlich geschrieben. Ich wünsche jedem Triathleten auch das Quäntchen Glück, welches manchmal für die Qualifikation erforderlich ist.

10.5.1 Qualifiziert, was nun?

Zwischen den Ironmanwettbewerben von Frankfurt, Klagenfurt, Zürich und Hawaii liegen in der Regel drei volle Monate, also 12 Wochen. Jeder Triathlet benötigt nach dem europäischen Ironman eine ausreichend lange Phase der Regeneration. 2-3 Wochen lockeres, zwangloses Training sind zur physischen und psychischen Erholung dringend erforderlich. Keiner sollte auf die Idee kommen, trotz des womöglich unerwartet guten Abschneidens, zusätzliche Trainingskilometer und -intensität „draufzupacken". Die Rache wäre ihm sicher in Form von Verletzungen, die möglicherweise die Teilnahme am Ironman Hawaii in letzter Minute unmöglich machen oder aber in Form von Übertraining mit den sich daraus ergebenden Leistungseinbußen.

Die Trainingsplanung sollte sich im August und September am Trainingsumfang und den Trainingsintensitäten aus Mai und Juni orientieren. Bewährtes wird wiederholt, was sich nicht bewährt hat, eben nicht. Jedoch sollte dadurch kein Extrastress entstehen, zumal noch gleichzeitig berufliche und private Verpflichtungen anfallen. Wichtig sind regenerative Maßnahmen wie Sauna, Massagen, Stretching und genügend Schlaf. Wer im September Möglichkeiten zu einem Trainingsschwerpunkt hat, sollte diese nutzen.

10.5.2 Besonderheiten auf Hawaii

Hawaii ist nicht Europa!
Die Erfahrungen des Qualifikationswettkampfs sind sicherlich auch für Hawaii sehr nützlich, doch überschätzen darf man sie keineswegs. Es gibt weltweit keinen Ironman, der sich mit Hawaii vergleichen lässt. Die klimatischen Bedingungen sind halt einmalig. Die Temperaturen, der Wind und die hohe Luftfeuchtigkeit machen den Ironman Hawaii zu dem, was er eben ist, zu einem großen sportlichen Abenteuer. Eine Formel wie: Ironmanzeit Frankfurt + X Minuten = Hawaiizeit ist so nicht lösbar. Insbesondere dann nicht, wenn man das erste Mal auf Big Island an den Start geht. Jeder Athlet sollte versuchen, ohne großen Zeitdruck seinen Ironman zu gestalten. Die Amerikaner haben einen zutreffenden Begriff dafür: „Just do it", sagen sie. Was so viel heißt wie: Mach es einfach und sieh, was auf dich zukommt. Das ist genau die richtige Einstellung für diesen einmaligen Wettbewerb.

FÜNF-STUFEN-MODELL

Wann anreisen?
Hier lässt sich keine generelle Empfehlung aussprechen. Es gibt viele Athleten, die bereits drei oder zwei Wochen vor dem Tag X in Kailua-Kona eintreffen und im Wettbewerb genauso gut oder schlecht abschneiden wie andere, die erst fünf Tage vorher erscheinen. Viele Topathleten reisen erst knapp eine Woche vor dem Rennen an, kommen dann aber bereits aus dem sonnigen Kalifornien und haben nur ganze drei Stunden Zeitverschiebung zu überwinden. Wer aus Europa kommt, hat erstens mit dem heißen Klima seine Probleme und hinzukommen 12 Stunden Zeitverschiebung. Wenn ich die entsprechende Zeit hätte, ich würde 10 Tage vor dem Start anreisen und eine weitere Woche nach dem Rennen bleiben, um die anderen Hawaiiinseln zumindest teilweise noch kennen zu lernen.

Dabei stellen die Tage 1-3 die erste kritische Phase der Akklimatisation dar. In den nächsten 4-5 Tagen besteht dann Gelegenheit, die Wettkampfstrecken zu erkunden, bevor die letzten Tage wiederum für die Erholung und Startvorbereitungen freigehalten werden sollten. Wer zu lange vorher anreist, läuft Gefahr, „hawaiimüde" zu werden, bevor der Startschuss gefallen ist. Die bis zum Wettkampf hin langsam steigende, positive innere Anspannung und der Reiz der neuen Umgebung darf keinesfalls verloren gehen.

Der Ironman beginnt bei der Landung in Kailua-Kona
Völlig geschafft von der langen Reise landet jeder Athlet nach rund 20-stündigem Flug inmitten einer großen Lavawüste. Bei der feuchtheißen Luft kann man sich nicht vorstellen, hier einen Triathlon von 226 km zu absolvieren.

Die schwierigste Phase des Ironmans hat begonnen. Grobe Fehler in den nächsten Tagen können das Rennen anstatt zu einer Krönung zu einer Tortur werden lassen.

Der Körper ist durch das Klima und die lange Reise mehr als gestresst. Wer jetzt meint, versäumtes Training unmittelbar nach der Ankunft nachholen zu müssen, setzt auf das falsche Pferd. Ausgiebig schlafen, mal einen 40-minütigen lockeren Lauf oder ein Bad im Pazific, heißt die Devise. Möglichst viel im Schatten aufhalten und sich langsam an die starke Sonneneinstrahlung gewöhnen. Creme mit Lichtschutzfaktor 30 sollte es schon sein, vor allem bei den ebenfalls lockeren Radausfahrten. Enorm wichtig ist der Flüssigkeitsbedarf beim Radfahren. Stets mindestens zwei große Radflaschen mitführen. Tagsüber ebenfalls ständig eine volle Radflasche greifbar haben. Nachts sollte eine Flasche am Bett stehen. Alkoholische Getränke würden die Flüssigkeitsausscheidung noch erhöhen. Darum sind alkoholische, aber auch coffein- und zuckerhaltige Getränke unbedingt zu meiden.

Auch beim Lauftraining sollte stets eine große Radflasche Flüssigkeit mitgeführt werden. Auf der Wettkampfstrecke gibt es verschiedene Getränkestationen bereits eine Woche vor dem großen Rennen. Wer im Training richtig dehydriert, läuft Gefahr, sich davon mehrere Tage lang nicht mehr zu erholen.

Wer mit einem Pulsmesser regelmäßig seinen Ruhepuls misst, wird feststellen, dass dieser um einige Schläge pro Minute höher ist als daheim. Bei mir waren es jeweils 7-8 Schläge mehr.

Wie sollte man auf Hawaii trainieren?
Die spezielle Problematik der Formzuspitzung hängt selbstverständlich davon ab, wann der Athlet anreist. In dieser Phase sollte jeder so trainieren, wie es sich für ihn persönlich bewährt hat. Konkrete Umfänge und Intensitäten sind daher nicht mehr zu verallgemeinern.

In diesen unmittelbaren Vorwettkampftagen sollte sich jeder Athlet ganz besonders nach seinem Gefühl richten, weniger nach einem festgelegten Plan. In den Körper hineinzuhorchen, ist jetzt wichtiger denn je. Nach einigen Tagen gewöhnt sich der Körper langsam an die Hitze.

Trotzdem sollten die längsten Einheiten „das Entspannen am Pool" sein. Niemand sollte sich von anderen Triathleten verrückt machen lassen. Von Sonnenaufgang bis Sonnenuntergang sieht man in Kona Athleten schwimmen, Rad fahren und laufen. Da ist es oft schwer, nicht mitzumachen. Jetzt heißt es, stur zu bleiben.

Am wenigsten belastend ist das Schwimmen. Morgens um 7 Uhr ist der Pazifische Ozean noch relativ ruhig und mit seinen 28° C echt einladend. Zudem gewöhnt man sich sowohl an das wellige Salzwasser und als auch an die ungewohnt reichhaltige Tierwelt im Pazifischen Ozean.

Mentale Vorbereitung

Da das physische Training bereits eine Woche vor dem großen Rennen so gut wie abgeschlossen ist, bleibt Zeit, sich der mentalen Vorbereitung zu widmen. Sicherlich ist das mentale Training bereits seit vielen Monaten vornehmlich während der langen Trainingseinheiten mittrainiert worden. Jetzt geht es darum, diese Fähigkeiten im richtigen Moment einzusetzen.

Der erste richtige Schritt besteht darin, dass man keinerlei Ängste vor dem Ironman entwickelt, allenfalls gehörigen Respekt. Wer bei seiner mentalen Vorbereitung von den ungünstigsten äußeren Bedingungen, wie starker Wellengang beim Schwimmen, extremer Gegenwind beim Radfahren und schier unerträglicher Hitze beim Laufen ausgeht, für den kann es im Wettkampf nur noch leichter werden.

Man muss gewillt sein, mit diesem Naturerlebnis fertig zu werden, fest entschlossen, diese berüchtigten 226 km trotz aller Unannehmlichkeiten zu packen. Mittlerweile haben es bereits viele, viele tausend Triathleten hier geschafft, warum soll ich das dann nicht packen?

Geistig müssen diese schwierigsten Situationen möglichst oft durchlebt werden, damit diese dann, wenn es darauf ankommt, auch körperlich bewältigt werden können.

Auch hier der wichtigste Tipp aus dem Kapitel mentales Training:

- Ich mache meinen Ironman, nicht gegen oder für andere, sondern nur meinen eigenen. Daher orientiere ich mich nicht an anderen, nur an mir selbst und an meinen Möglichkeiten.
- Ich möchte meinen Ironman bewusst erleben, mit allen Höhen und Tiefen! So „stur" muss ich als Athlet dann auch tatsächlich bleiben und nicht jede Attacke eines anderen Triathleten mitgehen.
- Spaß soll die ganze Sache außerdem machen, oder?

Wer einen Vorgeschmack auf meine Gedanken und meine Gefühlswelt während der 226 km auf Hawaii erhalten möchte, den muss ich halt verweisen auf mein Buch *Triathlontraining ab 40* (2008). Dort ist der magische Tag X ausführlich dargestellt.

Ich wünsche Ihnen von ganzen Herzen genauso prägende Eindrücke von dieser großen sportlichen Herausforderung, wie ich sie bislang 3 x erfahren durfte und konnte.

Wer länger als 20 Jahre Triathlon betreibt, hat häufig mentale Stärke bewiesen.

Der Autor mit Hannes Blaschke, der 1985 als erster Deutscher mit Platz 4 beim Ironman Hawaii für Furore sorgte.

11 Mentales Training

Die Entwicklung der Willenskraft und eine mentale Disziplin spielt für den Triathlon und auch für das tägliche Leben eine äußerst große Rolle. Denken wir nur an die letzten Laufkilometer beim Triathlon. Da allein ließe sich ein Buch drüber schreiben. Unser Triathlontraining besteht also nicht nur aus dem physischen Training, – dem Abspulen von möglichst vielen Trainingskilometern – sondern auch aus dem mentalen Training, wenn wir erfolgreich unseren Sport betreiben möchten.

Unter dem Begriff **mental** verstehe ich dabei das Einsetzen unseres Geistes, unseres Verstandes, also jene Vorgänge, die unser Denkvermögen betreffen. Der damit eng verbundene Begriff der **Psyche** betrifft mehr den Gefühlsbereich, den seelisch-geistigen Sektor.

Vorab die Meinung eines Profis auf diesem Gebiet, Dr. Barbara Warren, Sportpsychologin aus San Diego und Koautorin meiner beiden englischen Bücher aus der Ironman-Edition. Hier ihr Beitrag:

11.1 Der Geist, ein wichtiger Faktor im Sport

„Um überhaupt fähig zu sein, Sport zu betreiben, muss man sich über die Rolle im Klaren sein, die der Geist bei unseren Erfolgen und Misserfolgen spielt. Wie kommen wir dorthin, wo wir sind? Wie gehen wir mit der Art und Weise, über uns selbst nachzudenken, um? Wie reagieren wir auf Stress und Konzentration?

Unsere Leistung im Leben besteht immer aus den geistigen Bildern, die wir vor Augen haben. Als Mensch können wir unser Leben verändern, indem wir den Gedankeninhalt unseres Geistes austauschen. Mein grundsätzliches Prinzip in der Arbeit mit Athleten in meiner eigenen Praxis stammt von meinem Trainer Noel Montrucho:

> See it – feel it – allow it.
> Was so viel heißt wie: SIEH ES – FÜHLE ES – LASS ES ZU.

Mit diesen Worten können wir unseren Geist nicht nur in die Stimmung versetzen, etwas zu tun, sondern auch dazu zu gewinnen. Mentale Erinnerung und das Ausprobieren bringen uns direkt zum Ziel, aber nur, wenn wir es aus Leidenschaft heraus machen.

Unser Körper kann nicht zwischen einer wahren und einer nur in der Vorstellung existierenden Erfahrung unterscheiden, indem wir ausprobieren, führen wir einen Kreislauf der Erfolge aus.

Dies läuft natürlich parallel mit der neuromuskulären Praxis. Wir können Gewinner sein, wenn wir unser gottgegebenes Talent zusammen mit einem Maximum an präzisem Wissen, das man im Sport anwendet, übertragen auf eine optimale Vorbereitung von Geist und Körper.

In meiner Praxis arbeite ich mit dem Durchbrechen von Grenzen, die sich die Sportler selbst gesetzt haben. Ich zeige ihnen, wie man sich mit sich selbst als Gewinner auseinander setzt. Ich erzähle ihnen, wie sie es vermeiden können, die eigenen Siege zu sabotieren, und ich weiß, dass Gewinnen gelernt sein will."

Dr. Barbara Warren und Autor Hermann Aschwer

11.2 Konkrete Einbindung

Wie kann unser Geist nun konkret in unsere Vorbereitungen und natürlich in den Triathlonwettbewerb eingreifen?

Sicherlich gibt es dafür viele erfolgreiche Möglichkeiten. Ich bin nach vielen Überlegungen zu dem Schluss gekommen, Ihnen meine individuelle mentale Beschäftigung mit dem Triathlon zu schildern, da mich meine mentale Auseinandersetzung mit dem Triathlon noch nie enttäuscht hat. Ich habe alle meine 250 Triathlons gefinisht und nie einen Triathlon unzufrieden beendet, bis auf einen Radunfall in Roth, bei dem ich per Notarztwagen ins Krankenhaus eingeliefert werden musste. Das Gleiche gilt für mehr als 300 Läufe, darunter allein mehr als 80 Marathonläufe.

Häufig wird mir die Frage gestellt: Warum ich seit nunmehr 25 Jahren Triathlon betreibe und mich immer noch neu motivieren kann. Dies hat wohl mit der von Barbara Warren angesprochenen Leidenschaft zu tun. Dies gilt sowohl für die theoretische als auch für die praktische Auseinandersetzung mit dem Triathlonsport.

Dass ich immer noch großen Spaß an der Bewegung und am Triathlontraining habe, liegt wohl darin begründet, dass ich immer großen Wert auf ein überwiegend ruhiges Ausdauertraining gelegt habe. Mein Training ist wenig intensiv – ja, ich weiß, häufig zu wenig intensiv.

Ich orientiere mich an folgenden Aussagen:

- Nicht die Zeitdauer, sondern die Intensität des Trainings belastet den Körper in unvorteilhafter Weise.
- Es gibt keinen zu langen Wettkampf, es gibt nur solche, die zu schnell sind!

Dass ein Tag, an dem ich einen Ironman bestreite, nicht unbedingt der gesündeste Tag in meinem Leben ist, leuchtet mir ein. Andererseits stellt er das „Salz in der Suppe" dar und motiviert mich eben an 360 Tagen im Jahr, auf Grund meiner Ernährung und meines Ausdauertrainings bewusster und gesünder zu leben als der „Durchschnittsmensch" in unseren Breiten.

Ich vergleiche gern einen Wettkampftag mit einem anderen Festtag. Auch dort wird durch den vorhandenen Überfluss an Speisen und Getränken in Bezug auf unsere Gesundheit gesündigt. Wer an den anderen Tagen im Jahr aber besonders gesund lebt, der darf auch beruhigt einige Male im Jahr sündigen, oder?

TRIATHLONTRAINING

Neben dem ruhigen Ausdauertraining gibt es einige andere Faktoren, die nach meiner Meinung die Motivation beim Triathlon erhalten:

In den Herbst- und Wintermonaten pflege ich einen ausgiebigen Übergangszeitraum. In dieser Zeit werden Dinge aufgearbeitet, die im Lauf des Sommers zu kurz kommen, wie die Intensivierung von Bekannt- und Freundschaften, die Planung von Reisen, das Aufarbeiten der Dias und Fotos der Sommerreisen und vor allem mein Schmökern in Lesebüchern aus den 50er Jahren. Solche alten Bücher sind für mich heute noch die schönsten und liebenswürdigsten Geschenke überhaupt.

Hier schließt sich in meiner Gedankenwelt häufig ein Kreis. Als 13-14jähriger Volksschüler fing ich bei jeder Geschichte, die nicht aus deutschen Landen stammte, an zu träumen. Obwohl ich nie über das Münsterland hinausgekommen war, entwickelte ich konkrete Vorstellungen über Österreich, Italien, Amerika, Australien und andere Länder. Viele Stunden habe ich in meiner Gedankenwelt dort verbracht.

Und heute habe ich das große Glück, diese Länder gesehen und größtenteils erlebt zu haben. Die langen Winterabende sind für diese Träumereien ideal. Während dieser ausgesprochen langen Regenerationszeit erhole ich mich körperlich, geistig und seelisch auf das Beste. Im Frühjahr freue ich mich wieder sehr auf meinen Sport, genauso wie ich mich im Herbst auf die langen Abende freue.

Wenn mein Kopf Pause sagt, kann und will mein Körper gar nicht anders. „Erst der Kopf und dann die Beine", so ist es halt.

Schließlich sind es jedes Jahr einige neue, reizvolle und vielleicht spektakuläre Wettbewerbe, die ich neu in mein Saisonprogramm aufnehme. Der Triathlon bietet in Deutschland, Europa und weltweit so viele interessante Wettbewerbe an, dass mir in dieser Hinsicht in den nächsten Jahren (warum nicht Jahrzehnten?) keine Motivationsgefahr droht.

Wie kann der Geist, die Psyche nun richtig für meine Wettbewerbe eingesetzt werden?

Persönlich habe ich bei meinen vielen Triathlonwettbewerben Folgendes festgestellt: Je länger die Distanz und damit die Wettbewerbszeit, umso entscheidender ist die mentale Stärke.

MENTALES TRAINING

Wichtig bei der psychologischen Vorbereitung auf „meinen" Triathlon, auf „meinen" großen Tag, ist eine positive Grundeinstellung, aus der meine „Leidenschaft" hervorgeht, zu meinem gesamten Tun im Zusammenhang mit dem Wettbewerb.

Mit dem großen Ziel vor Augen: Erstmalig einen Triathlon zu schaffen, – zu finishen, einen Ironman über 226 km oder mich gar für Hawaii qualifizieren zu wollen, damit habe ich mir selbst eine große Herausforderung gestellt. Diese gilt es zu bestätigen.

Die Frage nach dem „Warum" muss bereits im Vorfeld der sportlichen Betätigung eindeutig entschieden worden sein.

Die ganze Sache mit dem Triathlon wird um einiges einfacher, wenn ich den Wettkampf als ein Drei-Gang-Menü betrachte.

- Vorspeise: 1,5 km bzw. 3,86 km Schwimmen
- Hauptspeise: 40 km bzw. 180 km Rad fahren
- Nachtisch/Dessert: 10 km Laufen bzw. eben einen Marathonlauf

Damit der Nachtisch nicht zu bitter wird und „mir" mein ganzes Menü verdirbt, ist es unbedingt ratsam, die Angst vor den 10 km bzw. dem Marathonlauf zu verlieren.
Im Vorfeld des Triathlons, das kann im Frühjahr oder Herbst der Vorsaison sein, werden einige besonnene Läufe über die anstehende Laufstrecke bestritten. Für die Marathonstrecke ein unbedingtes Muss! Das gehört zu einem vernünftigen Grundlagenausdauertraining. Entscheidend dabei ist jedoch, dass man sich bei diesem Lauf nicht für die ganze Saison die Motivation nimmt, indem man die erste Hälfte wie ein Weltmeister startet und die zweite Hälfte nur noch kriechend und quälend über die Runden kommt.

So ein Lauf soll aufbauen, nicht abbauen. Das gilt sowohl körperlich als auch geistig!
Also, die Angst vor dem Laufen haben wir bereits beseitigt.

Genauso machen wir es mit dem Schwimmen. Ohne auf die Uhr zu schauen, wird die Schwimmdistanz im Vorfeld mindestens 1-2 x zurückgelegt, einfach leicht und locker.

Das Radfahren bereitet eigentlich die wenigsten Probleme. Auch hier lässt sich an einem besonders schönen Tag in Begleitung eines ruhig fahrenden Teamkollegen die Triathlonstrecke herunterspulen. Einige kurze Pausen dazwischen schaden nicht.

TRIATHLONTRAINING

Mit ist bewusst, dass ich mein tatsächliches Leistungsvermögen im Wettbewerb nicht unter Angsteinwirkung, sondern nur in einem gelösten, angstfreien Zustand erbringen kann. Die Voraussetzungen dafür sind eben durch ein durchdachtes Training zu erbringen.

Wo können im Triathlon noch Angstzustände auftreten und wie können diese beseitigt werden?

11.3   Hemmfaktor Angst

- Angst, nicht rechtzeitig zum Rad-Check-in und zum Schwimmstart anwesend zu sein:
  Hier gilt es, frühzeitig anzureisen und zu Hause bereits die Trikots in die entsprechenden Tüten zu verteilen. Gepäck und Taschen spätestens einen Abend vorher einpacken und 2 x überprüfen.
- Angst vor dem Schwimmstart: Diese kann ich durch folgende Tipps vermeiden: Rechtzeitiges Erscheinen, Gedränge meiden – selbst wenn dadurch einige Meter mehr zu schwimmen sind, Ersatzbrille in der Badehose mitführen, einschwimmen mit Überprüfung der Schwimmbrille.
- Angst vor dem Chaos in der Wechselzone: Vor dem Start die Örtlichkeiten studieren und den Ablauf mehrfach geistig herunterspulen.
- Angst vor Fußtritten: Beim Kraulen unwahrscheinlich. Zu Brustschwimmern größeren Seitenabstand halten.
- Angst vor zu schwacher Schwimmzeit, Radzeit, Laufzeit: Generell zwei Ziele stecken. Erstes Ziel heißt „Finishen", das zweite Ziel gibt eine realistische Zeit vor.
- Angst vor dem Plattfuß auf der Radstrecke: Zu Hause einige Male den Schlauchwechsel trainieren. Rennrad intensiv reinigen, dabei Inspektion aller wichtigen Teile vornehmen. Raddefekt als Verschnaufpause betrachten.

Meine sportliche Betätigung stellt für mich keinen „Kampf" dar, vielmehr soll mir auch der Wettbewerb mit seinen vielen Fassetten Spaß bereiten. Wer realistisch an einen Wettbewerb herangeht, muss keine Ängste verspüren, lediglich eine gesunde Anspannung gehört einfach zu einem guten Triathlon dazu.

Also, stets optimistisch sein, Pessimismus ist ein gewaltiger Hemmschuh!

Wir erkennen den Unterschied an der Ausdrucksweise eines Athleten.
Der Pessimist antwortet stets: Ja, aber ...
Der Optimist antwortet stets: ABER JA!

Ansonsten erinnern wir uns an meine beiden Problemlösungstheorien aus dem Buch „Mein Abenteuer Hawaii-Triathlon" (1986).

Dort heißt es: „FÜR JEDES PROBLEM GIBT ES EINE LÖSUNG!"
„AUS JEDER SITUATION DAS BESTE MACHEN!"

Experten haben zudem festgestellt, dass Versagen oder Misserfolg im Wettbewerb meistens mit negativen Gedanken verknüpft, während Erfolge mit positiven Gedanken verbunden sind.
In schwierigen Situationen könnte eine optimistische Aussage wie folgt lauten:

11.4 Positiv denken

- Wenn ich einen Plattfuß bekomme, lässt er sich in fünf Minuten beheben. Diese Zwangspause gibt mir wieder neue Kraft.
- Die momentane Schwächephase geht wieder vorbei. Nur die Ruhe bewahren. Ich habe schon andere Probleme gemeistert. Zudem werden die anderen auch noch ihre Probleme bekommen, dann bin ich wieder obenauf.
- An einem steilen Berg nicht jammern und wehklagen, sondern mit gesunder Aggressivität das Rad den Berg hochdrücken.
- „Berg, komm, dich fresse ich heute, dich packe ich – auch wenn du etwas dagegen hast." Gleich kommt eine rasante Abfahrt, dann gilt: „Nur noch Fliegen ist schöner."
- Im Radpark: „Lass die Hightechräder ruhig diesen und jenen Schnickschnack haben. Ich bin mit meinem Rad auch schon einen ... iger Schnitt gefahren. Treten müssen alle. Ich werde schon den einen oder anderen davon packen."
- Sich auf seine Stärken beziehen, sich dieser bewusst werden. Eigene Schwächen akzeptieren, sich dennoch nicht darauf konzentrieren. Die gesamte Konzentration sollte den eigenen Stärken gewidmet sein.
- Nicht so sehr unter Druck setzen, denn dieser hemmt. Vielmehr bewusst werden lassen, was im Leben eigentlich wichtiger ist. Wie Gesundheit, Freude, Spaß, ...!
- Entspanntes Verhalten ist selbst im Training ein Erfolgsgarant.

Die Methoden, wie sich ein Athlet psychisch und mental auf einen Wettbewerb vorbereitet und diesen durchführt, sind so zahlreich wie die Dreikämpfer.
Wie man sich der eigenen Stärken und Schwächen bewusst werden kann, zeigt uns der hochinteressante Beitrag von Prof. Georg Kroeger im Anhang dieses Buches „Umgang mit deiner Persönlichkeitsstruktur – ein Erfolgsfaktor –".

Das frühzeitige Planen der Saisonhöhepunkte ermöglicht es, sich mental auf die neue Herausforderung einzustellen. Dies ist enorm wichtig, ja sogar Voraussetzung, für die geeignete Trainingsmotivation.

Das selbst gesteckte Vorhaben beim Triathlon ist nicht für jeden von uns der Sieg in einem Wettbewerb. Dafür kommen immer nur relativ wenige Athleten infrage. Eine persönliche Bestleistung beim Schwimmen, beim Radfahren, beim Laufen, eine vordere Platzierung in der Altersklasse, die Qualifikation für eine Meisterschaft oder einfach ein guter Wettbewerb stellen Motivation und Anreiz zur Genüge dar. Überhaupt ist die Motivation eine der großen Säulen einer guten mentalen Vorbereitung. Daneben sind das Selbstvertrauen und die Entspannung weitere wesentliche mentale Merkmale für einen Ausdauersportler.

Zu den Beweggründen, einen Triathlonwettbewerb zu bestreiten, gehören sicherlich ganz andere, als die, die das regelmäßige Training bewirken. Geht es bei den Wettbewerben um Dinge wie Herausforderung, Anerkennung, echtes Erleben, Platzierung oder einfach um die Tatsache, sich mit anderen messen zu wollen, sind es beim Training mehr Dinge wie Freude an der Bewegung, das Genießen der Landschaften, Vielseitigkeit, Gesundheitsbewusstsein, sinnvolle Freizeitgestaltung und Kontakt mit Gleichgesinnten. Zum Letzteren gehört das Training in der Gruppe.

11.5 Mentale Stärke gewinnen

Zur mentalen Stärke eines Triathleten gehört ein gesundes Selbstvertrauen. Es wächst mit dem Training der letzten Monate und Wochen vor dem Wettbewerb. Der Glaube, dass mein Training nicht nur richtig, sondern für mich ideal war, stärkt dieses Selbstvertrauen. Meinen Wettkampfplan lege ich unter Beachtung meines Umfeldes fest. Das bewirkt eine echte Vorfreude auf den Triathlon. Ich finde Freude daran, diesen Wettbewerb gut meistern zu wollen, mit den dann auftretenden Problemen und Schwierigkeiten zu ringen und letztlich diese zu besiegen. Insofern gibt es beim Triathlon später viele kleine Siege unterwegs zu feiern, die sich dann im Ziel zu einem großen persönlichen Sieg addieren. Diese Vorfreude auf den großen Tag X sorgt dann auch für die erforderliche Anspannung, die für eine große Leistung erforderlich ist.

Damit jedoch der große Tag X zu einem persönlichen Erfolg wird, gilt es, die vielen technischen und organisatorischen Dinge zu bedenken, die im weiteren Verlauf des Buches noch beschrieben und dargestellt werden.

MENTALES TRAINING

Mit folgender Einstellung gehe ich nun in wichtige Wettbewerbe:

- Realistische Einschätzung meines Könnens.
- Es ist ein Wettbewerb für mich **mit** anderen, kein Kampf gegen andere.
- Ich schwimme, radle und laufe nur für mich.
- Die anderen Triathleten sind Mitstreiter, keine Gegner, die „geschlagen, geschrubbt oder niedergemacht werden".
- Der Triathlon heute soll Spaß machen. Freude und Spaß am Gleiten im Wasser, am Sausen auf dem Rad und Genuss beim Laufen.
- Ich habe keine Angst vor einer Disziplin, wohl aber Respekt vor den Strecken und deren Länge.
- Dieser Triathlon bietet die Gelegenheit, mein Können mir selbst zu beweisen.
- Dies ist „mein" Wettbewerb, was andere tun, ist mir völlig egal.
- Ich richte mich nur nach meinem Körper, meinem Gefühl, meinem Geist.
- Die innere Anspannung dient der Wettkampfmotivation und ist mir bei der zu erbringenden sportlichen Leistung behilflich.
- Wichtigstes Ziel bei diesem Triathlon ist es zu finishen. Bestzeiten und Platzierungen sind sekundär.

Wer mit dieser Einstellung Wettbewerbe bestreitet, wird eine Menge Spaß haben und sich pudelwohl fühlen. Aus den vorgenannten Gründen freue ich mich stets auf den Wettbewerb und kann diesem gelassen entgegensehen.

Trotz allem kenne ich vor dem Start auch folgendes Gefühl: Ich muss heute wohl alles verlernt haben. Ich fühle mich kaum in der Lage, mein Schwimmen, Radfahren und Laufen auch nur im normalen Trainingstempo durchzuführen.

Allerdings weiß ich aus der Vergangenheit, dass mit dem Startschuss dieses ungute Gefühl beseitigt ist und ich im Wettkampf mein Wohlfühltempo finden werde, was deutlich höher ist als mein normales Wohlfühltempo im Training. Diese Selbstsicherheit wächst mit jedem Triathlon mehr. Darüber hinaus bin ich gespannt auf neue Verrücktheiten, die mich heute wieder ärgern wollen.

Mit dem Startschuss löst sich die Anspannung und ich versuche, so schnell es geht, in einer Randzone etwas Freiraum zum Schwimmen zu erhalten. Mein Prinzip: lieber etliche Meter mehr in meinem eigenen Rhythmus, als im dichten Pulk in Panik zu geraten. Immer in dem Bewusstsein schwimmend, dass anschließend noch zwei ausgewachsene Ausdauersportarten folgen, gerate ich weder in Sauerstoffschuld noch in Panik. Obwohl die Gedanken manchmal abschweifen, versuche ich, mich auf meinen Schwimmstil zu konzentrieren.

Bei kühler Witterung und bei langen Wettbewerben wechsle ich generell meine Sportbekleidung. 180 km in einer Badehose zu fahren, bedeutet mir zu wenig Fahrkomfort. Persönlich kann ich Kälte nicht gut vertragen und gehe deshalb keine gesundheitlichen Risiken ein, obwohl das Umziehen Zeit und Plätze kostet.

Beim Radfahren spule ich ebenfalls mein Tempo herunter und kümmere mich herzlich wenig darum, wie schnell oder langsam andere Athleten fahren. Ich mache meinen Triathlon, ich verlasse mich auf mein Gefühl. Das hat mich noch nie betrogen. Bei kurzen Triathlons lasse ich mich hin und wieder doch mal mitreißen und versuche, einem mir bekannten Athleten in angemessenem Abstand, eventuell auf Sichtweite, zu folgen. Eine Bemerkung auch an dieser Stelle zum grob unsportlichen Windschattenfahren. Wer nicht Windschatten fahren will, der findet immer Möglichkeiten, sportlich fair zu fahren. Selbst auf die Gefahr hin, dass man sich einige Meter zurückfallen lassen muss. Zwar ärgerlich, ich tröste mich damit, dass diese langsamere Fahrt dann eine geringe Krafteinsparung bedeutet. Entweder heißt es dann: Heb dir die Kräfte für das Laufen auf oder ich starte einen Zwischenspurt, um mich halt abzusetzen.

Die Motivation wächst beim Radfahren zusehends und macht neue Kräfte frei. Ich beobachte die Zuschauer und freue mich auf meine neue Zwischenhochrechnung. Ich setze mir auf den langen Strecken mehrere Teilziele, z. B. beim Radfahren die 60-, 120-, 150-km-Marke, beim Laufen sind es jeweils die 5-km-Abschnitte. Bei Kurzdistanzen sind es auf dem Rad die 10-km-Punkte und beim Laufen die geraden Kilometerzahlen.

Ganz wichtig ist es, seinen gesteckten Teilzielen vorauszufahren oder zu -laufen. Wer ständig hinter seinem Plan herfährt und -läuft, verliert den Spaß, Zweifel tauchen auf. „Warum mache ich das überhaupt? Habe ich das nötig? Kann ich nicht auch ohne Triathlon leben usw.?" Der Weg zur Aufgabe, zum Misserfolg ist bereits eingeschlagen. Gründe zur Aufgabe lassen sich beim Triathlon tausendfach finden.
    Der Frust, nicht gefinisht zu haben, sitzt dann oft so tief, dass der sportliche Ausstieg vorprogrammiert ist.

Vornehmlich beim Laufen treten für jeden Athleten mehr oder weniger große Probleme auf. Eine kurzzeitig ruhigere Gangart und der Wille zu finishen, hilft hierbei immer. Jede gelungene Überwindung bedeutet einen kleinen Sieg. Bis zur Ziellinie werden dann die vielen kleinen Siege zu einem überwältigenden persönlichen Sieg. Jeder, der die Ziellinie überquert, ist ein Sieger und darf sich, ja muss sich, so fühlen.

Ob andere mit meiner Leistung zufrieden sind oder nicht, interessiert mich herzlich wenig. Entscheidend ist, dass ich mit mir persönlich zufrieden bin. Dieses Selbstbewusstsein gehört zum Triathleten.

Selbst wenn die Zeit nicht ganz unseren Vorstellungen entspricht, aber – was besagt das in Bezug auf das Wetter, die Strecke, die Probleme usw.?

Wichtig für mich ist ferner nach einem Triathlon die Feststellung: „Ich habe heute mein Bestes gegeben. Das, was unter den heutigen Bedingungen und mit meinem Trainingsaufwand möglich war. Damit akzeptiere ich meine Leistung und bin zufrieden."

Meine Zufriedenheit, meine Glücksgefühle im Ziel entschädigen dann für viele kleine Unannehmlichkeiten im Vorfeld dieses, meines persönlichen Sieges.

Die **richtige mentale** Wettkampfvorbereitung äußert sich nach meinen Erfahrungen wie folgt:
Ungeduldige Erwartung des Startschusses, verbunden mit einer leichten, freudigen Anspannung oder Erregung. Diese setzt sich im Wettbewerb fort mit einer klaren und bewussten Orientierung. Man hat den Triathlon „im Griff". Dadurch können die eigenen Energien richtig eingesetzt werden. Der Triathlon wird bewusst erlebt, mit all seinen Höhen und Tiefen.
Die zwangsläufige Folge wird ein gutes Ergebnis sein. Damit verbunden ist ein Motivationsschub für das zukünftige Training.

Eine **leistungsmindernde mentale** Wettbewerbsvorbereitung äußert sich dagegen wie folgt:
Übergroße Nervosität, Hast, unkontrolliertes Handeln, beschleunigter Puls, starker Harndrang, übergroßer psychischer Druck. Im Triathlon führt dies zur Kopflosigkeit (z. B. wird jede Attacke anderer Athleten mitgefahren) und taktischer Unbeherrschtheit. Der Misserfolg ist vorprogrammiert. Häufig erlebt man gar, dass sich Sportler vor entscheidenden Wettbewerben so stark unter Druck setzen, dass sich der Körper eine Krankheit oder Verletzung „nimmt" und sie damit von einem Start regelrecht befreit sind.

Eine zweite Art einer Leistungsminderung äußert sich z. B. in Folgendem:
Völliger Gleichgültigkeit, Lustlosigkeit, Unfähigkeit, die Gedanken zu ordnen, oder gar der Wunsch, sich vom Wettkampf zurückzuziehen. Die Folge im Triathlon wird dann fehlende Willenskraft sein mit allen negativen Auswirkungen. Der Ausstieg ist vorhersehbar.

12 Der Laufschuh, wichtigster Teil der Ausrüstung

Für Triathleten hat der Laufschuh, genauer gesagt, die Laufschuhe, eine essenzielle Bedeutung. Wir können mit wenig geeigneten Shorts oder Laufhemden unseren Sport ausüben, wer das aber mit ausgetretenen Laufschuhen versucht, der wird mittel- und langfristig wenig Freude daran finden. Er wird sich sogar durch ungeeignete Laufschuhe eine Reihe von Verletzungen zuziehen, wie z. B. Verhärtungen der Waden, Gelenk- und Muskelschmerzen, Knieprobleme, Rückenbeschwerden u. a.

Hinzu kommt, dass heute nur jeder dritte Mensch noch einwandfreie Füße hat. Alle anderen müssen sich mit mehr oder weniger stark ausgeprägten Spreiz-, Senk-, Platt- oder Knickfüßen herumplagen.

Daher sollte jeder Athlet bei Muskel-, Sehnen- und Gelenkbeschwerden vom Kopf über Wirbelsäule, Becken, Knie bis zum Fuß als Erstes die Füße auf Fehlstellungen untersuchen lassen. Da auch viele Menschen ungleich lange Beine aufweisen, sollten auch die vermessen werden.

Unterschiede von mehr als 10 mm werden in der Regel durch einzuklebende Fersenkeile teilweise ausgeglichen. Senk- und Plattfußstellungen bereiten beim Laufen nur selten Beschwerden. Ein Spreizfuß lässt sich mit einer Pelotte stützen. Nur muss diese an der richtigen Stelle angebracht sein.

Gelenk- und insbesondere Kniebeschwerden werden durch einen Knickfuß hervorgerufen. Diese Fußfehlstellungen können Sie selbst auf folgende Weise analysieren:

- Im Stand.
- Durch Barfußlaufen.
- Laufen mit Laufschuhen.

Unbedingt ratsam ist eine so genannte *Laufbandanalyse*. Bei diesem Lauftest, der auf einem Laufband vorgenommen und mit einer Videokamera aufgezeichnet wird, werden Fußfehlstellungen deutlich. Eine Reihe von Sportgeschäften mit besonders guter Laufschuhberatung verfügt über diese Diagnosemöglichkeit.

Geeignete Laufschuhe lösen dann in den meisten Fällen die angesprochenen Probleme.

Welche Belastungen für Athleten beim Laufen auftreten, dazu ein kleines, eindrucksvolles Rechenbeispiel:

Bei einem 10-km-Lauf setzt jeder Fuß 4.000 x auf. Für einen 75 kg schweren Läufer ergibt das bei einem mittleren Aufprall von 2 g (zweifache Erdbeschleunigung) 75 kg x 2 g x 4.000 Schritte = 600.000 kg = 60 t. Oder eine Kraft von 6.000.000 N = 6.000 KN = 6 MN.

Dieses einfache Rechenbeispiel für einen normalen 10-km-Lauf zeigt auf, wie groß die auftretenden Kräfte sind und dementsprechend die Belastung für den Bewegungsapparat ist. Zu bedenken gilt es weiterhin, dass der Bewegungsapparat nicht so anpassungsfähig ist wie das Herz-Kreislauf-System. Hieraus wird deutlich, wie enorm wichtig ein guter Laufschuh für jeden Triathleten und Läufer ist.

Der Laufschuh stellt die Verbindung zwischen den Füßen und dem Boden dar. Die oben erwähnte, enorme mechanische Belastung kann leider sehr schnell zu Fehlstellungen des Fußes führen. Die häufigsten Gelenk- und Muskelschmerzen haben ihre Ursache in ungeeigneten oder ausgetretenen Schuhen und ebenso in schief gelaufenen Absätzen. Wer also einen Orthopäden aufsucht, sollte grundsätzlich bei Gelenk- und Muskelschmerzen seine Laufschuhe mitnehmen. Sehr häufig lassen sich die Probleme mit einem neuen, geeigneten Laufschuh lösen.

Ein guter Laufschuh beugt Überlastungsschäden wie:

- Knickfuß,
- Überlastung der Knie- und Hüftgelenke,
- Verhärtung der Waden,
- Rückenbeschwerden,
- Muskelbeschwerden u. a. vor.

Daher muss der richtige Laufschuh stoßdämpfend, führend und stützend wirken. Beim Neukauf sollten Sie deshalb unbedingt auf folgende Punkte achten:
- Da das meiste Gewicht des Läufers normalerweise auf der Ferse landet, ist eine feste Ferse und eine gute Dämpfung erforderlich.
- Der Fersenrand muss weich gearbeitet sein, damit keine Achillessehnenprobleme auftreten.

- Das Laufschuhoberteil sollte gut am Fuß anliegen, ohne jedoch eine Beengung darzustellen. Aus diesem Grund produzieren die meisten Hersteller unterschiedliche Schuhweiten.
- Im vorderen Schuhbereich muss genügend Platz für die Zehen vorhanden sein. Dieser ist vorhanden, wenn der Spielraum zwischen Schuhkappen und Zehen 1 cm beträgt.
- Beachten Sie, dass die Schuhgrößen von Hersteller zu Hersteller sehr verschieden ausfallen können. So trage ich z. B. Schuhgrößen von 13 bis zu 14,5.
- Generell kann ein Wettbewerbsschuh leichter sein als ein Trainingsschuh, da die Laufumfänge im Wettbewerb wesentlich niedriger sind als die gelaufenen Trainingskilometer.
- Zu berücksichtigen ist, ob die Laufschuhe überwiegend im Gelände oder auf der Straße genutzt werden.

Viele Athleten neigen zur **Pronation**. Hierbei handelt es sich um das Einknicken im Sprunggelenk nach innen. Diese Schwierigkeiten werden durch eine entsprechend härtere Dämpfung im Sohleninnenbereich ausgeglichen. Ein weiterer Teil der Läufer neigt zur **Supination**. Das hierbei vorliegende Einknicken im Sprunggelenk nach außen wird durch eine entsprechend härtere Dämpfung im Sohlenaußenbereich ausgeglichen. Häufig sind O-Beine, lockere Bänder im Knöchelbereich oder ein Hohlspreizfuß die Ursache hierfür.

Ob ein Läufer zu den *Pronierern* oder zu den *Supinierern* zählt, ist entweder an seinen abgelaufenen Schuhen oder mittels einer Laufbandanalyse leicht zu ermitteln. Daher sollten Sie beim Schuhkauf die ausgedienten Treter mit sich führen und unbedingt fachliche Beratung in Anspruch nehmen.

Aus den aufgeführten Problemkreisen ist ersichtlich, dass es den optimalen Universalschuh nicht gibt. Dies erfordert vom Athleten das Tragen von unterschiedlichen Laufmodellen.

Als Empfehlung gilt hier: Mindestens zwei Paar Laufschuhe, besser drei Paar im Wechsel tragen.

Wie lange halten Laufschuhe heute?

Da die Haltbarkeit nicht vom Alter der Schuhe, sondern nur von der Gesamtbelastung abhängt, geben die gelaufenen Kilometer hierfür einen Richtwert an. Die Gesamtbelastung für den Laufschuh ist abhängig von der Laufgeschwindigkeit, dem Gewicht des Läufers, dem Laufuntergrund und der Lauftechnik.

Der Laufexperte Carl-Jürgen Diem (2006) beziffert die Gebrauchstauglichkeit der heutigen Laufschuhe nur noch mit 1.000-1.500 km.

13 Ernährung

Einige zehntausend Menschen betreiben in Deutschland in irgendeiner Form Triathlon. Die einen als Breitensportler, um gesund und fit zu bleiben, die anderen als Leistungs- und Hochleistungssportler, um ihre individuellen Möglichkeiten auszuschöpfen.

Heute weiß man, dass zur Erhaltung von Gesundheit und Fitness eine vernünftige Ernährung erforderlich ist. Von noch größerer Bedeutung ist sie für leistungsorientierte Triathleten, da der Organismus in stundenlangem Training und vor allem im Wettbewerb höchsten Belastungen ausgesetzt ist. Individuelle Höchstleistungen im Triathlon lassen sich deshalb nur durch ein systematisches Training und eine angemessene Ernährung erreichen.

Eine nicht adäquate Ernährung bildet häufig den Grund für vorzeitige Ermüdung oder den Ausstieg aus dem Wettbewerb.

Ebenso kann das gesamte Triathlontraining im Hinblick auf den oder die Saisonhöhepunkte in Frage gestellt werden. Triathlontraining und -wettbewerbe sind mit gesteigerten Energieumsätzen verbunden und setzen eine Reihe von Stoffwechselprozessen in Gang. Dem menschlichen Organismus müssen hierzu

a) Nährstoffe, die Energie liefern:
   Kohlenhydrate,
   Eiweiß,
   Fett,

b) Wirkstoffe,
   Elektrolyte,
   Spurenelemente,
   Vitamine und
   Flüssigkeit
   zugeführt werden

13.1 Die häufigsten Mangelerscheinungen bei Ausdauersportlern

Eisenmangel
Dieser zeigt sich wie folgt: Müdigkeit, Abgeschlagenheit, Lustlosigkeit, verminderte Leistungsfähigkeit.

Eiweißmangel
Nachweis über eine Blutanalyse.

Magnesiummangel
Muskelzuckungen und -krämpfe, Händezittern, Krampfanfälle des ganzen Körpers.

Kaliummangel
Muskulaturschwäche, allgemeine Unlust, Schlafstörungen.

Möglichkeiten zur Mängelbekämpfung

Bewusste Ernährung
Die Kurzform dafür lautet: vollwertig, die richtigen Fette und möglichst viel Eiweiß.

Natürliche, leistungsfördernde Nahrungsergänzung durch Kanne Brottrunk® und Fermentgetreide
Durch regelmäßige Aufnahme von Brottrunk®, einem Milchsäuregärungsgetränk, kommt es zu einem Ausgleich des Mineralhaushalts und zum Anstieg des Sauerstoffpartialdrucks. Damit verbunden ist ein verbesserter Stoffwechsel, welcher zu einer größeren Leistungsfähigkeit führt. Bei hartem Training oder Wettbewerben sorgt der Brottrunk® für eine bessere Durchblutung und für eine Entgiftung der toxischen Gewebsfleischsäure, die Folge ist kein Muskelkater und keine Krämpfe. Somit besteht die Möglichkeit, wesentlich härter und länger zu trainieren. Die Regenerationsphase verkürzt sich dadurch wesentlich.

Substitutionen per ärztlicher Verordnung
Nach Angaben von Dr. Strunz (2004) balanciert in der Regel eine bewusste Ernährung den Elektrolythaushalt aus, bis auf zwei markante Ausnahmen:
Eisen und
Magnesium.

ERNÄHRUNG

Ausdauersportler scheinen demnach auf zusätzliche Substitutionen von Eisen und Magnesium angewiesen zu sein. Das kristallisierte sich aus Zehntausenden von Blutmessungen heraus. Nur selten bestehen bei ausgewogener Ernährung zusätzliche Defizite, so Dr. Strunz (1999) weiter. Obwohl es Magnesium- und Eisenpräparate in Kaufhäusern und Drogeriemärkten zu kaufen gibt, sollte die Einnahme dieser Substanzen unter ärztlicher Kontrolle geschehen. Mehr dazu in Kap. 19.

Eiweißkonzentrate
Bei einer vollwertigen Basisernährung stellt sich normalerweise eine ausreichende Eiweißversorgung ein. Zu achten ist jedoch auf magere Eiweißspender. Wird im Blut der Gesamteiweißwert von 7,6-8,2 g/dl für Triathleten nicht erreicht, so sind Eiweißkonzentrate möglich. Diese sollten 1-2 Stunden vor oder in der ersten Mahlzeit nach dem Training in Flüssigkeiten aufgenommen werden, da sie nicht über einen längeren Zeitraum im Körper gespeichert werden können. Eiweißkonzentrate sollten eine Wertigkeit von über 100 % aufweisen.

Taxofit® Magnesium
Das „Ausdauermineral" Magnesium sorgt für eine optimale Übertragung energiereicher Verbindungen. Der Energiestoffwechsel läuft daher reibungslos ab. Aus diesem Grund ist Magnesium sehr wichtig für die sportliche Ausdauer.

Viba® Kohlenhydrat- und Eiweißriegel
Energieriegel, die im Sport leicht zu essen sind, eine gute Verdaulichkeit aufweisen, dem Körper schnell frische Energie liefern und zudem prima schmecken, sind für mich Viba® sportsline Energieriegel. Diese eignen sich insbesondere zur Verpflegungsaufnahme bei längeren Trainingsfahrten und natürlich bei Mittel- und Ironmandistanzen.

13.2 Die Flüssigkeitsbilanz des Triathleten

Ein 75 kg schwerer Triathlet trägt etwa 45 kg Wasser mit sich herum. Die Hälfte dieses Wassers befindet sich davon allein in der Muskulatur. Die gesamten Stoffwechselfunktionen sind nun auf diesen Wasserhaushalt, in dem die Enzyme und die Mineralien ihre optimale Wirkung entfalten können, abgestellt. Kleine Abweichungen hiervon implizieren bereits Änderungen im Ablauf dieser Reaktionen. Wasserverluste führen zu stärkeren Konzentrationen z. B. des Blutes im Ablauf der Stoffwechselvorgänge und damit zur Leistungsminderung.

Körperliche Leistungen, wie sie beim Triathlonsport erbracht werden, gehen mit einer hohen Wärmeproduktion einher. Mit der Verdunstung von 1 l Wasser werden knapp 600 kcal an Wärme abgegeben, gleichzeitig schützt sich der Organismus durch die Verdunstung vor Überwärmung.

Gewichtsverluste beim Triathlon sind überwiegend Flüssigkeits- und Mineralsalzverluste. Vor allem bei schwülem Wetter können Triathleten in einer Stunde bis zu 3 l Schweiß verlieren. Die Schweißmenge hängt von mehreren Faktoren ab, z. B.

- Belastungsintensität,
- Temperatur,
- Luftfeuchtigkeit,
- Trainingszustand und
- von individuellen Faktoren, wie eine mehr oder weniger starke Veranlagung zum Schwitzen.

Die Fähigkeit zur Schweißproduktion bildet die Voraussetzung für die zu erbringende Leistung, weil die mit zunehmender sportlicher Leistung vermehrt produzierte Wärme vom Körper abgegeben werden muss. Die großen Ausdauerleistungen im Triathlon sind nur deshalb möglich, weil der Organismus in der Lage ist, das Nebenprodukt der hohen Leistung – die Wärme – über den Schweiß abzugeben. Trotz allem kann die Körpertemperatur nach einem Triathlon, auch bei gut trainierten Athleten, bis auf 40° C oder gar 41° C ansteigen.

Zusammensetzung des menschlichen Sportschweißes
Alle Zahlenwerte beziehen sich auf „mg pro Liter Schweiß"

- Natrium   1.200
- Chlorid   1.000
- Kalium   300
- Kalzium   160
- Magnesium   36
- Sulfat   25
- Phosphat   15
- Zink   1,2
- Eisen   1,2
- Milchsäure   1.500
- Harnstoff   700
- Vitamin C   50

13.3 Welche Auswirkungen haben Wasserverluste?

Bei Wasserverlusten sinkt die Leistungsfähigkeit. Ganz allgemein gilt: je größer der Wasserverlust, umso größer der Leistungsverlust.

Mit jedem Prozent verlorenem Körpergewicht nimmt das Plasmavolumen (Blutvolumen) um 2,4 % ab, das Muskelwasser um 1,3 %.

Folgen des Wasserverlusts

Der Flüssigkeitsverlust bedeutet, dass zunächst dem Blut und dann auch dem gesamten Körper Wasser entzogen wird. Dadurch werden die Körperflüssigkeiten „konzentrierter". Das Blut wird dickflüssiger und kann deshalb viele Aufgaben als Transportmittel nur noch beschränkt erfüllen, z. B.:

- Verminderter Sauerstofftransport zur Muskulatur, das bedeutet verminderte Energiebereitstellung und weniger Muskelleistung.
- Verminderter Sauerstofftransport zur Leber, das bedeutet weniger Energie für die Leberzellen und langsamerer Abbau der Stoffwechselprodukte, z. B. der Milchsäure. Demzufolge tritt eine schnellere Ermüdung ein.
- Verminderter Sauerstofftransport zum Gehirn, das bedeutet verminderte Konzentrationsfähigkeit, was wiederum Fehler bei der Rad- oder Lauftechnik hervorruft.
- Verminderter Wärmetransport vom Körperinneren zur Haut, das bedeutet Überhitzung des Organismus, damit ist eine Leistungsminderung verbunden.

2 % Wasserverlust, bei 75 kg Körpergewicht sind das nur 1,5 l, vermindert die Ausdauerleistungsfähigkeit und erzeugt ein leichtes Durstgefühl. Für Triathleten heißt das: Trinken, bevor ein Durstgefühl aufkommt, also sobald man auf dem Rad sitzt.

Bei einem Wasserverlust von 4 % treten erhebliche Leistungsbeeinträchtigungen auf, zusätzlich eine Verminderung der Kraftleistung.

6 % Wasserverlust haben bereits Erschöpfung, Reizbarkeit und deutliche Schwächung zur Folge. Das Durstgefühl ist sehr stark.

So weit darf man es beim Triathlon – selbst auf Hawaii – gar nicht kommen lassen. Gleiches gilt natürlich für die langen Trainingseinheiten.

Wasserverluste, die größer als 6 % sind, führen bereits zu Übelkeit, psychischen Störungen und zur mangelhaften motorischen Koordination, z. B. Wanken und Torkeln anstatt Laufen.

Jenseits der 10 % wird der Wasserverlust bereits lebensgefährlich, eine Angelegenheit, bei der der Sport kein Sport mehr ist. Besonders problematisch sind schnell eintretende Flüssigkeitsverluste bei heißem Wetter. Sie verstärken die Leistungseinbußen noch. Langsame Flüssigkeitsverluste, wie sie dagegen bei kühler Witterung auftreten, verringern die Leistungseinbußen. Triathleten, oder ganz allgemein Sportler, die früh anfangen zu trinken und zudem viel trinken, schwitzen weniger, da ihre Blutgefäße gefüllt sind und dadurch mehr Wärme abstrahlen können. Demzufolge muss dann weniger Wärme über die Schweißverdunstung abgegeben werden.

Mit dem Schweiß gehen leider auch Mineralstoffe verloren. Daher ist es wichtig, dass nicht nur das verlorene Wasser ersetzt wird, sondern ebenso die verlorenen Mineralstoffe. Reines Wasser kann im Körper nicht gebunden werden, da zu seiner Bindung die notwendigen Mineralstoffe nicht mitgeliefert werden. Das reine Wasser wird dann über die Nieren wieder ausgeschieden, wobei weitere Mineralstoffe mit ausgeschieden werden. Die ganze Situation würde sich nur noch verschlechtern.

Tee, Limonaden und Coca-Cola® liefern nahezu auch nur reines Wasser und eignen sich daher als Ersatz für den verloren gegangenen Schweiß nicht. Ihnen fehlen eben die erforderlichen Mineralien. Ein ideales Getränk, allein von der Mineralseite, ist ein Gemisch aus Brottrunk® + Apfelsaft im Verhältnis 1:1. Es sorgt für einen verbesserten Stoffwechsel, der ist schließlich dafür verantwortlich, dass die „toten Punkte" bei einem Wettkampf weit gehend entfallen.

Wie ein geeigneter Ersatz für die im Schweiß verloren gegangenen Mineralstoffe und Vitamin C geschaffen werden kann, zeigt die nachfolgende Tabelle recht eindrucksvoll:

ERNÄHRUNG

Tab. 26: *Mineralstoffgehalt einiger Getränke*

In 100 ml durchschnittlich enthalten (mg)	Natrium	Kalium	Kalzium	Magnesium	Vitamin C
Schweiß	120	30	16	3,6	5
Limonade	0	0	0	0	0
Coca-Cola®	0	0	0	0	0
Mineralgetränk[1]	88	160	16	8	0
Mineralwasser[2]	118	11	348	108	0
Brottrunk[3]®	59	24,5	12	9,3	0
Apfelsaft[4]	3	214	9	5,5	10,5
Brottrunk® + Apfelsaft (1:1)	31	169	10,5	7,4	5,2

1) Mineralgetränk Mineral plus 6
2) Gerolsteiner Mineralwasser®
3) Kanne Brottrunk®
4) Apfelsaft Granini®

13.4 Leistungssteigerung durch richtige Ernährung

In der Vorwettkampfphase

Triathlon ist eine Kombination aus Ausdauer und Kraft. Da beim Training ein Kompromiss für das ideale Verhältnis von Ausdauer und Kraft gefunden werden muss, bedeutet dies für die Ernährung, in den Frühjahrsmonaten ein ausgewogenes Verhältnis zwischen Kohlenhydraten und Eiweiß zu finden.

Die einfachste Formel nach Dr. Strunz (2004) lautet: „Soviel Eiweiß wie möglich und die hochwertigen Fette". Auch Mark Allen weist immer darauf hin, dass Triathleten reichlich Eiweiß für ihre leistungssportlichen Aktivitäten benötigen.

Da kaum ein Triathlet seine Mahlzeiten mit der Küchenwaage zubereiten kann, – vor allem dann nicht, wenn man auswärts oder in Kantinen speist – ist es wichtig zu wissen, welche Nahrungsmittel zu meiden und welche zu bevorzugen sind.

Zu meiden sind Nahrungsmittel, die nur „leere Kalorien" liefern.

Die bereits zuvor aufgeführten Nahrungsmittel sollen nicht so weit verdammt werden, dass Triathleten nun weder ein weißes Brötchen noch ein Stück Kuchen oder gar einen Pfannkuchen essen dürfen. Die Vorliebe von Ausdauersportlern für Kuchen ist ja hinlänglich bekannt. Es soll auch niemand zu einem freudlosen Asketen werden. Vielmehr kommt es darauf an, sich dieser Negativliste bewusst zu sein, um bei einer entsprechenden Auswahlmöglichkeit den Vollkornkuchen zu essen anstatt den vielleicht verführerisch aussehenden Sahnekuchen.

Wer sich insgesamt bewusst ernährt, der darf auch mal sündigen. Nur sollte klar sein, dass auf Dauer ein Hochleistungsmotor nicht mit minderwertigem Sprit fahren kann. Ein gut trainierter Triathlet ist nun mal nicht von Natur aus 6 x leistungsfähiger als ein Nichtsportler, sondern auf Grund seines guten Ausdauertrainings und seiner bewussten Ernährungsweise.

Bei der Auswahl der richtigen Nahrungsmittel haben wir neben der richtigen Verteilung der Kohlenhydrate, Eiweiße und Fette genauso auf ausreichende Mineralstoffe, Spurenelemente und Vitamine zu achten. Gleiches gilt für die richtigen Flüssigkeiten.

Empfehlenswerte, geeignete Nahrungsmittel für Triathleten

a) Kohlenhydratreiche, stärkehaltige Nahrungsmittel
- Hülsenfrüchte (Bohnen, Linsen, Erbsen).
- Getreidekörner (Hafer, Weizen, Roggen, Gerste, Hirse, Naturreis, Buchweizen).
- Vollkornprodukte (Brot, Kekse).
- Weizenkeime.
- Haferflocken, Müsli ohne Zuckerzusatz, Cornflakes.
- Kartoffeln.
- Bierhefe, Fermentgetreide.
- Teigwaren (Nudeln, Spagetti, Makaroni).

b) Eiweißreiche Nahrungsmittel (fettarm)
- Fettarmer Käse.
- Speisequark, mager.
- Fettarme Milch, fettarme Milchprodukte.
- Jogurt, Hüttenkäse.
- Mageres Fleisch, Kalb, Rind, Hase, Reh.
- Geflügel.
- Fisch.
- Hülsenfrüchte.

c) Fette (hochwertige)
- Sonnenblumenöl.
- Leinöl.
- Sojaöl.
- Diätmargarine.
- Makrelen und Seelachs.

d) Obst
- Alle Obstsorten.
- Trockenobst, ungeschwefelt.

e) Flüssigkeiten
- Milch.
- Obst und Gemüsesäfte.
- Gemisch: Brottrunk®, Apfelsaft, Mineralwasser.

Verteilung der Mahlzeiten

Fünf Mahlzeiten sind besser als drei Mahlzeiten

Mehrere kleinere Mahlzeiten, über den Tag verteilt, sind günstiger als wenige große Portionen, da sie die Verdauungsorgane weniger belasten. Zudem verwertet der menschliche Organismus die kleineren Mengen besser und ökonomischer als die großen Mahlzeiten.

Daher sind fünf Mahlzeiten mit folgender Energieverteilung ratsam:

1. Frühstück, ca. 20 % der Tagesenergie
2. Frühstück, ca. 15 % der Tagesenergie
3. Mittagessen, ca. 25 %
4. Nachmittag, ca. 15 %
5. Abendessen, ca. 25 %

Eine Trainingseinheit sollte man frühestens 90 Minuten nach einer Mahlzeit beginnen. Bei der letzten Mahlzeit am Abend ist darauf zu achten, dass diese nicht zu spät eingenommen wird, da es ansonsten zu Schlafstörungen kommen kann.

Da Triathleten überwiegend die Ausdauer trainieren, sollten die nachfolgenden Mahlzeiten überwiegend kohlenhydratreich ausfallen, um eine rasche Glykogenspeicherung zu ermöglichen. Nach intensiven Schwimm-, Rad- oder Laufeinheiten sollten dagegen in erster Linie eiweißhaltige Nahrungsmittel aufgenommen werden. Überhaupt ist es für alle Triathleten ein Problem, ihre Ernährung mit 20 % Eiweißanteilen zu versehen. Um dieses Ziel zu erreichen, bedarf es besonderer Beachtung der empfohlenen Eiweißlieferanten. In vielen Fällen ist es erforderlich, mit Eiweißkonzentraten den entsprechend hohen Anteil von 7,6-8,2 % Eiweißanteil im Blut zu erreichen.

Wer nach einer Trainingseinheit nicht in der Lage ist, feste Nahrung aufzunehmen, der sollte als Erstes für einen entsprechenden Flüssigkeitsausgleich sorgen. Hier bietet sich leicht die Möglichkeit, Eiweißpulver in das Getränk einzurühren. Danach kann man der leichten Kost wie Obst, Jogurt, Quark mit Obst den Vorrang einräumen.

An Getränken empfiehlt es sich, die zuvor genannten Flüssigkeiten aufzunehmen. Keineswegs sollten hier aus den bereits aufgeführten Gründen Coca-Cola®, Limonaden oder andere Getränke mit „leeren Kalorien" bevorzugt werden.

13.5 Die Ernährung in der Wettkampfphase

Die Devise für die letzten Tage vor einem Triathlon lautet: Erhöhung der Kohlenhydratzufuhr durch Fett- und Eiweißeinschränkung. Das Ziel besteht in der Erhöhung der Glykogenvorräte nach dem Prinzip der Superkompensation.

Annahme: Wettkampftag Samstag

Werden am Dienstag beim letzten harten Abschlusstraining (5 km Einlaufen + 4-5 km hartes Tempo + 5 km Auslaufen + 20 km scharfes Radtraining + 5 km lockeres Kurbeln) die Glykogenvorräte erschöpft und am Mittwoch, Donnerstag und Freitag bevorzugt Kohlenhydrate gegessen, so erreicht man eine wesentliche Erhöhung der Glykogenvorräte in der Lauf- und in der Radmuskulatur. Das Zwischenschalten von zusätzlich drei Tagen Sonntag, Montag, Dienstag einer fett- und eiweißreichen Ernährung (Saltin-Diät) kann zu einer noch stärkeren Glykogeneinlagerung führen. Diese zweite Ernährungsvariante muss unbedingt vorher im Training getestet werden, um die Verträglichkeit zu überprüfen. Allerdings ist eine maximale Erhöhung des Muskelglykogens nur vor Mittel- und Ironmandistanzen sinnvoll, da hier die Glykogenspeicher auch voll ausgeschöpft werden. Denn eine maximale Erhöhung des Muskelglykogens ist mit einer Gewichtszunahme von 2-2,5 kg verbunden.

Für die letzten Tage vor dem Triathlon gilt:

- 5-6 kleinere Mahlzeiten, gleichmäßig über den Tag verteilt, belasten die Verdauungsorgane weniger.
- Blähende und schwer verdauliche Nahrung meiden! Z. B. Hülsenfrüchte, grobe Kohlarten, Majonäse, grobes Vollkornbrot. Dabei stets auf eigene positive Erfahrungen zurückgreifen.
- Den Kohlenhydratanteil erhöhen durch Einschränkung von Wurst, Fleisch, Käse, Eier, also Fetten. Achtung! Auch versteckte Fette sind Fette! Bevorzugung leicht verdaulicher Nahrung, wie Kartoffeln, Nudeln, Reis, Getreideerzeugnisse; Einnahme kohlenhydratreicher Fertigpräparate.

Richtige Nahrungsmittel auch richtig, d. h. schonend zubereiten!

Unsachgemäße Zubereitung lässt gut verträgliche Nahrungsmittel schwer verträglich werden, z. B. durch Frittieren. Geeignete Zubereitung: Kochen, Garen, Dämpfen, Dünsten, Garen in der Folie, in beschichteten Pfannen oder im Tontopf.

13.6 Die Ernährung während des Wettbewerbs

2-3 Stunden vor dem Triathlon sollte eine leichte, kohlenhydratreiche Mahlzeit eingenommen werden, wie z. B. Weißbrot mit Marmelade oder Rübensirup, Nudeln, Obst.

Bei hohen Außentemperaturen oder langen Wettkämpfen (Mittel-Ironmandistanz) eine halbe Stunde vor dem Start zusätzlich 0,5 l Flüssigkeit trinken.

Beim Kurztriathlon ist im Allgemeinen keine feste Nahrungsaufnahme erforderlich. Andererseits schadet eine halbe Banane auch nicht. Die Notwendigkeit der Flüssigkeitsaufnahme richtet sich ganz nach der Witterung. Bei kühler Witterung reicht die Aufnahme von etwas Wasser oder Tee. Bei warmen Temperaturen werden von den Veranstaltern zumeist Elektrolytgetränke gereicht. Diese sind oft hoch konzentriert. Daher empfehle ich für die Kurzdistanz die Mitnahme des Eigengetränks: 1/2 Apfelsaft + 1/2 Brottrunk®.

Beim Mitteltriathlon sollte jeder Triathlet während des Radfahrens geeignete Kohlenhydrat- und Eiweißspender in fester Form zu sich nehmen. Bananen und Energieriegel kommen dafür infrage. Wichtig ist die ständige Zufuhr von Flüssigkeiten. Bereits zu Beginn des Radfahrens sollte der Athlet damit beginnen, besonders dann, wenn hochsommerliche Temperaturen vorherrschen, also, bevor sich das Durstgefühl einstellt. Ratsam ist es für jeden, sich vor dem Wettbewerb über die Art der gereichten Getränke zu informieren. Sollten diese auf der Rad- und Laufstrecke später in zu starker Konzentration gereicht werden, so ist zusätzlich Wasser mit aufzunehmen, um diese Getränke dann wechselweise zu trinken. Dies ist durch Mitführung eines Trinksystems im Lenkerbereich sehr gut möglich. Hier kann ich nach Belieben meine Getränke selbst mischen, die ich vorher an den Verpflegungsstellen aufgenommen habe.

Auf der Laufstrecke in regelmäßigen Abständen 0,1-0,2 l aufnehmen. Je höher die Außentemperatur, umso kürzer müssen die Abstände zwischen den Flüssigkeitsaufnahmen sein. Die regelmäßige Zufuhr an Mineralstoffgetränken verringert die Gefahr eines größeren Leistungsabfalls und die mehr als unangenehmen Muskelkrämpfe.

Bei Ironmandistanzen muss auf dem Rad auch feste Nahrung aufgenommen werden, um energetisch über die Runden zu kommen. Zugeführt werden sollten mit Vorrang leicht verdauliche Nahrungsmittel in Form von Biskuits, Bananen, Früchtebrot oder Energiebarren. Besonders gute Erfahrungen habe ich in den letzten Jahren mit den Viba® Eiweiß- und Kohlenhydratriegeln gemacht.

TRIATHLONTRAINING

ERNÄHRUNG

Müsliriegel und Schokolade, sind nicht empfehlenswert, da der Verdauungstrakt zu lange damit belastet wird. Um herauszufinden, was einem am besten bekommt, muss diese Nahrungsaufnahme bei den langen Trainingseinheiten mehrfach geprobt werden. Schmecken soll es ja, nebenbei bemerkt, auch noch.

Für die Flüssigkeitsaufnahme gilt das Gleiche wie beim Mitteltriathlon. Bei extremer Hitze gilt nur eins, trinken, trinken und nochmals trinken. In Hawaii kommt es zu Schweißverlusten von ca. 2 l pro Wettkampfstunde, von daher ist die Flüssigkeitsaufnahme in Form von Elektrolytgetränken, jede 5 Meilen oder 8 km, unbedingt erforderlich.

Auf der abschließenden Laufstrecke ist eine feste Nahrungsaufnahme nicht mehr erforderlich, Bisquits oder mal ein Stück Banane schaden allerdings nicht, da sie sehr leicht verdaulich sind. Die Getränkeaufnahme ist hier wieder entscheidend. Da eine eigene Versorgung aus verständlichen Gründen selten möglich ist, ja sogar verboten ist, muss man halt das nehmen, was angeboten wird. Elektrolytgetränke, Wasser und Coca-Cola® werden überall gereicht. Diese sind dann sogar leicht mischbar. Wie wir bereits erfahren haben, nimmt der Körper ein leicht elektrolytisches Getränk besser auf als reines Wasser. Coca-Cola® sorgt dabei kurzfristig für ein Anheben des Blutzuckerspiegels. Erfolgt die Colazufuhr nicht in kurzen, regelmäßigen Abständen, so tritt anstatt des Anstiegs ein Abfall des Blutzuckerspiegels auf.

Ein rapider Leistungsabfall wäre damit vorprogrammiert. Bei hohen Außentemperaturen gibt es eine Möglichkeit, Schweißverluste zu vermindern und gleichzeitig eine erholsame Erfrischung zu genießen. Man schüttet sich einfach Wasser über Kopf und Nacken und kühlt Arme und Beine mit Wasserschwämmen.

So leitet man überschüssige Hitze ab und erfrischt den überhitzten Körper. Eine Kopfbedeckung eventuell mit einem Tuch zur Nackenbedeckung verstärkt diesen positiven Effekt.

13.7 Die Ernährung in der Regeneration

Unmittelbar nach Überqueren der „Finishline", der Ziellinie, beginnt für jeden Triathleten die Regeneration. Hier gilt es, die Wasser-, Mineral-, Spurenelement- und Vitaminverluste möglichst rasch zu ersetzen. Ebenso ist darauf zu achten, dass die verbrauchten Eiweißstrukturen durch regelmäßige eiweißreiche Nahrung wieder aufgebaut werden. Ähnliches gilt selbstverständlich auch für die Ernährung nach einer harten Trainingseinheit.

Nach einer intensiven Ausdauerleistung besitzt die Muskulatur eine erhöhte Aufnahmebereitschaft für Kohlenhydrate. Der Erholungsprozess wird durch die Wiederauffüllung der Glykogendepots beschleunigt.

Bei Athleten, die nach einem Wettkampf wenig Appetit zeigen, eignen sich am besten kohlenhydrathaltige Getränke oder Suppen. Mit diesen kann der Triathlet zunächst seinen Durst stillen und gleichzeitig Elektrolyte und Kohlenhydrate zuführen, z. B. Obstsäfte, Brottrunk®.

Die Normalisierung des Elektrolyt- und Eiweißhaushalts kann, je nach Anstrengung, bis zu einigen Tagen dauern. Während dieser Zeit sollte besonders auf kalium- und magnesiumreiche Kost geachtet werden, Gemüse, Obst, Getreidemahlzeiten, Hülsen- und Trockenfrüchte. Nicht zu vergessen die Spurenelemente wie Eisen und Kupfer. Leider eignen sich dazu heute nicht mehr die natürlichen Mineralwässer. Diesen hat man zumeist aus optischen und geschmacklichen Gründen das Spurenelement Eisen entzogen.

Nachdem am Wettkampftag Nahrungsmittel eingesetzt werden, die den Verdauungstrakt nur wenig belasten, empfiehlt sich für die nächsten Tage ballaststoffreiche Kost.

Ein nicht geringer Teil der Triathleten sehnt sich nach einem Wettbewerb regelrecht nach einem kalten Bier. Alkohol wird vom Körper sehr schnell aufgenommen, aber ziemlich schnell wieder ausgeschieden. Flüssigkeitsverluste sind durch die Aufnahme von Alkohol nicht auszugleichen. Das heißt, vor dem Bier – möglichst alkoholfrei – zuerst andere Getränke aufnehmen.

ERNÄHRUNG

14 Stretching für Triathleten

– In Zusammenarbeit mit der Physiotherapeutin Carmen Himmerich –

Mit dem Begriff **Stretchen** oder **Stretching** wird nachfolgend das **statische Dehnen** bezeichnet. Statisches Dehnen zeichnet sich durch ruhiges Dehnen aus, welches eben über 15-30 Sekunden ausgeführt wird. Im Gegensatz zum statischen Dehnen steht das **dynamische Dehnen**, also das Dehnen durch Bewegung, wie wir es von der Aerobic oder durch das Warmlaufen kennen.

Der Umfang der menschlichen Bewegungen hängt von der Dehnfähigkeit der elastischen Strukturen, also der Muskeln, der Bänder, der Sehnen, der Form der Gelenke und der Muskelkraft ab.

Die menschlichen Skelettmuskeln setzen sich aus mehreren tausend Muskelfasern zusammen. Sie sind so dünn wie ein Haar und erreichen, je nach Größe des Muskels, eine Länge von 10-15 cm. Generell unterscheiden wir zwei Muskelfaserarten. Zum einen die **phasische Muskulatur** oder die **weißen Fasern**.

Diese sind schnell ermüdbar, neigen zur Abschwächung und sind für die Fortbewegung und Zielmotorik notwendig. Zum Zweiten die für Triathleten wichtigere Art, die **tonische Muskulatur** oder die **roten Fasern**. Diese Muskelfasern ermüden langsam, neigen jedoch zur Verkürzung und sind für die Statik und Stützmotorik des Menschen verantwortlich.

Bestimmte Belastungsarten verändern das Verhältnis dieser beiden Muskelarten zueinander. Triathleten und Marathonläufer besitzen z. B. in der vorderen Oberschenkelmuskulatur über 90 % der roten Muskelfasern.

14.1 Warum dehnen?

Da bei Triathleten die tonische Muskulatur über mehrere Stunden beansprucht wird und diese Muskelfaserart sowieso zur Verkürzung neigt, muss das Dehnen zu einem wichtigen Bestandteil des Trainings werden. Veränderungen der Muskeldehnbarkeit können zu Verletzungen im Bereich der Muskulatur und der Muskelansätze führen. Darüber hinaus verändern sie die Statik eines Menschen und üben einen ungünstigen Einfluss auf die Druckbelastung in den Gelenken aus.

Zur Elastizitätsverbesserung der Muskulatur ist es notwendig, diese **aktiv** aufzuwärmen. Aktiv bedeutet hier „warm laufen" und nicht nur das vielfach gut gemeinte Einreiben mit Muskelfluid.

In Bezug auf die sportliche Leistungsfähigkeit haben Dehn- oder Stretchingübungen folgende Funktionen:

- Vorbereitung auf die körperliche Aktivität.
- Verbesserung der Durchblutung und des Stoffwechsels der Muskulatur.
- Vergrößerung der Schrittlänge beim Laufen.
- Erhaltung der normalen Muskellänge.
- Verbesserung der Technik.
- Psychische Entspannung.
- Vermittlung eines besseren Körpergefühls.
- Verringerung der Gefahr von Muskel- und Gelenkverletzungen.
- Regeneration nach intensiven Trainings- und Wettkampfbelastungen.

Es gibt also gute Gründe, warum gerade Triathleten die Dehnung nicht vernachlässigen dürfen.

14.2 Folgen einer mangelhaften Dehnung

Durch eine unzureichend gedehnte Muskulatur ist mit einer verminderten Kraft- und Schnelligkeitsentfaltung zu rechnen. Diese wiederum hat Leistungseinbußen zur Folge.

Das Ziel von Muskeldehnungen liegt in der Wiederherstellung der normalen Muskellänge und des Gleichgewichts zwischen den unterschiedlich beanspruchten ausführenden (Agonist) und hemmenden (Antagonist) Muskeln.

14.3 Wann sollte gedehnt werden?

Die Dehnphase sollte zum festen Bestandteil jeder Trainingseinheit gehören. Das heißt ganz konkret, sowohl nach der Aufwärmphase, aber insbesondere nach der Trainingseinheit. Der Sinn und Zweck besteht also darin, die ermüdete und verkürzte Muskulatur wieder auf die normale Länge zu bringen.

Beachten sollten Sie weiterhin, dass nur regelmäßig ausgeführte Dehnungen den gewünschten Erfolg versprechen. Als Mindestmaß sollte für Triathleten 2-3 x pro Woche gelten, bei einer Zeitdauer von jeweils rund 10-15 Minuten.

Achtung! Bei kalter Witterung oder am frühen Morgen sind Sie weniger beweglich als bei warmen Temperaturen und am Abend. Junge Menschen sind dehnfähiger oder beweglicher als ältere Menschen. Regelmäßiges Training erhält jedoch auch eine gute Beweglichkeit bis ins hohe Alter.

14.4 Wie sollte gedehnt werden?

Es gibt verschiedene Dehnformen. Für Triathleten ist die **passiv-statische Dehnung**, auch Stretching genannt, die effektivste Form. Grundsätzlich werden Dehnungen immer entgegen der Funktion des Muskels durchgeführt. Nur so lässt sich die normale Länge des Muskels wiederherstellen.

Beachten Sie folgendes **Prinzip** bei der Durchführung aller Dehnübungen.

Nach dem Einnehmen der entsprechenden Dehnstellung in dieser Position die Dehnung nur minimal in Pfeilrichtung verstärken. Dabei kommt es zu einer Zunahme des Widerstands, der sich als Dehngefühl bemerkbar macht.

Weiterhin ist Folgendes zu beachten:

- Ziehen ist erlaubt.
- Schmerzen sind unbedingt zu vermeiden.
- Die Atmung ist während der Dehnung gleichmäßig beizubehalten.
- Dehnungsdauer: Jeweils 15-30 Sekunden.
- Wiederholungen: 2-4.
- Zwischen den Dehnungen sind Lockerungsübungen durchzuführen.
- Es sind nur Muskeln zu dehnen, nicht Bänder oder Sehnen, da Bänder stützende und Sehnen kraftübertragende Aufgaben wahrzunehmen haben.

Im Bereich der Dehnübungen gibt es zahlreiche Varianten. Nachfolgend werden einige Beispiele aufgezeigt.

14.5 Dehnübungen für das Schwimmen

Die nachfolgenden Übungen können sowohl vor dem Schwimmtraining als auch nach dem Schwimmen durchgeführt werden. Vor dem Training, also im kalten Zustand, sollten Sie jedoch etwas behutsamer vorgehen.

1. Dehnung der seitlichen Nackenmuskulatur

Beugen Sie den Kopf zur Seite, nicken Sie dann nach vorne und drehen Sie den Kopf zur dehnenden Seite hin. Ziehen Sie den hängenden Arm der dehnenden Seite in Richtung Boden.

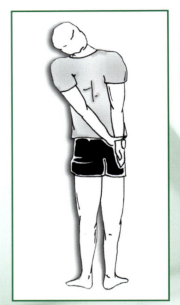

Abb. 12

2. Dehnung der Oberarmstrecker und der breiten Rückenmuskulatur

Nehmen Sie den Oberarm hinter den Kopf und ziehen Sie mit der anderen Hand den Ellbogen weiter in Richtung der anderen Schulter.

Abb. 13

STRETCHING

3. Dehnung der Brustmuskulatur

Stellen Sie sich seitlich in den Türrahmen oder an die Wand. Drehen Sie den Oberkörper von der zu dehnenden Seite weg und verlagern Sie Ihren Schwerpunkt gleichzeitig nach vorn.

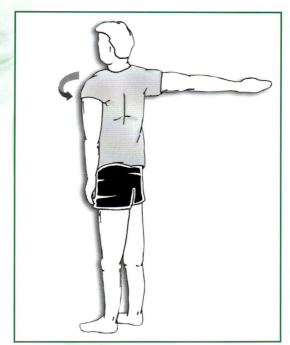

Abb. 14

4. Dehnung der seitlichen Rumpfmuskulatur

Heben Sie den Arm seitlich nach oben und ziehen Sie ihn über den Kopf zur Gegenseite.

Abb. 15

TRIATHLONTRAINING

5. Dehnung der vorderen Schultermuskulatur, Brustmuskulatur und der inneren Oberarmmuskulatur

In stehender Position erfassen Sie hinter Ihrem Rücken Ihre Hände und drücken dabei Ihre Schulterblätter zusammen. Heben Sie dabei die nahezu gestreckten Arme so weit wie möglich nach hinten oben an.

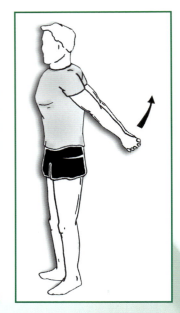

Abb. 16

Bei Verkürzung dieser Muskelpartien wird das Kraulen erschwert.

STRETCHING

14.6 Dehnübungen für das Radfahren und Laufen

Die nachfolgenden Übungen können sowohl vor dem Training als auch nach dem Training durchgeführt werden. Vor dem Training, also im kalten Zustand, sollten Sie jedoch etwas behutsamer vorgehen.

1. Dehnung der Wadenmuskulatur

Nehmen Sie die Schrittstellung ein. Das hintere Bein gestreckt lassen und die Ferse auf den Boden drücken. Das Gewicht auf das vordere Bein bringen und das vordere Knie beugen.

Bei einer Verkürzung der Wadenmuskulatur ist beim Laufen das so wichtige, korrekte Fußabrollen nicht möglich.

Abb. 17

2. Dehnung der vorderen Oberschenkelmuskulatur

Führen Sie in stehender Position die Ferse ans Gesäß und achten Sie darauf, dass die Hüfte gestreckt bleibt und kein Hohlkreuz entsteht.

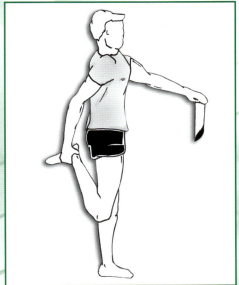

Abb. 18

3. Dehnung der Hüftbeugemuskulatur

Machen Sie einen Ausfallschritt und stellen Sie das zu dehnende Bein so weit wie möglich nach hinten. Versuchen Sie nun, die Hüfte nach vorn unten zu führen.

Wichtig! Bei einer Verkürzung der Hüftbeugemuskulatur verringert sich die Schrittlänge!

Abb. 19

4. Dehnung der inneren Oberschenkelmuskulatur (Adduktoren)

Strecken Sie das zu dehnende Bein seitwärts aus und versuchen Sie, so tief wie möglich, in Richtung Boden zu gelangen.

Abb. 20

STRETCHING

5. Dehnung der hinteren Oberschenkelmuskulatur

Erste Möglichkeit:
Nehmen Sie die Rückenlage ein. Das zu dehnende Bein in der Kniekehle umfassen und den Unterschenkel Richtung Streckung bringen.

Abb. 21

Zweite Möglichkeit:
Legen Sie im aufrechten Stand das zu dehnende Bein mit der Ferse auf einen Stuhl oder sonstigen Gegenstand (Treppe, Stuhl, Tisch, Zaun, Baum). Während beide Beine gestreckt sind, wird der Oberkörper aufrecht nach vorne gebeugt.

Abb. 22

6. Dehnung der Gesäßmuskulatur

In Rückenlage ziehen Sie Ihr zu dehnendes Bein so weit wie möglich an den Körper. Bringen Sie es in dieser Position auf die andere Seite.

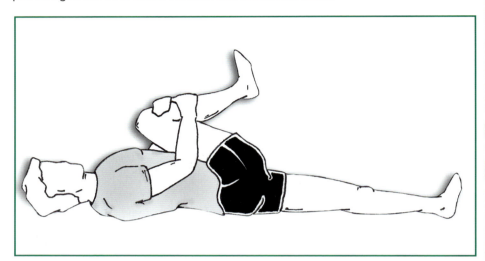

Abb. 23

7. Dehnung der Brustmuskulatur und der seitlichen Rumpfmuskulatur

Begeben Sie sich in die Rückenlage, winkeln die Beine an und legen die Arme neben dem Kopf. Kippen Sie die Beine angewinkelt zu einer Seite in Richtung Boden. Die Schultern sollen dabei den Bodenkontakt nicht verlieren.

15 Trainingsalternativen und neue Trainingsreize

Besteht aus verschiedenen Gründen zeitweise nicht die Möglichkeit, das normale systematische Training durchführen zu können, so möchte ich einige Trainingsalternativen benennen, die der sportlichen Fitness nicht abträglich sind.

Ganz im Gegenteil, der Reiz des Neuen kann trotz ungewohnter Belastung gerade im mentalen Bereich ungeahnte Kräfte freimachen. Diese Trainingsalternativen sollten auch als Ausweichmöglichkeit genutzt werden bei extremer Witterung, bei Verletzungen oder einfach zur Abwechslung.

Zu diesen Alternativsportarten können gehören:

- Aquajogging, Wassersport für verletzte Läufer.
- Skilanglauf, ein sinnvolles Ergänzungstraining für alle Ausdauersportler.
- Duathlon, eine Ergänzung im Sportangebot für Triathleten.
- Skaten, das Training auf acht Rollen.
- Lange Wanderungen.

Nähere Ausführungen hierzu in: *Triathlontraining ab 40* (2008), S. 247-254.

16 Triathlon bei Hitze

Triathlon, eine Sommersportart, wird zwangsläufig selbst bei hohen und auch sehr hohen Temperaturen ausgeübt, selbstverständlich auch bei hoher Luftfeuchtigkeit.

Beide Faktoren, Temperatur und Luftfeuchtigkeit, beeinflussen die Leistungsfähigkeit ganz beträchtlich, vor allem dann, wenn beide gleichzeitig auftreten. Diese leistungsmindernden Größen gibt es nicht nur auf Hawaii, sondern auch vermehrt im Süden Europas und sogar in Deutschland.

Von der gesamten Energieproduktion beim Triathlon wird nur rund 25 % für die Fortbewegung benötigt, erstaunliche 75 % werden als Wärme freigesetzt. Diese Wärme kann die Körpertemperatur massiv erhöhen. Bei hohen Temperaturen muss die Wärme den Körper über die Transpiration verlassen. Von daher sind Menschen, die sehr leicht ins Schwitzen geraten, bei hohen Temperaturen im Vorteil. Sie geben die Körperwärme schneller ab, verlieren dann aber auch besonders viele Mineralien und Spurenelemente.

Das Blut muss die Körperwärme zur Hautoberfläche transportieren, was den Kreislauf wiederum belastet, neben der Sauerstoffaufnahme, der Energiezufuhr nun noch zusätzlich durch den Wärmeabtransport. Das kostet zusätzliche Energie, die dann nicht mehr für die Fortbewegung zur Verfügung steht. Außerdem muss mehr Blut, welches den Muskeln entzogen wird, durch die Haut fließen, damit eine optimale Wärmeabfuhr gewährleistet ist. All das bewirkt, dass bei hohen Temperaturen nicht so schnell Rad gefahren und gelaufen werden kann. Eine hohe Luftfeuchtigkeit sorgt für eine schlechtere Verdampfung unseres Schweißes. Die Abkühlung ist geringer, weil der Schweiß länger auf der Haut bleibt. Das hat zur Folge, dass die Körpertemperatur weiter ansteigt.

Die Folge können Muskelkrämpfe, starkes Schwitzen, allgemeine Ermüdung, Erschöpfungszustände wie Kopfschmerzen, Übelkeit, Schwindelgefühle oder sogar ein unkontrollierter Bewegungsablauf, Ohnmacht und Bewusstlosigkeit sein.

Was kann man, was muss man als Triathlet dagegen tun?

- Bereits frühzeitig während des Radfahrens trinken, bevor ein Durstgefühl entsteht.
- Am Vorwettkampftag durch reichliches Trinken vorsorgen. Jedoch keinen Alkohol, da dieser die Urinproduktion anregt und für Flüssigkeitsverluste sorgt.

- Kurz vor dem Wettbewerb noch Flüssigkeit aufnehmen.
- Auf dem Rad reichlich trinken, um für den Marathonlauf bei der Ironmandistanz vorzusorgen. Ähnliches gilt selbstverständlich für die anderen Distanzen. Der Magen kann pro Stunde nur 800 ml (0,8 l) Flüssigkeit passieren lassen. Verluste können dagegen beim Laufen sehr viel größer sein.
- Im Ziel reichlich trinken.
- Dunkel gefärbter Urin deutet auf Flüssigkeitsmangel hin.
- Während des Wettbewerbs auf die vorgenannten Überhitzungszeichen achten. Einfachstes Rezept dagegen: Die Belastung verringern.
- Nur gut vorbereitet an den Start gehen.
- Kopf-Nacken-Bereich, Arme und Beine an jeder Verpflegungsstelle mit Wasser kühlen.
- Helle Kleidung und Mütze tragen.
- Auf ausreichende Akklimatisation achten, also rechtzeitig anreisen.
- Bei Hitze nur frühmorgens oder spätabends trainieren.
- Fürs Training gelten die gleichen Vorbeugemaßnahmen, außerdem sollte eine Reduzierung der Intensität erfolgen.

17 Triathlon bei Kälte

In unseren Breiten sind kühle Temperaturen beim Triathlon nicht auszuschließen. Auch hier gilt es, deshalb entsprechend vorzubeugen.

Gegen kaltes Wasser schützt man sich mittels Neoprenanzug. Unterhalb einer bestimmten Wassertemperatur ist das Schwimmen laut DTU-Sportordnung untersagt, zu Recht. Sport soll schließlich der Gesundheit dienen, daher sind alle gesundheitlichen Risiken zu meiden.

Der größte Teil der Wärme wird beim Schwimmen über den Kopf abgegeben, sodass hier besondere Vorkehrungen sinnvoll sind. Das Einfachste ist, zwei Badehauben übereinander zu tragen. Das eingeschlossene Luftpolster verhindert somit ein zu starkes Auskühlen. Besseren Schutz gewährt eine Neoprenkappe. Mit dieser Haube, die über die offizielle Badekappe gezogen wird, lassen sich Wassertemperaturen von 17 oder 18° C auch über 3,86 km ertragen.

Maßnahmen gegen kühle Wassertemperaturen:

- Auftragen von Kälteschutzfett am gesamten Körper.
- Das Schwimmtraining im Freigewässer durchführen.
- Regelmäßig kaltes Duschen.
- Saunabesuche.
- Wechsel der nassen Badebekleidung nach dem Schwimmen, also trockene Radbekleidung tragen.

Bei kühlem Wasser und dazu noch bei kühler Außentemperatur ist auf jeden Fall für trockene Radbekleidung Sorge zu tragen. Wer sich mit nassem Oberkörper, nassem T-Shirt und nasser Badehose bei weniger als 15° C Außentemperatur sofort aufs Rad schwingt und losbraust, der muss sich am anderen Tag nicht über Nierenbeschwerden wundern.

Sind es denn diese wenigen Minuten wert, möglicherweise mittel- oder langfristig gesundheitliche Schäden zu riskieren?

18 Was tun bei Krankheit und Verletzungen?

- Darf ich bei einer Erkältung oder Grippe weitertrainieren?
- Als Triathlet und Ironman ist man doch hart wie Eisen, da haut einen doch nicht gleich ein Schnupfen um!
- Wie kann ich Verletzungen vorbeugen?

So und ähnlich lauten Briefe und Zuschriften in Kurzform, die ich von Triathleten erhalte.

Hierzu ein paar grundsätzliche Erörterungen.

Die verbreitete Ansicht, dass Triathlon „abhärtet", durch stressfreies Training die Abwehrkräfte des Körpers stärkt und die Psyche stabilisiert, ist mittlerweile durch viele medizinische Studien belegt. Diese Aussagen gelten für den Bereich des Breitensports. Stark leistungsorientierte Triathleten, die mehrmals wöchentlich oder auch täglich trainieren und sich feste Ziele stecken, fordern sehr viel von ihrem Körper. Auf einem hohen Belastungsniveau kann unser Körper daher anfälliger für Krankheiten sein und es kann zu Anpassungsproblemen und Überlastungsschäden kommen. Der Grund dafür liegt in einer unterschiedlichen Anpassungsstruktur der einzelnen Organsysteme bei sich wiederholenden Belastungen.

Die Atmung, der Stoffwechsel, die Verdauung und der Wasserhaushalt passen sich sehr schnell wiederholenden Belastungen an, das Herz-Kreislauf-System mit einer gewissen Verzögerung. Diese zeitliche Verzögerung wächst bei der Muskelanpassung noch. Eine ganz langsame Anpassung ist dagegen beim Sehnen-Band-Apparat sowie bei den Gelenken festzustellen.

Aus dieser Tatsache heraus können sich für den leistungsorientierten Triathleten Anpassungsprobleme oder sogar Verletzungen bemerkbar machen, die bei entsprechender Vorbeugung und Prävention zu vermeiden sind.

Anmerkung: Ich bin kein Arzt und nicht qualifiziert, medizinischen Rat zu erteilen. Da ich aber seit 28 Jahren laufe und seit 25 Jahren Triathlon betreibe, habe ich in meinem sportlichen Umfeld eine Reihe von typischen Sportlerproblemen erfahren. Was in diesem Kapitel folgt, sollte als Rat vom einem Triathleten zum anderen verstanden werden und ist nicht als professioneller medizinischer Rat zu sehen. Sollte jemand irgendwelche Zweifel über eine Verletzung hegen, so ist selbstverständlich ein Arztbesuch anzuraten.

TRIATHLONTRAINING

Triathlon ist eine Ausdauersportart, mit deren Hilfe das Herz- und Kreislaufsystem gestärkt und viele Muskelgruppen gekräftigt werden. Wer jedoch nach langen Jahren sportlicher Abstinenz mit einem systematischen Training beginnen will, sollte vorab einen Arzt aufsuchen. Dabei ist es empfehlenswert, einen Mediziner aufzusuchen, der dem Sport gegenüber möglichst positiv eingestellt ist. Allerdings kann es auch bei diesen Ärzten vorkommen, dass – wenn der Begriff **Triathlon** erwähnt wird – diese nur an den medienträchtigen Ironman Hawaii-Triathlon denken und dann einem Anfänger mit Skepsis begegnen. Klären Sie dann Ihren Mediziner dahingehend auf, dass der Triathlon mit Anfänger- und Jedermanndistanzen von 500 m Schwimmen, 20 km Rad fahren und 5 km Laufen beginnt und auch hierbei schon ein regelmäßiges Training erfordert.

Obwohl beim Triathlon die Gefahren von Sportverletzungen relativ gering sind, ist niemand dagegen gefeit. Eine absolute **Trainingspause** sollte bei fieberhaften Erkältungskrankheiten, bei Grippe oder Magen-Darm-Infektionen erfolgen. Nach dem Abklingen der Infektion ist es ratsam, noch zwei oder drei Tage zu pausieren und dann erst wieder mit einem ruhigen und leichten Training zu beginnen.

Triathlon gehört auf Grund seiner Vielseitigkeit zu den schonenden Sportarten. Schonend für das gesamte Stütz- und Bewegungssystem des Menschen, also die Muskeln, Bänder und Sehnen. Beim ausgewogenen Triathlontraining erfolgt ein stetiger Wechsel in der Muskelbelastung. Trotz allem können auch im Triathlon Verletzungen auftreten. Entsprechende Vorsorgemaßnahmen sorgen dafür, diese seltenen Verletzungen noch weiter zu reduzieren. Daran sollte uns allen gelegen sein.

Vorab einige Bemerkungen zum Training bei kleineren Erkrankungen.

Oberstes Gebot muss stets sein:

„TRIATHLON dient der GESUNDHEIT" und nicht etwa:
„Die Gesundheit dient dem Triathlon!"

18.1 Verletzungen beim Laufen

Beim Laufen sind die beiden häufigsten Verletzungsursachen:
- Zu schnelle Steigerung des wöchentlichen Trainingsumfangs.
- Tempo- oder Intervalltraining.

KRANKHEIT UND VERLETZUNGEN

Die Steigerung des Laufumfangs sollte pro Woche nicht mehr als ca. 10 % betragen. Das gilt vornehmlich für das Grundlagenausdauertraining während des Vorbereitungszeitraums, also Steigerungen von z. B. 40 über 44, 49, 54, 59, 65, 71, 78, 86 km. Sprünge von z. B. 40 km auf dann 80, 90 km sollten unterlassen werden. Hat man allerdings einmal sein Niveau in kleinen Schritten bis auf z. B. 60 km gesteigert, so sind anschließend selbstverständlich größere Umfangssprünge möglich.

Wichtig ist die langsame Anpassung des Stütz- und Bewegungssystems an die umfangreichere Belastung. Erst wenn diese vollzogen ist, ist ein Intervalltraining sinnvoll.

Hauptursachen für Verletzungen:
- Ungenügendes Aufwärmen bzw. Auslaufen beim Intervalltraining. Die richtige Reihenfolge dabei ist: 10-15 Minuten locker eintraben mit einigen kurzen Steigerungen, Stretching, Intervalle ... 10-15 Minuten locker austraben, Stretching.
- Zu viele harte Trainingstage, zu viele Wettkämpfe.
- Zu hohes Tempo bei den langen Anpassungsläufen. Hier muss gelten: Je länger der Lauf ist, umso geringer ist das Tempo.
- Zu viele Tempowochen. Intervalltraining nicht länger als 10-12 Wochen hintereinander ausführen. Danach einige Wochen mit dem Tempotraining aussetzen.
- Nie bis zum „Anschlag" trainieren.
- Fehlende Regeneration in den Herbst- und Wintermonaten.
- Im Training z. B. ständig mit Wettkampfschuhen trainieren.

18.2 Verletzungen beim Radfahren

Abgesehen von Radstürzen ist das Radfahren weit schonender für das Stütz- und Bewegungssystem als das Laufen. Der Athlet hat nicht mehr sein Körpergewicht zu tragen. Beim Radfahren werden andere Muskelgruppen als beim Laufen belastet. Auch hier gilt es, sich besonders vor Intervallfahrten ausgiebig ein- und später ebenso auszufahren. Dass mit Helm gefahren wird, versteht sich von ganz allein, sowohl im Wettbewerb als auch beim Training. Das Radfahren stärkt die Rückenmuskulatur und stabilisiert den Arm- und Schulterbereich. Beides unterstützt den Triathleten beim Schwimmen.

Verletzungsgefahren drohen beim Radfahren durch:
- Ein nicht körpergerechtes Rennrad, z. B. zu niedriger oder zu hoher Sattel, zu kurzer oder zu langer Lenkervorbau, falsche Rahmenhöhe.
- Fahren in zu hohen Gängen und damit in zu geringer Drehzahl. Das kann zu Kniebeschwerden führen.
- Fehlende Sicherheitspedale.
- Falsche Radbekleidung; die Nieren besonders bei kühlen Temperaturen schützen.
- An unübersichtlichen Stellen und Streckenabschnitten die Geschwindigkeit verringern.
- Bei Radstürzen sind Hautabschürfungen und Prellungen die häufigsten Folgen. Vorausgesetzt, dass ein Helm getragen wurde. Von leichten, wenig blutenden Schürfwunden geht die Gefahr der Infektion durch Wundstarrkrampferreger aus. Da diese sehr gefährlich werden kann, sollte man sich grundsätzlich dagegen impfen lassen.
- Bei den Schwellungen und einfachen Überdehnungen reichen meist kalte Umschläge. Diese sollten mit Brottrunk® getränkt werden. Überhaupt eignet sich Brottrunk® hervorragend, um äußere Schwellungen zu beseitigen. Die geschwollenen Partien mehrfach einreiben. Bei anhaltenden Schwellungen und Schmerzen sollte jeder Athlet einen Arzt aufsuchen, um möglicherweise Bänder- oder Sehnenverletzungen behandeln zu lassen.

18.3 Verletzungen beim Schwimmen

Auch hierbei ist die Verletzungsgefahr mehr als gering. Wer sich vor dem Schwimmen regelmäßig ein wenig stretcht und zudem auf den ersten 300-400 m locker einschwimmt, wird von möglichen Verletzungen verschont bleiben.

Bei kühler Witterung, niedrigen Wassertemperaturen und längeren Schwimmstrecken im Freigewässer ist allerdings ein Neoprenanzug als Schutz vor Auskühlung unbedingt angebracht.

Wer die aufgeführten Verletzungsursachen kennt und die Vorbeugemaßnahmen beherzigt, der wird auf Dauer von Verletzungen im Triathlonsport verschont bleiben.

Um mich nicht wiederholen zu müssen, finden Sie den gesamten Bereich der Verletzungsvorbeugung mit vielen konkreten Beispielen (Blasen, Seitenstiche, Achillessehnenbeschwerden, Muskelkater, Krämpfe, Infektanfälligkeit und andere in meinem Buch „Tipps für Triathlon" (2004), S. 91-99.

KRANKHEIT UND VERLETZUNGEN

18.4 Verbotene Möglichkeiten zur Leistungssteigerung

Über die erlaubten Möglichkeiten zur Leistungssteigerung ist an anderer Stelle geschrieben worden. Diese sollten genutzt werden, um die individuellen sportlichen Möglichkeiten auszuschöpfen. Die Wirkung von Dopingmitteln beruht zumeist auf einer Herabsetzung der natürlichen Schmerzgrenze und einer Verdünnung des Blutes.

Die verbotenen Möglichkeiten zur Leistungssteigerung werden als **Doping** bezeichnet. Mit Medikamenten wird dabei die körperliche Leistungsfähigkeit gesteigert. Dopingmittel beeinflussen die Funktionsweise des Organismus nachhaltig. Der Athlet ist dabei nur noch teilweise in der Lage, Entscheidungen selbstständig zu treffen. Er wird zu einer von „außen gesteuerten, laufenden oder Rad fahrenden Maschine".

Diese Art der Erbringung von Leistungen hat absolut gar nichts mit Sport zu tun.

Die Einnahme von Dopingmitteln aller Art ist nach meiner Meinung aus folgenden Gründen verwerflich:
- Gedopte Sportler verschaffen sich auf eine betrügerische Art Vorteile.
- Mit unerlaubten Mitteln ist die erbrachte sportliche Leistung nicht dem Athleten, sondern dem Chemiegiganten XY zuzuordnen.
- Leistungsvergleiche und Leistungen verlieren dadurch an Glaubwürdigkeit.
- Der schwer wiegendste Grund gegen alle Dopingmittel ist jedoch das unübersehbare gesundheitliche Risiko. Selbst heute kann kaum jemand abschätzen, wie stark die negativen Auswirkungen sich in 10 oder 20 Jahren bemerkbar machen werden.
- Wie wollen wir Eltern von Kindern und Jugendlichen vom Ausdauersport überzeugen, wenn sie befürchten müssen, dass Doping im Spiel ist?

Durch normale Willenskraft ist das zur Verfügung stehende Leistungsvermögen nur bis zu vier Fünftel nutzbar. Das restliche Fünftel stellt eine „eiserne Reserve" des Körpers dar. Diese wird erst in Extremsituationen wie Lebensgefahr, Angst oder Wut verfügbar. Durch Medikamente greift man nun diese „eiserne lebenserhaltende Reserve" an. Die Folgen sind nicht mehr kontrollierbar und können zum Zusammenbruch oder gar zum Tod führen.

Bleibt also für uns alle als essenzielles Mittel nur das eine Rezept:
TRAINING, TRAINING, TRAINING!

19 Die wichtigsten Blutwerte für Ausdauersportler

Für den ambitionierten Triathleten, aber auch für den Einsteiger ist es von Wichtigkeit, seine wichtigsten Blutwerte vom Hausarzt, Internisten oder Sportmediziner untersuchen zu lassen. Für leistungsbezogene Athleten empfiehlt sich als Überprüfungstermin zum einen der Vorbereitungszeitraum sowie eine Kontrolluntersuchung während des Wettkampfzeitraums.

Eine Anmerkung zur Blutüberprüfung:
Am Untersuchungstag ist körperliche Ruhe unabdingbar. An den zwei Vortagen sollten keine intensiven Trainingseinheiten absolviert werden, diese könnten einzelne Werte verfälschen.

Bestimmung des Hämoglobins (HgB)

Die roten Blutkörperchen führen ein so genanntes *Chromprotein* mit sich, das eisenhaltige Hämoglobin. Dieses Hämoglobin sichert den Sauerstofftransport und die -abgabe im Körper. Das geschieht von der Lunge ins Gewebe, also über das Blut. Ein entsprechender Gehalt an roten Blutkörperchen ist also Grundvoraussetzung für eine gute Leistungsfähigkeit. Man zählt bei Menschen zwischen 3,9 und 5,9 Millionen rote Blutkörperchen (Erythrozyten). Etwa 900 g Hämoglobin tragen die roten Blutkörperchen mit sich herum, d. h. 14-18 g/dl beim Mann und 12-16 g/dl bei der Frau.

Ab einem HgB-Wert von unter 12 g/dl spricht man von Blutarmut (Anämie).

Für einen Triathleten ist es wünschenswert, einen hohen HgB-Gehalt im Blut aufzuweisen, um dadurch mehr Sauerstoff aufnehmen bzw. transportieren zu können. Der HgB-Wert sollte möglichst hoch, d. h. nach Angaben von Dr. Strunz, über 16 g/dl liegen.

Bei einem Höhentraining über 1.800 m, in der sauerstoffärmeren Höhenluft, bringt man den Körper dazu, mehr HgB zu produzieren. Über einen kürzeren Zeitraum kann man dann im Flachland bei einem entscheidenden Wettkampf bessere Leistungen erbringen. Wichtig beim HgB ist der Zusammenhang mit dem Eisenstoffwechsel.

Eisen

Häufig klagen Ausdauersportler über Eisenmangel. Dieser macht sich in Lustlosigkeit, fehlender Motivation und in größeren Leistungseinbußen bemerkbar. Zum besseren Verständnis sollte man wissen, dass sich insgesamt ca. 4 g Eisen im menschlichen Körper befinden, davon der größte Teil (65 %) im Hämoglobin und

Myoglobin, 16 % im Ferritin und 10 % in der Leber. Nur 0,1 % des Eisengesamtgehalts findet man gebunden an ein bestimmtes Eiweiß im Blut selbst, das so genannte „Serumeisen". Das Serumeisen gibt demnach am wenigsten Auskunft über die „Eisenreserven" des Körpers, es gibt eigentlich nur verlässlich Auskunft über die momentan zirkulierende Eisenmenge. Ist das Serumeisen erniedrigt, so besteht ein Eisenmangel. Dauert dieser Mangelzustand an, wird zunächst das Eisen aus dem kleinen Körperspeicher, nämlich den Körperzellen von Leber, Knochenmark, Milz und Muskulatur, aktiviert, um diesen Mangel auszugleichen. Erst nach noch längerer Zeit eines fortdauernden Eisenmangels wird das Eisen aus dem „großen Speicher", und zwar aus dem roten Blutfarbstoff, entnommen.

Dadurch sinkt dann zum Schluss der Hämoglobinwert, die Sauerstoffaufnahme und der -transport werden beeinträchtigt. Das hat die Lustlosigkeit und mangelnde Leistungsfähigkeit zur Folge. Der reine Eisenwert, der innerhalb von Stunden wechseln kann, sollte für Triathleten über 80 ug/dl liegen.

Ferritin

Ferritin ist ein Eisenspeicherprotein. Die Konzentration des Ferritins im Blut ist ein zuverlässiger Indikator des Eisenspiegels. Der Ferritingehalt steht in einem bestimmten Verhältnis zur Eisenmenge im Knochenmark. Für Triathleten sollte der Ferritinwert möglichst hoch liegen.

Gesamteiweiß

Über die Wichtigkeit der Eiweißaufnahme ist in Kap. 13 berichtet worden. Ebenso wichtig ist eine ausreichende Eiweißaufnahme für den so entscheidenden Hämoglobinwert. Die Normwerte für die Serumanalyse liegen zwischen 6,6 und 8,7 %. Triathleten sollten aus den vorgenannten Gründen Werte zwischen 7,8-8,2 % anstreben, ein für viele schwieriges Unterfangen. Ich persönlich laufe diesem Wert seit langem „hinterher", ohne ihn bislang erreicht zu haben.

Ein zu niedriger Gesamteiweißanteil im Blut kann einfach auf eine allzu proteinarme Ernährung zurückzuführen sein. Hier gilt es, ganz bewusst eiweißreiche Nahrungsmittel zu sich zu nehmen. Ergänzen sollte man seine Nahrung durch Eiweißkonzentrate, wobei sich eine Aufteilung von 67 % tierischen und 33 % pflanzlichen Eiweißen nach intensiven Studien von Dr. Strunz (2004) als günstig herausgestellt hat. Die biologische Wertigkeit des Eiweiß sollte über 100 % liegen.

Ausdauersportler sollten, um gesund und leistungsfähig zu bleiben, sehr viel Wert auf eiweißreiche Ernährung wie Linsen, Bohnen, Hirse, Reis legen. Schließlich besteht ja auch das Immunsystem des Menschen aus Eiweiß.

Auch der sechsmalige Hawaiisieger Mark Allen weist häufig auf die Bedeutung des Eiweißes für Triathleten hin.

Magnesium

Leistungsorientierte Athleten sollten dafür sorgen, dass ihr Magnesiumgehalt mindestens bei 0,9 mmol/l liegt. Zu niedrige Magnesiumwerte können folgende negative Erscheinungen zur Folge haben: Leistungsabfall, Unruhe, Reizbarkeit, Schlafstörungen, Konzentrationsstörungen, Wetterfühligkeit.

Tab. 27: *Die wichtigsten Blutwerte*

	Einheiten	Normwerte Männer	Normwerte Frauen	Empfehlung von Dr. med. U. Strunz
Hämoglobin HgB	g/dl	14-18	12-16	m: > 16 w: > 14
Eisen FE	ug/dl	59-158	37-145	m: > 110 w: > 100
Ferritin	ug/l	30-300	15-200	m: > 120 w: > 60
Gesamteiweiß	g/dl	6,6-8,7	6,6-8,7	> 7,7
Magnesium	mmol/l	0,78-1,03	0,78-1,03	> 0,9
Kalium	mmol/l	3,6-5,2	3,6-5,2	4,6-5,2
Kalzium	mmol/l	2,2-2,75	2,2-2,75	> 2,5
Erythrozyten (rote Blutk.)	Mill/ul	4,3-5,9	3,9-5,3	m < 5,5 w < 5,0
Leukozyten (weiße Blutk.)	1/ul	4.000-10.000	4.000-10.000	3.900-9.000
Trombozyten (Blutplätt.)	1000/ul	150-450	150-450	
HDL-Cholesterin	mg/dl	> 35	> 35	m: > 50 w: > 60
LDL-Cholesterin	mg/dl	< 150	< 150	< 130
Tryglyzeride	mg/dl	< 200	< 200	< 100
Harnstoff	mg/dl	10-45	10-45	
Harnsäure	mg/dl	< 7	< 5,7	< 5
Blutzucker	mg/dl	70-100	70-100	
Hämatokrit	%	40-54	37-47	

Normwerte der Uni Münster

TRIATHLONTRAINING

Folgende Blutwerte gehören zum Minimalprogramm eines Triathleten und sollten regelmäßig gecheckt werden:

- HgB Hämoglobin
- Ferritin
- Gesamteiweiß
- Magnesium
- Harnstoff zur Trainingssteuerung (> 50 Übertraining)

Anhang

1 Nützliche Anschriften

Deutsche Triathlon-Union DTU:		www.dtu-info.de
Europäische Triathlon-Union:		www.etu.org
WTC Ironman Corperation:		www.ironmanlive.com
Zeitschriften:	Triathlon:	www.tri-mag.de
	Condition:	www.m-m-sports.com
	Tritime:	www.tritime-magazin.de

Ironman Germany: www.ironman-germany.de
Ironman Austria: www.ironmanaustria.com
Ironman Schweiz: www.ironman.ch

Die deutschen Landesverbände der DTU
Baden-Württemberg: www.bwtv.de
Bayern: www.triathlon-bayern.de
Berlin: www.btu-info.de
Brandenburg: www.btb-triathlon.de
Bremen: www.triathlon-bremen.de
Hamburg: www.hhtv-triathlon.de
Hessen: www.hessischer-triathlon-verband.de
Niedersachsen: www.tvn-triathlon.org
Mecklenburg-Vorpommern: www.triathlon-mv.de
Nordrhein-Westfalen: www.nrwtv.de
Rheinland-Pfalz: www.rtv-triathlon.de
Saarland: www.triathlon-stu.de
Sachsen: www.triathlon-sachsen.de
Sachsen-Anhalt: www.tvsa-online.de
Schleswig-Holstein: www.shtu.de
Thüringen: www.t-t-v.org

Meyer & Meyer Verlag: www.dersportverlag.de

Hermann Aschwer: www.HermannAschwer.de

2 Umgang mit deiner Persönlichkeitsstruktur
- ein Erfolgsfaktor -

von Prof. Georg Kroeger, Dipl. Soziologe

Erfolg - Versuch einer Definition

Zunächst wollen wir den Versuch starten, den Begriff Erfolg zu definieren. Du bist sicherlich erfolgreich, wenn du deine gesteckten Ziele im Rahmen eines von dir fixierten Zeitraums erreichst. Auf diese wohl triviale, aber verständliche Formel können wir uns einigen. Mit anderen Worten: Wenn du ab jetzt vom Stufenplan null in fünf Jahren den Gipfel triathletischen Seins – Finisher auf Hawaii – erklimmst, kannst du dich in die Kategorie Erfolg – zumindest in diesem Teilsegment deines Lebens – einstufen.

Es gibt in der Zwischenzeit eine ganze Reihe von wissenschaftlichen Untersuchungen, die sich mit dem Faktor „Erfolg" befassen. Alle Untersuchungen kommen zu einem ähnlichen Resümee; dass Menschen, die in der Lage sind, ihre Fähigkeiten und Fertigkeiten realistisch einzuschätzen, gepaart mit einem kalkulierbaren Risiko, mit großer Wahrscheinlichkeit Erfolg haben werden. Das gilt für alle Bereiche des Lebens. Unwegsamkeiten auf dem Weg zum Ziel sollen ebenso kalkulierbare Faktoren sein.

So weit zur Theorie. Für die Praxis ist Hermann Aschwer zuständig, der auf der Grundlage seiner individuellen Orientierung die notwendigen Schritte pragmatisch aufzeigt.

Motivation - die Triebfeder

Es gibt nicht „das Motiv", sondern dein Handeln wird ständig durch eine Fülle von Motiven ausgelöst. Mit Sicherheit kannst du dein „Hauptmotiv" für den Triathlonsport beschreiben. Aber bei weiteren Überlegungen kommen andere Motive hinzu. Das wiederum hängt kausal mit deiner sozialen Situation zusammen. Motive sind in der Regel defizitärer Art, also auf der Grundlage irgendeines „Mangels" zu betrachten. Das ist sicherlich ein Faktor, den du in deinem Leben schon öfter verspürt hast.

Erreichte Ziele motivieren nicht mehr; das heißt nichts anderes, als dass du dir neue Ziele stecken musst. Wenn du diese neu gesteckten Ziele ansteuerst, hilft dir eine positive Denkweise.

Positives Denken – der Verstärker

Du verfügst über eine nahezu absolute Freiheit deiner Gedanken, deshalb kannst du denken, was du willst. Mithilfe deines Willens kannst du deine Gedanken lenken, leiten und disziplinieren.

Die Summe deiner Gedanken prägt deine Meinung, deinen Standpunkt, hat Einfluss auf Stimmungslagen und beeinflusst auf die Dauer der Zeit sogar deine Eigenschaften.

Je stärker du in der Summe deiner Gedanken positiv denkst, umso mehr ergeben sich positive Einflüsse auf dein Ich.

Deine Gedanken werden von der Umwelt inspiriert. Unsere Umwelt ist relativ und ist in ihrem Dasein von deiner subjektiven Betrachtungsweise abhängig. Deshalb gehört zum positiven Denken auch eine positive Betrachtungsweise der Umwelt.

Persönlichkeitsstruktur – die Unterschiedlichkeit

In meinem persönlichen Umfeld habe ich die unterschiedlichsten Triathleten, also Menschen mit unterschiedlichen Persönlichkeitsstrukturen, kennen gelernt. Nur wenige haben ihre gesteckten Ziele erreicht.

Die meisten sind sprichwörtlich „auf der Strecke" geblieben, haben aufgegeben, sind ausgestiegen, oder träumen immer noch vom „Ironman" – der ein Traum bleiben wird.

„Macht überhaupt nichts", werden die einen sagen, andere hingegen werden sich – wieder einmal mehr – den Vorwurf gefallen lassen, „schon wieder etwas angefangen und nicht zu Ende geführt zu haben".

Natürlich musst du erst einmal testen, probieren, also erstmal einsteigen. Aber wenn du genug geschnuppert hast, den einen oder anderen „Jedermanntriathlon" erfolgreich beendet, die Lust und die Zeit, weiterzumachen hast, dann: „Zieh durch!" Der pragmatische Umgang mit deiner Persönlichkeitsstruktur soll dir dazu verhelfen.

Bei diesen Überlegungen können wir uns der Einfachheit halber auf zunächst drei Persönlichkeitsraster beschränken:

Introvertiertheit

Erkennungsmerkmale:
Förmlichkeit, Genauigkeit, planerisches Vorgehen, feste Zeiteinteilungen, distanziertes Verhalten, eher verschlossen, systematisches Handeln, Abstraktionsvermögen, zukunftsbezogenes Denken und Handeln.

Wenn du diese Eigenschaften mehrheitlich bei dir erkannt hast, solltest du diesem Naturell folgen, indem du zum Be spiel Trainingspläne so detailliert wie möglich erarbeitest. Das fällt dir bestimmt n cht schwer, handelst du doch in der Regel immer nach Plan, gepaart mit festen Zeiteinteilungen. Ernährungspläne sowie Laktatmessungen usw. werden deine Programmplanung abrunden. Dein Trainingstagebuch wird im Wesentlichen dein täglicher Begleiter sein, es macht dir nichts aus, deine „Einheiten" alleine zu absolvieren, du bist unabhängig von Trainingspartnern.

Gefahren der Introvertiertheit:
Du lässt dich zu sehr von deiner Trainingsplanung leiten, ziehst auch dann eine geplante Einheit durch, wenn du dich nicht wohl fühlst. Dadurch sind mögliche Verletzungs- und Krankheitsgefahren gegeben. Also: Bei kühler Witterung oder Regen zukünftig nicht aufs Rad steigen, nur um deine geplanten Kilometer abzuleisten. Meine introvertierten Trainingspartner wurden oft von Erkältungen, insbesondere Bronchitis, geplagt. Ein gutes Korrektiv für die Vorbeugung solcher „Trainingsbuchabhängigkeiten" sind Trainingspartner mit anderen Persönlichkeitsstrukturen.

Extrovertiertheit

Erkennungsmerkmale:
Sucht Überlegenheit, entscheidet oft spontan und emotional, misst sich gerne an und mit anderen, neigt zu Verallgemeinerungen, legt Wert auf Äußerlichkeiten, gegenwartsbezogenes Denken und Handeln.

Deine Stärke liegt in der Improvisation. Das Training wird lustbetont und oft spontan durchgeführt. Fühlst du dich gut, verdoppelst du deine Einheiten. Fühlst du dich nicht gut, lässt du das Training auch mal „sausen", gehst stattdessen ins Triathlongeschäft und kaufst dir wieder einmal das neueste Outfit. Gerade das Outfit ist für dich und dein Wohlbefinden ausgesprochen wichtig. Schließlich willst du etwas darstellen. Dagegen ist eigentlich auch nichts einzuwenden.

Gefahren der Extrovertiertheit:
Jede Trainingseinheit artet zum Wettkampf aus. Du bist in gewisser Weise abhängig von Trainingspartnern, um denen stets zu zeigen, wo es „langgeht". Eine Überpowerung mit allen unangenehmen Folgen bleibt nicht aus.

Meine extrovertierten Trainingspartner hatten oft Achillesfersenprobleme durch unkontrolliertes Lauftraining bis hin zu Ermüdungsbrüchen.

Vielleicht beendest du auch deine Triathlonkarriere, weil du über deine finanziellen Verhältnisse lebst. Es muss nicht jedes Jahr ein neues Rennrad sein.

Ambovertiertheit

Erkennungsmerkmale:
Sucht und findet menschliche Nähe, lebt gruppenbezogen, harmoniebedürftig, gesellig, vermeidet radikale Änderungen, hat ein Gespür für Menschen, oft sehr beliebt, vergangenheitsbezogenes Denken und Handeln.

Du bist nicht unbedingt der große Kämpfertyp, sondern suchst eher den ausgleichenden Kompromiss. Das macht dich zwar sympathisch, du kannst allerdings den Triathlonsport in seiner Komplexheit nur dann ausüben, wenn du von Gleichgesinnten umgeben bist. Es wird dir sicherlich gut tun, einem Verein mit familiärer Atmosphäre anzugehören. Für dich ist wichtig, dass du den Kontakt zu deinen Trainingspartnern auch über den Triathlon hinaus pflegst. Während der Introvertierte den Trainingspartner zweckgebunden betrachtet, der Extrovertierte den potenziellen Gegner im Trainingspartner sieht, ist es bei dir eine Freundes- und Schicksalsgemeinschaft.

Gefahren der Ambovertiertheit:
Wenn dir das Letztgenannte – nämlich der Aufbau eines triathletischen Freundeskreises – nicht gelingt, steigst du vielleicht wieder aus, denn du bist kaum bereit bzw. nicht in der Lage, das Training alleine durchzuziehen. Es kann auch sein, dass du dich lieber im Vereinshaus aufhältst, um ein „Schwätzchen" zu halten, anstatt aufs Rad zu steigen.

Meine ambovertierten Trainingspartner waren vergleichsweise selten verletzt, trainierten nur, wenn andere mitmachten.

Quintessenz

Es handelt sich hier um einen Orientierungsrahmen. Mir geht es darum, dir die Möglichkeiten und Grenzen aufzuzeigen.

Wenn du so signifikant in deiner Persönlichkeitsstruktur ausgeprägt bist, wie beschrieben, dann fällt es dir sicherlich leichter, deinen persönlichen Erfolg daraus abzuleiten. Mehrheitlich sind aber die Menschen so genannte „Mischtypen", wobei du deine individuelle Mischung erkennen wirst.

Nur, wer sich selbst erkannt hat, hat die großartige Chance, sein Handeln richtig einzuordnen und entsprechend damit umzugehen.

3 Literatur

Van Aaken, E. (2000). *Programmiert für 100 Lebensjahre.* Meyer & Meyer, Aachen.

Aschwer, H. (2006). *Einfach fit – Die 2%-Formel.* Meyer & Meyer, Aachen.

Aschwer, H. (2002). *Handbuch Triathlon für Master.* Meyer & Meyer, Aachen.

Aschwer, H. (1986). *Mein Abenteuer Hawaii-Triathlon.* Aachen (nur noch beim Autor erhältlich).

Aschwer, H. (2001). *Handbuch für Triathlon.* Meyer & Meyer, Aachen.

Aschwer, H. (2000). *Triathlontraining. The complette guide to triathlon training.* Meyer & Meyer, Aachen.

Aschwer, H. (2000). *El Entrenamiento Del Triathlon.* Barcelona.

Aschwer, H. (2004). *Tipps für Triathlon.* Meyer & Meyer, Aachen.

Aschwer, H. (2000). *Tipps success for triathlon.* Meyer & Meyer, Aachen.

Aschwer, H. *Ironman – Der Hawaii Triathlon.* Aachen (nur noch beim Autor erhältlich).

Aschwer, H. (2008). *Triathlontraining ab 40.* Meyer & Meyer, Aachen.

Aschwer & Himmerich. (2004). *Gymnastik für Kids.* Meyer & Meyer, Aachen.

Aschwer & Penker. (2008). *Ironman 70.3 – Mitteldistanz 1,9/90/21.* Meyer & Meyer, Aachen.

Ash, H. & Warren, B. (2004). *Ironman lifelong success, Training for masters.* Meyer & Meyer, Aachen.

Ash, H. & Warren, B. (2003). *Ironman lifelong training, advanced training for masters.* Meyer & Meyer, Aachen.

Birkner & Roschinsky. (2000). *Handbuch für Aquajogging.* Meyer & Meyer, Aachen.

Castella, R. (1998). *Laufen mein Leben.* Meyer & Meyer, Aachen.

Cooper, H. (1994). *Dr. Coopers Gesundheitsprogramm.* Droemer.

Czioska, F. (1999). *Der optimale Laufschuh.* Meyer & Meyer, Aachen.

Diem, Carl-J. (2001). *Laufen – Grundlagen des Laufsports.* Meyer & Meyer, Aachen.

Diem, Carl-J. (2006). *Tipps für Laufanfänger.* Meyer & Meyer, Aachen.

Feldt, D. (1999). *Fit und gesund ab 30.* Meyer & Meyer, Aachen.

Fritsch & Willmann (2001). *Skilanglaufmethodik.* Meyer & Meyer, Aachen.

Galloway, J. (2000). *Richtig Laufen mit Galloway.* Meyer & Meyer, Aachen.

Gambrill, Don L. (1988). *Handbuch für den Schwimmsport.* Meyer & Meyer, Aachen.

Giehrl, J. (1986). *Richtig Schwimmen.* BLV, München.

Himmerich, C. (2005). *Keep fit exercises kids.* Meyer & Meyer, Aachen.

Hollmann, W. (1999). *Condition 5/99.* Meyer & Meyer, Aachen.

Hottenrott, K. (2001). *Duathlon Training.* Meyer & Meyer, Aachen.

IWD. Institut der deutschen Wirtschaft. Köln 48/2000.

Jasper, B. (1998). *Brainfitness: Denken und Bewegen.* Meyer & Meyer, Aachen.

Jordan, A. (1997). *Entspannungstraining.* Meyer & Meyer, Aachen.

Kanne, W. (1998). *Krebs und Krieg ... ein Stoffwechselproblem.* Deni, Thannhausen.

Kleinmann, D. (2002). *Condition 10/01.* Meyer & Meyer, Aachen.

Moll, R. (2001). *Brottrunk.* Econ, München.

Neumann, G. (2000). *Ernährung im Sport.* Meyer & Meyer, Aachen.

Neumann, Pfützner & Hottenrott. (2000). *Alles unter Kontrolle.* Meyer & Meyer, Aachen.

Neumann & Hottenrott. (2005). *Das große Buch vom Laufen.* Meyer & Meyer, Aachen.

Neumann, Pfützner & Hottenrott. (2004). *Das große Buch vom Triathlon.* Meyer & Meyer, Aachen.

Penker, M. & Aschwer, H. (2007). *Triathlon für Frauen.* Meyer & Meyer, Aachen.

Prochnow & Welz. (2000). *Laufen in Münster.* LAS, Regensburg.

Steffny, M. (2000). *Marathontraining.* Kracht, Mainz.

Strunz, U. (1999). *forever young.* GU, München.

Strunz, U. (2004). *Frohmedizin.* Heyne, München.

Uhlenbruck. (2002). *Spiridon 2/02.* Spiridon, Düsseldorf.

Ziegler. (2004). *Puls aktiv 1/2004.* Institut für Medizin und Wissenschaft, Senden.

4 Bildnachweis

Coverdesign: Sabine Groten

Coverfoto: Imago Sportfotodienst GmbH

Fotos (Innenteil):

Hermann Aschwer – S. 58, 103, 116
S. Aschwer – S. 27, 34, 281, 296
R. Bistriky/M. Nüsken – S. 95
Hannes Blaschke Team – S. 236, 284
Bernd Busam – Abb. 6, 7, 8
Torsten Chrzanowski – S. 76, 147, 148, 151, 153, 162, 269
TFrahmS – S. 3, 10, 15, 26, 44, 70, 72, 85, 174, 178, 205, 215, 228, 230, 233, 259, 276, 286, 292
C. Himmerich – S. 69
Peter Himmerich – S. 24
Roy Hinnen – S. 32, 46, 108, 132
Ironman Austria Fototeam – S. 16, 21, 62, 198, 252
S. Kiefel – Grafiken, Abb. 9, S. 91
Hans-Jürgen Meyer – S. 238
Martin Meyer – S. 248, 282
M. Nüsken – S. 3, 80, 104, 140, 266
M. Penker – S. 51
Polar Electro GmbH, Büttelborn – S. 52, 270
Harald Prange – S. 83
Stefan Schwenke – S. 3, 12, 66, 117, 125, 130, 135, 173, 183, 224, 263
S. Sibbersen – S. 100